21세기 마르크스 경제학

21세기 마르크스 경제학

초판 1쇄 발행 2020년 2월 25일

지은이 정성진
펴낸이 강수걸
편집장 권경옥
편집 박정은 이은주 윤은미 강나래
디자인 권문경 조은비
펴낸곳 산지니
등록 2005년 2월 7일 제333-3370000251002005000001호
주소 부산시 해운대구 수영강변대로 140 BCC 613호
전화 051-504-7070 | 팩스 051-507-7543
홈페이지 www.sanzinibook.com
전자우편 sanzini@sanzinibook.com
블로그 sanzinibook.tistory.com

ISBN 978-89-6545-644-5 93320

21세기
마르크스
경제학

21C Marx Economics

정성진 지음

산지니

정치경제학(비판)에서
포스트자본주의로

21세기 마르크스주의의 '백화제방'

1989~91년 '역사적 사회주의'의 붕괴와 함께 이들 체제의 이념이었던 마르크스주의의 역사적 시효도 끝났다는 통념은 오해일 뿐이다. '역사적 사회주의' 붕괴 후 마르크스주의는 오히려 더 새롭고 다양하게 발전해왔다. 이는 지난 세기말 이후 세계화, 금융화, 정보통신 기술, 인공지능 등 자본주의의 새로운 양상들에 대한 다양한 마르크스주의적 분석, 포스트케인스주의, 포스트모더니즘, 포스트구조주의, 포스트식민주의, 페미니즘, 생태주의 등 과거에는 마르크스주의의 이단으로 폄하되었던 다양한 비마르크스주의 급진 사상들과의 접합·상호작용을 통한 마르크스주의의 새로운 발전, MEGA2 간행을 중심으로 한 마르크스의 텍스트에 대한 새로운 연구

등을 봐도 분명하다. '역사적 사회주의'의 붕괴는 마르크스주의가 도리어 기존의 고질적인 '정통' vs '이단'의 억압적 폐쇄 구도로부터 해방되어 백화제방할 수 있는 계기가 되었다. 무엇보다 21세기 들어 글로벌 경제위기와 불평등 심화 등 자본주의 모순이 격화되고 또 이와 함께 생태위기가 지구와 인류의 존속을 문제시할 정도로 가속화되면서, 이를 배경으로 대안세계화운동, '21세기 사회주의', '아랍의 봄', '오큐파이' 운동, 시리자, 포데모스 등 좌파 포퓰리즘과 기후변화 행동주의 등 사회운동이 세계적으로 부활하고 총체적·근본적 변혁의 거대 담론으로서 마르크스주의에 대한 관심이 되살아나고 있다.

한국에서 마르크스주의의 극단적 주변화

반면, 1990년대 이후 오늘까지 한국은 마르크스주의의 백화제방이라는 세계적 흐름에서 동떨어진 갈라파고스였다. 물론 한국에서도 지난 1980년대 말 '마르크스주의의 봄'에서 보듯이 마르크스주의가 진보 정치의 주류이었던 적도 있었다. 하지만 이것은 잠시였을 뿐, 1989~91년 소련 동유럽 체제의 붕괴와 함께 당시 한국의 마르크스주의자들 대다수는 자유주의, 개혁주의로 대거 전향했다. 오늘날 한국에서 마르크스주의는 진보 정치판에서도 천연기념물로 취급되고 있다. 1991년 소련 붕괴 이후 한국의 진보 좌파가 사회민주주의, 각종의 포스트주의 등 개혁주의로 대거 전향하면서, 마르크스주의는 전반적으로 퇴보하고 주변화되었는데, 그중에서도 경제학 분야는 거의 초토화되다시피 했다. 그래서 최근에는 포스트케인스주의, 제도주의 등 개혁주의 경제학의 아류일 뿐인 '소득주도 성장론'이 좌파 경제학으로 간주되는 웃지 못할 사태조차 벌어지고 있다.

오늘날 한국에서 마르크스주의의 극단적 주변화는 역설적이게도 한국자본주의의 위기를 격화시키는 요인으로 작용하고 있다. 1987년 이후 민주화가 '민주주의의 민주화'로 확장·심화되지 못하고, 도리어 신자유주의의 확산에 기여했고, 촛불정부 출범과 함께 1987년 이후 민주화가 일단락되었음에도 불구하고, 한국자본주의의 모순이 '헬조선' 수준으로 격화되고 있는 현실은 1990년대 이후 한국의 진보 정치가 '나쁜' 자본주의 vs '좋은' 자본주의의 이분법, 즉 '자본주의 이외 대안부재'의 프레임에 갇혀버린 것, 마르크스주의의 포스트자본주의 상상력을 잃어버린 것과 무관하지 않다. '좋은' 자본주의를 추구하는 자유주의 개혁 정치도 '왼쪽'으로부터, 또 '아래'로부터 부단한 압력을 받지 못할 경우, 동력이 상실되고 파시즘 등 보수반동 부활의 빌미를 제공한다는 것은 20세기 '혁명과 개혁의 변증법', 민주정부 10년의 실패의 역사에서 확인된 바 있다. 촛불정부가 지향하는 자유주의 개혁이 계속 전진하기 위해서도 포스트자본주의 마르크스주의 정치가 활성화될 필요가 있다.

필자는 이런 문제의식에서 포스트자본주의 대안사회론을 중심으로 21세기 마르크스 경제학의 재구축을 평생 프로젝트로 진행해왔으며, 최근 몇 년 동안은 『자본론』 출판 150주년과 러시아혁명 100주년의 감회 속에서, 또 마르크스 탄생 200주년과 코민테른 100주년을 기념하면서, 그리고 엥겔스 탄생 200주년을 맞이하면서, 작업에 박차를 가했다. 이 책은 그 중간 결산에 해당한다.

"나는 마르크스주의자가 아니다"(마르크스)

1917년 러시아혁명은 1867년 마르크스의 『자본론』이 출판된 지 50년 뒤 발발했다. 마르크스는 『자본론』 출판 무렵에는 당시 러시아와 같은 후진국의 당면 과제가 사회주의 혁명이 아니라 부르주아 혁명을 통한 자본주의 발전이라고 생각했다. 실제로 마르크스는 『자본론』 초판 서문에서 "공업이 더 발달한 나라는 덜 발달한 나라의 미래상을 보여주고 있을 따름이다"라고 썼다. 『자본론』 초판 서문에서 보인 이와 같은 마르크스의 역사인식은 마르크스 사후 카우츠키로 대표되는 제2인터내셔널 마르크스주의자들에 의해 단선적·진화론적 유물론으로 체계화되었다. 그래서 1917년 레닌이 4월 테제에서 "모든 권력을 소비에트로"라는 슬로건을 내걸자, 또 10월 무장봉기의 성공과 함께 사회주의 혁명을 선포하자, 카우츠키를 비롯한 제2인터내셔널 마르크스주의자들은 이를 마르크스의 역사발전 법칙을 거스른 것이라고 비난했다. 이들에게 러시아혁명은 당시 그람시가 쓴 논설의 제목처럼 「『자본론』을 거역한 혁명」(Gramsci, 1917)이었다. 실제로 그람시는 이 논설에서 "볼셰비키는 칼 마르크스를 포기했다"고 말했다. 하지만 그람시는 카우츠키 등과는 달리 러시아혁명을 '『자본론』을 거역한 혁명'이라는 이유로 비판, 거부했던 것이 아니라, 오히려 '『자본론』을 거역한 혁명'이기 때문에 칭송, 지지했다. 그람시에 따르면 러시아혁명이 성공할 수 있었던 까닭은 그것이 '『자본론』을 거역한 혁명'이었기 때문이다. 즉, 당시 러시아혁명을 지도했던 레닌을 비롯한 "볼셰비키가 마르크스주의자들이 아니었"고, 그래서 『자본론』을 비롯한 마르크스의 텍스트를 무오류의 절대적 진리로 숭배하지 않고, 그 모순과 한계를 비판하면서도 마르크스의 "내재적인 생동하는 이념"을 계승할 수 있었기 때문에, 러시아혁명을 성공으로 이끌 수 있었다는 것이다(Gramsci, 1917). 러시아혁명이 '『자본론』을 거역한 혁명'이며, 바로 그러했기 때문에 성공할 수 있었다는 그람시의 평가는 오늘날 '『자본론』을 거역한 혁명'으로서 러시아혁명을 21세기 혁명의 모델로 설정하는 경우에도 중요한 시사를 준다. 그것은 20세기 혁명, 러시아혁명이 마르크스의 텍스트를 교조적으로 추종했던 기계론적 · 결정론적 마르크스주의, 카우츠키 등의 제2인터내셔널 마르크스주의에 거슬러 이와 단절하는 것을 통해서 가능했던 것처럼, 21세기 혁명 역시 "『자본론』을 거역한 혁명"으로서 러시아혁명을, 혹은 레닌주의를 유일한 진리의 모델로 절대화하여 재현·반복하는 것이 아니라, 오히려 이를 거역하고 넘어설 때에야 비로소 가능하다는 것이다. 만년의 마르크스도 "나는 마르크스주의자가 아니다"라고 말하지 않았던가?(무스토, 2018) '『자본론』을 거역한 혁명'으로서 러시아혁명과 그 이념인 레닌주의를 다시 거역함으로써 그 합리적 핵심, 혁명적 진수를 발견·발전시키려는 것이 이 책의 목적이다.

마르크스의 『자본론』은 결코 완결된, 고정불변의 체계가 아니다. 이는 1857~58년 마르크스가 전체 6부작으로 구상했던 경제학 비판 체계 플랜 중 『자본론』은 단지 일부였으며, 또 1883년 마르크스가 사망하기까지 『자본론』 2권과 3권은 미출판 초고 상태였다는 사실만 봐도 분명하다. 『자본론』은 마르크스 자신에게도 미완결의, 개방된 텍스트였다. 21세기 마르크스 경제학의 재구성 작업에서 마르크스의 『자본론』이라는 텍스트를 읽는 것은 필수적이다. 물론 일찍이 트로츠키가 말한 대로 "마르크스주의란 무엇보다 텍스트의 분석이 아니라 사회적 관계의 분석 방법"(트로츠키, 1989: 63)이지만, 그럼에도 마르크스의 텍스트, 특히 『자본론』을, 어떤 경우 그 초고들까지 대조하면서 천착하는 작업이 혁명적 실천과 무관한 학술주의라고 기각되어서는 안 된다. 마르크스의 텍스트를 엄밀하게 텍스트학(textology)적으로 독해하는 것은 학술주의적 마르크스 훈고학이기는커녕 현실의 계급투쟁에 대해 결정적이다. 자본주의의 사회적 관계를 비판적이고 혁명적으로, 즉 마르크스주의적으로 분석하기 위해서는, 먼저 그 분석 방법이 전제되어야 할 터인데, 마르크스의『자본론』을 이해하지 않고서는 자본주의의 사회적 관계에 대한 마르크스주의적 분석 방법을 결코 터득할 수 없기 때문이다. 그럼에도『자본론』출판 이후 150년 넘게 카우츠키주의, 스탈린주의, 레닌주의, 일부 트로츠키주의 등의 자칭 마르크스주의자들은『자본론』에 의거하지 않은 분석 방법, 예컨대 경제결정론, 단계론, 유형론, 일국 모델 등을 마르크스주의적 분석 방법이라고 주장해 왔다. 사실 오늘날 '마르크스주의의 위기'의 상당 부분은 이와 같은 '마르크스 없는 마르크스주의'로부터 비롯된다.『자본론』이 출판된 지 150년 넘게 경과했음에도, 마르크스 자신의 텍스트로 되돌아가 이를 엄밀하게 독해하는 것이 필요한 것은 바로 이 때문이다. 물론『자본론』의 텍스트로 되돌아가는 것은 결코 마르크스의 무오류를 주장하거나,『자본론』훈고학에 안주하기 위해서가 아니다.『자본론』텍스트의 분석은 이에 기초하여 21세기 마르크스 경제학의 재구성으로 나아가야 한다. 마르크스에게도 미완결의, 개방된 텍스트였던『자본론』을 분석하고, 더 나아가 마르크스의 경제학 비판의 공백과 모순까지 고려하여 이를 확장하는 것, 이에 기초하여 21세기 자본주의의 사회적 관계를 분석하고 포스트자본주의 대안을 구체화하는 것이 필요하다. 이는 『마르크스와 한국경제』(2005), 『마르크스와 트로츠키』(2006)에서 시작하여 『마르크스와 세계경제』(2015)로 이어진 필자의 프로젝트이기도 하며, 오늘 내놓는 『21세기 마르크스 경제학』은 그 속편이다.

'공산주의의 ABC'에서 포스트자본주의 시뮬레이션으로

오늘날 한국에서 자본주의 계급구조가 얼마나 고착되었고 그 모순이 얼마나 심화되고 있는지는 '금수저', '흙수저', '헬조선'이라는 신조어가 일상어가 된 것만 봐도 알 수 있다. 이는 정도의 차이가 있기는 하지만 한국뿐만 아니라 2008년 글로벌 경제위기 이후 전 세계적 현상이기도 하다. 자본주의 체제의 모순과 위기가 격화되면서 기존 체제에 대한 대중의 분노와 저항도 고조되고 있다. 공공연하게 사회주의자임을 자처하는 미국의 샌더스와 영국의 코빈이 현재 대권에 도전할 정도로 높은 지지를 받고 있는 것은 그 단적인 예이다. 또 지난 2017년 한국의 촛불혁명 역시 '박근혜 게이트'가 방아쇠를 당기긴 했어도, 그 저류에는 오늘날 한국 자본주의 체제에 대한 대중의 불만이 광범위하게 가로놓여 있다. 하지만 이와 같은 '불만의 인프라스트럭처'(Webber, 2019)의 구축, 대중의 반체제 정서의 전 세계적 고양에도 불구하고, 자본주의의 혁명적 전복과 포스트자본주의 사회의 구현은 아직 일정에 올라 있지 않은 듯하다. 현 체제에 대한 대중의 반감은 영국의 국민투표에서 유럽연합 탈퇴안 통과, 미국 대선에서 트럼프 당선, 한국에서 촛불혁명의 부르주아 지배체제 재편과 '조국 사태'로의 귀결에서 보듯이, 반자본주의 급진 좌파 정치의 발전이 아니라, 민족주의, 인종주의, 파시즘과 같은 퇴행적 형태로 표출되거나, 개혁주의 정치가들에 대한 지지로 비껴가고 있다. 자본주의의 위기와 적대적 모순이 역사상 유례없이 심화되고 있음에도 불구하고, 자본주의 체제의 혁명적 전복과 포스트자본주의를 지향하는 급진 좌파는 왜 대중의 지지를 받지 못하고 있을까? 세계사적으로 전무후무했던 규모로 대중을 동원했던 한국의 촛불혁명이 어떻게 하여 10년 전 노무현 정권 수준의 '좌파 신자유주의'로 회귀하고 말았는가? 여러 사정이 있겠지만, 급진 좌파가 추구하는 반자본주의, 포스트자본주의 대안을 오늘날 대중이 더 이상 매력적인 것으로 여기지 않는 것도 그 이유 중 중요한 것의 하나이다. 자본주의를 투쟁으로 전복하는 것이 우선이고, 포스트자본주의 사회를 어떻게 건설할지는 그다음에 고민해도 좋다는 식의 접근에 대중은 더 이상 공감하지 않는다. 지난 세기말 '역사적 사회주의'의 몰락 이후에는 더욱 그러하다. 자본주의보다 더 나은 사회가 아닌 것으로 판명된 '역사적 사회주의'와 비슷한 체제를 쟁취하기 위해 현재 자신이 살고 있는 자본주의를 버리는 '기회비용' 혹은 '체제전환 비용'을 감수하기보다는, 아무리 '헬'이어도 자본주의

안에서 뒹굴며 대안을 모색하겠다는 것이다. 이런 주관적·객관적 조건에서는 급진 좌파가 자본주의 체제를 비판하고 이를 전복하기 위한 운동 건설에 매진하는 것만이 능사는 아니다. 급진 좌파에게 긴급하게 요청되는 것은, 운동 건설과 함께, 자신들이 추구하는 반자본주의, 포스트자본주의가 '지금 여기'의 대중이 선택할 수 있을 정도로 매력적인 체제임을 증명하는 것, 즉 포스트자본주의 사회의 매혹적 스케치를 제시하는 것이다. 이를 위해서는 자유, 평등, 민주주의, 자율, 자기실현 등 '공산주의의 ABC'를 추상적으로 선전하는 것, 혹은 '역사적 사회주의'는 마르크스의 포스트자본주의와 무관한 계급사회의 변종일 뿐이므로, '역사적 사회주의'의 실패에도 불구하고 마르크스의 공산주의는 여전히 유효하다고 주장하는 것으로는 충분하지 않다. 오늘날 급진 좌파에게 요구되는 것은 '자유로운 개인들의 어소시에이션', 또는 '노동시간 계산에 기초한 참여계획경제'로서 마르크스의 포스트자본주의를 오늘날의 조건, 즉 21세기 글로벌 경제위기와 기후변화, 정보통신 기술과 네트워크 경제 및 인공지능 기술의 발전이라는 새로운 조건에서 작동 가능한 모델로 구체화하고, 그 실행가능성 및 자본주의에 대한 비교우위를 시뮬레이션을 통해 증명하는 작업이다. 통념과 달리 이와 같은 포스트자본주의 모델링과 시뮬레이션 작업은 마르크스가 비판했던 유토피아 사회주의자들의 전유물이기는커녕, 마르크스 자신의 주요 프로젝트였다. 이는 마르크스가 만년의 저작 『고타강령 비판』(1875)에서 공산주의 '초기' 국면의 모델로 정식화한 '노동시간 계산에 기초한 참여계획경제'를 봐도 분명하다. 이와 같은 마르크스의 포스트자본주의 모델링 작업은 엥겔스가 『반뒤링』(1878)에서 재확인했으며, 1917년 러시아혁명 후 부하린과 프레오브라젠스키의 소련공산당강령 해설서인 『공산주의의 ABC』(1920)로 이어졌다. 하지만 그것으로 끝이었다. 이 책의 저자들은 1930년대 스탈린의 대숙청 과정에서 모두 반혁명 분자로 조작되어 처형당했다. 이는 1930년대 이후 스탈린주의 소련과 이를 복제한 20세기 '역사적 사회주의'가 실은 '공산주의의 ABC'를 부정한 '반공주의' 체제였음을 보여준다. 지난 세기 압살되고 잊혀진 '공산주의의 ABC'의 전통을 복원하는 것, 그리고 이를 포스트자본주의 모델링과 시뮬레이션으로 발전시키는 것은 21세기 마르크스 경제학 프로젝트의 핵심이 되어야 한다. 이것이 이 책의 핵심적 문제의식이다.

『21세기 마르크스 경제학』의 주요 요소

이 책은 모두 2부 6장으로 구성되어 있다. 1부 '마르크스와 마르크스주의의 혁신'은 '어소시에이션과 마르크스 포스트자본주의론의 혁신'(1장), '레닌에서 마르크스로'(2장), '옛 소련 계획경제 모델의 재평가'(3장) 등 3개의 장으로 구성되어 있는데, 이들에 공통된 문제의식은 마르크스로 마르크스 이후 비마르크스적 혹은 반마르크스적 마르크스주의를 정정하고 혁신한다는 것이다. 2부 '포스트자본주의 대안 모색'에서는 '마르크스와 페미니즘의 연대'(4장), '생태사회주의와 도시 마르크스주의 대안'(5장), '포스트자본주의 참여계획경제 구상'(6장)을 통해 마르크스의 포스트자본주의 구상을 페미니즘, 생태사회주의, 도시 마르크스주의, 참여계획경제 영역으로 확장 심화한다.

1장 '어소시에이션과 마르크스 포스트자본주의론의 혁신'에서는 마르크스의 포스트자본주의론을 어소시에이션 개념을 중심으로 새롭게 읽는다. 먼저 마르크스의 포스트자본주의론은 어소시에이션 개념을 핵심으로 한다는 점에서 기존의 전통적 마르크스주의의 사회주의론 혹은 공산주의론과 결정적으로 다르다는 것을 확인한다. 그다음 어소시에이션 개념을 키워드로 하여 마르크스의 관련 텍스트를 읽으면서 마르크스의 포스트자본주의론이 초·중·후기에 걸쳐 진화하는 과정을 검토한다. 이를 통해 1848년 혁명을 분수령으로 하여 중·후기 이후 마르크스의 포스트자본주의론은 초기 『공산당선언』에서와 같은 국가 집권주의적 요소를 지양했을 뿐만 아니라, 1850년대 이후 경제학 비판의 심화와 1860년대 국제노동자협회에서의 실천, 1871년 파리 코뮌의 경험 등을 배경으로 하여, 어소시에이션 개념을 이론적·실천적으로 구체화하는 방식으로 진화했음을 확인한다. 아울러 마르크스의 포스트자본주의론은 처음부터 완성된 어떤 불변의 진리가 아니라, 형성·진화 중에 있는 미완의 열린 체계라는 점을 강조한다.

2장 '레닌에서 마르크스로'에서는 레닌의 사회주의론 혹은 공산주의론이 마르크스의 포스트자본주의 사회론을 발전시키고 현실에서 구체화한 것이라는 기존의 통설은 타당하지 않다는 것을 레닌의 관련 텍스트 분석을 통해 밝힌다. 이를 통해 레닌이 1914년 제1차 세계대전 이전에는 카우츠키로 대표되는 제2인터내셔널 마르크스주의의 사회주의론을 거의 그대로 수용했지만, 1914년 제1차 세계대전 후 1917년 10월 혁명에 이르기까지 혁명운동의 고양기에는 마르크스의 사회주의=공산주의론으로 복귀하는 경향을 보였으며, 1917년 혁명 후 전시공산주의 및 신경제정책 시기에는 다시 제2인터내셔널 마르크스주의에 특유한 경제주의, 국가주의로 후퇴했음을 구명한다. 레닌의 사회주의론이 마르크스의 사회주의=공산주의론과 크게 다르다는 점도 확인된다. 마르크스의 포스트자본주의의 주요 요소들, 즉 연속혁명, 세계혁명, 국가 소멸, 아래로부터 사회주의, 급진 민주주의, 개인적 소유의 재건, 자유로운 개인들의 어소시에이션, 상품, 화폐 및 시장의 소멸, 참여계획경제, 노동의 폐지 등이 레닌의 사회주의론에는 대부분 결여되어 있다는 것이다. 이로부터 레닌의 사회주의론에 근거했던 '현실 사회주의'가 붕괴했다고 해서 마르크스의 사회주의=공산주의론이 논박되는 것은 아님이 지적된다.

3장 '옛 소련 계획경제 모델의 재평가'에서는 마르크스의 노동시간 계산에 기초한 계획경제의 관점에서 1917~91년 소련의 경제 관리의 역사를 비판적으로 검토한다. 우선 1917~91년 소련 경제는 노동시간 계산 모델에 기초한 계획경제가 아니었음을 보인다. 또 마르크스적 의미의 사회주의 경제, 즉 노동시간 계산 모델에 기초한 계획경제를 운용하기 위해서는 재화와 서비스의 생산을 위해 필요한 노동시간의 계산과 이를 위한 투입산출표 이용이 필수적임에도 불구하고, 옛 소련에서 투입산출표는 경제 전체의 계획에 적용되지 않았다는 사실도 지적된다. 미국 등 주요 자본주의 국가들에서는 이미 투입산출표가 거시경제 운용에 이용되었음에도 불구하고, 정작 동시대 소련에서는 이것이 경제 계획의 수단으로 채택되지 못했다는 것이다. 또 이 장에서는 21세기 정보통신 기술과 네트워크 경제, 인공지능의 발전이 노동시간 계산에 기초한 계획경제 모델의 실행가능성을 높이고 있다는 것이 주장되고, 이것이 어소시에이션으로서 마르크스의 포스트자본주의 사회 실현에 대해 갖는 함의도 검토된다.

4장 '마르크스와 페미니즘의 연대'에서는 1970년대 초 가사노동(domestic labor) 논쟁의 현재적 의의를 검토하고, 이를 실마리로 하여 마르크스의 경제학 비판과 페미니즘의 대화를 시도한다. 1970년대 초 서구 마르크스주의 여성해방운동 진영 내부에서 전개되었던 가사노동 논쟁은 마르크스 경제학 비판의 발전이라는 측면에서, 또 반자본주의 혁명운동 전략의 모색이라는 측면에서 매우 중요한 논쟁이었지만, 이 논쟁의 의미는 그동안 제대로 음미되지 못했다. 이 장에서는 오늘날 좌파 연합 정치의 구현이라는 관점에서 가사노동 논쟁을 비판적으로 재검토하고 이를 통해 마르크스주의와 페미니즘의 연대를 위한 이론적 지반을 탐색한다. 먼저 1970년대 초 가사노동 논쟁이 공유했던 '무급 가사노동 착취→자본의 잉여가치 증대' 명제나 이중체계론이 마르크스 가치론에서 논증될 수 없을 뿐만 아니라 자본주의 발전의 모순적 동학과도 상충된다는 점을 보인다. 하지만 가사노동 논쟁의 난점이, 그 후 페미니즘의 궤적에서 보듯이, 마르크스주의와의 분리로 귀결될 필연은 없었으며, 오히려 '19세기 페미니스트'였던 마르크스의 경제학 비판에 기초하여 정정될 수 있다고 주장된다.

5장 '생태사회주의와 도시 마르크스주의 대안'에서는 환경과 도시 문제에 대한 마르크스주의적 접근을 검토한다. 생태 마르크스주의와 도시 마르크스주의는 21세기 마르크스주의의 프론티어라고 할 수 있는데, 이 장에서는 이 두 영역을 통합하여 논의한다. 먼저 마르크스와 엥겔스를 비롯한 고전 마르크스주의 환경론을 물질대사론을 중심으로 정리하고, 생태마르크스주의의 최근의 논의들을 자본주의의 '2차적 모순', 자연의 상품화, 축적전략으로서 자연 등의 개념을 중심으로 검토한다. 또 마르크스와 엥겔스를 비롯한 고전 마르크스주의 도시론을 도시와 농촌의 모순 개념을 중심으로 정리하고, 도시 마르크스주의의 최근 논의들을 자본주의에서 도시화와 과잉축적 위기의 심화 및 도시권(right to the city)과 도시 커먼스(urban commons)의 회복 등의 개념을 중심으로 검토한다. 이와 함께 옛 소련·동유럽을 비롯한 '역사적 사회주의'가 도시와 환경 문제를 해결하는 데 실패한 이유를 살펴보고, 도시와 환경 문제에 대한 마르크스적 대안을 생태사회주의를 중심으로 검토한다.

6장 '포스트자본주의 참여계획경제 구상'에서는 포스트자본주의 대안으로 주목받고 있는 참여계획경제론의 최근 동향을 검토한다. 참여계획경제론은 포스트자본주의 대안사회의 작동원리와 실행가능성을 그 자체로 연구하는 것을 과제로 하는데, 이는 일부 진보 좌파가 주장하듯 19세기 유토피아 사회주의의 재판이기는커녕, 반자본주의 운동에서 긴급하고 현실적인 프로젝트이다. 참여계획경제 모델은 마르크스가 구상한 포스트자본주의 사회의 핵심 원리인 자유로운 개인들의 어소시에이션의 구체화 시도임에도 불구하고, 지난 세기 '역사적 사회주의' 나라들에서 그 이론과 실천은 주변화되고 억압되었다. 하지만 '역사적 사회주의' 붕괴 후 참여계획경제론은 파레콘 모델, 협상조절 모델, 노동시간 계산 모델 등으로 다양하게 발전되어 왔다. 이 장에서는 2008년 글로벌 경제위기 이후 진행된 참여계획경제론 관련 논쟁들을 개관하고, 주요 쟁점과 향후 과제를 검토한다.

* * *

이 책은 필자가 21세기 마르크스 경제학의 구축이라는 문제의식하에 여러 지면에 쓴 글들을 수정 보완하여 단행본으로 재구성한 것이다. 최초 원고를 국내외 학술대회에서 발표하거나 출판할 기회를 준 강내희, 경상대학교 사회과학연구원, 고정갑희, 권용우, 리처드 웨스트라, 마르셀로 무스토,《마르크스주의 연구》, 맑스코뮤날레, 문화과학사, 모리 겐지, 박영사, 이동연, 이성백, 장이빙, 전지윤, 팀 그라스만, 한울, 황동하 교수, 또 원고 일부에 대해 논평해준 곽노완, 그렉 샤저, 김공회, 김병조, 김영용, 김정주, 김창근, 미하엘 하인리히, 박노자, 박승호, 박지웅, 사이토 코헤이, 손미아, 심광현, 아사카와 마사미, 알 캄벨, 이광일, 이은숙, 이재현, 장시복, 조정환, 케빈 앤더슨, 피터 후디스, 하태규 교수께 감사드린다. 이 책은 2017년도 경상대학교 연구년제 연구교수 연구지원비에 의하여 수행된 연구와 2018년 대한민국 교육부와 한국연구재단의 지원을 받아 수행된 연구(NRF-2018S1A3A2075204) 결과의 일부이다. 이들의 연구 지원에 감사드린다. 또 지역의 어려운 출판 여건에서도 이 책의 출판을 흔쾌히 맡아준 산지니의 강수걸 대표와 편집 교정을 위해 수고하신 이은주 선생께 감사드린다. 끝으로 이 책은 지난 20여 년 필자가 경상대학교에서 추진해온 '마르크스주의 연구와 교육의 제도화 사업'의 산물이기도 한데, 최근 내외의 침탈로부터 이 사업을 방어하고 재건하는 투쟁에 공감 연대해주신 분들께 이 책을 헌정한다.

2020년 1월 12일
정성진

차례

2부　포스트자본주의 대안의 모색

1부

마르크스와
마르크스주의의 혁신

1장

어소시에이션과 마르크스
포스트자본주의론의 혁신[1]

1991년 옛 소련 붕괴와 함께 마르크스주의도 파산했다는 통념은 적어도 이론 혹은 학술 영역에 관한 한 사실과 다르다. 지난 세기말 이후 마르크스주의 가치론, 공황론, 국가론, 계급론, 세계경제론, 대안사회론, 철학, 페미니즘, 생태주의 등의 영역에서 다양한 흐름의 마르크스주의 담론들이 '백화제방'이라고 할 정도로 쏟아져 나오고 있다. 마르크스주의 분야 전문학술지나 논문과 단행본의 수는 옛 소련 붕괴 전 고점을 이미 돌파했으며 매년 증가하고 있다. 그중에서도 마르크스주의 대안사회론 연구 분야에서 이루어진 성과들은 괄목할 만하다. 포스톤(Postone, 1993), 타바타 미노루(田畑稔, 2015),[2] 오타니

---

1   이 장은 정성진(2019)을 수정 보완한 것이다.
2   田畑稔(2015)의 초판은 1994년 출판되었다. 이 장에서는 개정판인 田畑稔

테이노스케(大谷楨之介, 2011), 후디스(Hudis, 2012), 샤토파디야 (Chattopadhyay, 2016)의 성과 등이 그것들이다. 이 장에서는 이들을 실마리로 하여, 마르크스의 포스트자본주의사회론을 어소시에이션(Association)[3] 개념을 중심으로 새롭게 읽어보려 한다.[4] 먼저 마르크스의 포스트자본주의 사회론은 어소시에이션 개념을 핵심으로 한다는 점에서 기존의 전통적 마르크스주의의 사회주의론 혹은 공산주의론과 결정적으로 다르다는 것을 확인한다. 그다음 어소시에이션 개념을 키워드로 하여 마르크스의 관련 텍스트를 읽으면서 마르크스의 포스트자본주의 사회론이 초·중·후기에 걸쳐 진화하는 과정을 검토할 것이다. 이를 통해 1848년 혁명을 분수령으로 하여 중·후기 이후 마르크스의 포스트자본주의 사회론은 초기 『공산당선언』에서와 같은 국가 집권주의적 요소를 지양했을 뿐만 아니라, 1850년대 이후 경제학 비판의 심화와 1860년대 국제노동자협회에서의

_____

(2015)을 기준으로 인용한다.

3 이 장에서는 마르크스가 자신의 텍스트에서 원래 프랑스어인 'Association' 을 독일어로 번역하지 않고 그대로 쓰거나 독일어 발음으로 'Assoziation' 이라고 쓴 의도를 존중하여, '연합', '결사', '협동', '조합' 등으로 번역하지 않고, '어소시에이션'이라고 외래어 발음 그대로 표기한다. 마르크스는 'Assoziation'의 형용분사인 'assoziiert'도 여러 텍스트에서 사용하고 있는데, 이 역시 '어소시에이트한'이라고 번역한다. 이는 田畑稔(2015, 29-30)의 제안을 따른 것이다.

4 우리나라에서 이루어진 마르크스의 어소시에이션론에 대한 기존 연구로는 김수행(2012), 박지웅(2013), 이재현(2014), 정성진(2015a), 이득재(2018) 등이 있다.

실천과 1871년 파리 코뮌의 경험 등을 배경으로 하여, 어소시에이션 개념을 이론적·실천적으로 구체화하는 방식으로 진화했음을 확인할 것이다. 끝으로 마르크스의 포스트자본주의 사회론은 처음부터 완성된 어떤 불변의 진리가 아니라, 형성·진화 중에 있는 미완의 열린 체계라는 점이 강조될 것이다.

마르크스 포스트자본주의 사회론의 주요 요소

마르크스의 포스트자본주의 사회론의 주요 요소들은 (1)연속혁명, (2)국가 소멸, (3)소외된 노동(물상화)의 폐지, (4)가치생산의 폐지, (5)노동의 폐지, (6)개인적 소유의 재건, (7)어소시에이션(협동조합), (8)참여계획경제, (9)여성해방(젠더 평등), (10)생태사회(자연과의 '물질대사(Stoffwechsel, metabolism)') 등으로 요약될 수 있다. 그런데 레닌의 사회주의론으로 대표되는 전통적 마르크스주의의 대안사회론은 이들과 정면으로 대립한다. 전통적 마르크스주의의 대안사회론은 마르크스의 포스트자본주의 사회론의 주요 요소들의 반대물, 즉 (1)단계혁명, (2)국가 강화, (3)노동 소외, (4)가치생산, (5)노동 사회, (6)개인적 소유의 부정, (7)어소시에이션의 부정, (8)관료적 명령경제, (9)여성억압, (10)반생태사회로 특징지어지며, 포스트자본주의론이라기보다 모종의 자본주의론이다.

전통적 마르크스주의의 대안사회론이 마르크스의 본래의 접근과 상충된다는 점은 옛 소련 몰락 이전에도 일부 이단적 마르크스주의 흐름에서 주장된 바 있다. 하지만 기존의 전통적 마르크스주의 대안사회론에 대한 비판과 마르크스 자신의 포스트자본주의 사회론의 재발견 작업이 본격적으로 이루어진 것은 옛 소련 몰락 이후이며, 포스톤, 타바타, 오타니, 후디스, 샤토파디야 등은 그 대표적 성과들이라고 할 수 있다. 이들은 기존의 전통적 마르크스주의 대안사회론이 마르크스의 포스트자본주의 사회론과 아무런 공통점이 없을 뿐만 아니라 정면으로 상충된다고 비판한다. 예컨대 샤토파디야(Chattopadhyay, 2016: 53)는 "'마르크스주의' 혹은 '마르크스=레닌주의'는 기존 체제의 이데올로기적 엄폐물로 봉사해왔으며 마르크스 자신의 범주를 전혀 구성하지 않는다"고 주장한다. 포스톤(Postone, 1993)도 마르크스와 마르크스주의의 차이에 주목하면서, 전통적 마르크스주의가 노동의 지배를 대안사회의 목표로 설정함에 반해, 마르크스 자신은 포스트자본주의 사회의 핵심을 추상노동의 폐지, 나아가 노동 그 자체의 폐지에서 찾았다고 주장한다. 후디스(Hudis, 2012)는 마르크스의 생애 전체 저작들을 포스트자본주의 사회론의 형성이라는 측면에서 읽을 수 있음을 보이고, 가치생산의 초월을 마르크스의 포스트자본주의 사회의 핵심으로 파악한다. 샤토파디야(Chattopadhyay, 2016)는 마르크스의 포스트자본주의 사회의 핵심을 '어소시에이트한 생산양식(associated mode of production)'으로 개념화하고, 마르크스와 마르크스주의의 차이를 강조하면서, 마르크스 자신의 텍스트에 의거할 경우, 옛 소련 사회는 포스트자본주의 사회가 아니라 모종의 자본주의 사회로 특징지어질 수 있다고 주장한다. 한편 타바타, 오타니 등 일본의 마르크스 연구자들은 1990년대 이후 MEGA2를 비롯해서 마르크스의 텍스트에 대한 엄밀한 문헌고증학적 연구에 기초하여 마르크스의 포스트자본주의 사회의 핵심이 '자유로운 개인들의 어소시에이션'에 있음을 입증했다. 타바타(田畑稔, 2015: 260)는 이를 '코페르니쿠스적 전회'에 빗대어 마르크스 사상에서 '어소시에이션론적 전회'라고 말한다.

마르크스의 포스트자본주의 사회의 핵심은 소외된 노동의 폐지와 어소시에이션에 기초한 개인의 자유로운 발전이다. 이때 어소시에이션은 자유로운 개성(Individualität)을 '공동사회성(Gemeinschaftlichkeit)'과 결합하는 "개인들의 연합화(Vereinigung)"를 뜻하며, 어소시에이션의 주체는 어소시에이트한(assoziiert) 개인들, 즉 협동하는 개인들, 사회화된 인간이다. 즉 자유로운 개성이 본격적으로 전개되며 "개인들이 공동의 목적을 실현하기 위해 자유 의지에 기초하여 힘과 재화를 통합하는 방식으로 사회를 생산하는 행위 및 그 행위에 의해 생산되는 사회"(田畑稔, 2015: 8)가 어소시에이션이다. 어소시에이션은 자본주의에서 노동자들이 위기와 투쟁을 통해 지적 · 도덕적 · 정치적으로 성장하여 자본에 의해 외재적으로 묶여진 결합된(kombiniert) 노동을 어소시에트한 노동으로 주체적으로 전환하는 과정에서 성립한다(田畑稔, 2015: 31, 141).[5]

마르크스에 따르면 어소시에이션은 포스트자본주의 사회로 향한 목적지인 동시에 자본주의 생산이 지배적인 근대 시민사회의 내부에서 개시된 노동자들 자신의 어소시에이션 과정이며, 그 연장선상에서 구상된 미래 사회이다(田畑稔, 2015: 95). 즉 자본주의적 생산양식이 자신의 발전 과정에서 자신의 태내에 사적 노동에 대립하는 사회적 노동, 사적 생산에 대립하는 사회적 생산, 사적 소유에 대립하는 사회적 소유의 형태, 즉 어소시에이션을 발전시킨다는 것이다.

인간 사회는 '소외된 사회(합의가 아닌 외적 강제로 작동되는 사회)인가, 아니면 공동결정체인가'를 기준으로, 또 '개방된 사회인가, 즉 개인이 자립한 사회인가, 아니면 집단이 우선하는 사회(폐쇄사회)인가'를 기준으로, 위계(국가), 공동체(가족), 시장, 어소시에이션 등 4가지 종류로 구별될 수 있다(松尾匡, 2001: 207). 이 중 공동체는 가족이나 혈연공동체처럼 소외되지 않은 대등한 합의에 의해 운영되지만, 폐쇄적이며 개인은 매몰되어 있다. 반면 위계는 상위자에 하위자가 인격적으로 종속되

---

5 마르크스는 kombiniert라는 용어를 대부분 '결합된'이라는 수동적 의미로 사용했으며, '어소시에트한다'라는 능동적 의미로는 사용하지 않았다(大谷禎之介, 2011: 201).

는 시스템이며 군대와 같은 국가권력 기구가 전형이다. 시장은 자립한 대등한 개인들의 거래로 성립하지만, 인간이 제어할 수 없는 수요 공급 법칙에 강제된다는 점에서 소외된 사회이다. 어소시에이션은 사람들의 의식적 합의로 인간관계를 제어한다는 점에서는 공동체처럼 공동결정체이지만, 공동체와는 달리 자립한 개인들의 개방적 관계이며, 이 점에서는 오히려 시장과 공통점이 있다.

마르크스의 포스트자본주의 사회론의 주요 요소들 중에서 핵심은 어소시에이션이다. 어소시에이션을 중심으로 한 마르크스의 포스트자본주의 사회론은 마르크스 이후 전통적 마르크스주의의 대안사회론과 극명하게 대립된다. 마르크스 이후 기존의 전통적 마르크스주의는 마르크스가 포스트자본주의 사회에 대해서는 단편적으로만 언급했을 뿐이며 체계화된 이론은 제시하지 않았다고 주장하면서, 나름대로 마르크스주의 대안사회론을 구성했다. 옛 소련의 『정치경제학교과서: 사회주의』로 체계화된 스탈린의 '사회주의 정치경제학'은 그 결정판이라고 할 수 있다. 하지만 기존의 전통적 마르크스주의 대안사회론은 다음과 같은 측면에서 마르크스의 포스트자본주의 사회론과 결정적으로 다르다. 무엇보다 전통적 마르크스주의에서는 마르크스의 포스트자본주의 사회가 '국가 사회주의'와 동일시된다. 또 사회주의가 공산주의로부터 분리되어 프롤레타리아트 독재와 동일시된다. 또 전통적 마르크스주의는 마르크스의 포스트자본주의 사회론의 핵심을 어소시에이션이 아니라 사적 소유의 폐지, 국유화, 중앙 계획에서 찾는다. 이 점에서는 트로츠키를 비롯한 일부 이단적 마르크스주의도 예외가 아니었다. 예컨대 트로츠키는 스탈린과 마찬가지로 국가적 소유를 "'원리적으로는' 사회주의적 기업"이라고 하면서 콜호즈 즉 협동조합적 소유보다 상위에 있는 것으로 간주했다.[6] 샤토파디야(Chattopadhyay, 2016: 171-2)가 지적했듯이, "생산자들 자신이 주도하고 마르크스가 생산자들의 '자기 활동'이라고 불렀던 자유로운 어소시에트한 노동의 사회를 지향하는 사회주의 혁명"과 "생산자들 자신이 아니라 소수의 급진적 지식인들의 지도하에 발생한 20세기 혁명 간에는 심연과 같은 차이가 있다."

마르크스 포스트자본주의 사회론의 진화: 어소시에이션을 중심으로

마르크스의 포스트자본주의 사회론의 전개 과정은 1848년 혁명을 전후로 하여 초기와 중기로 구별하고, 다시 1871년 파리 코뮌을 전후로 하여 중기와 후기로 구별될 수 있다. 초기 마

6　"공업 트러스트가 '원리적'으로 사회주의 기업이라면, 콜호즈는 그렇지 않다"(트로츠키, 1995: 152).

르크스의 포스트자본주의 사회론은 연속혁명론에 기초하여 소외된 노동의 폐지 및 어소시에이션을 지향한 반면, 국가의 소멸이 아니라 국가집권적 접근을 취했고, 경제학 비판의 미진함으로 인해 소외된 노동의 폐지를 가치생산의 초월로 이론화하지 못했으며, 어소시에이션도 개인적 소유의 재건에 기초한 참여계획경제로 구체화하지 못했다. 하지만 초기 마르크스 대안사회론에서 이러한 불충분한 부분은 1848년 혁명 이후 즉 '중기' 이후 경제학 비판이 심화되면서 이론적으로 보완되었고, 이는 1864년 국제노동자협회 창설 이후, 특히 1871년 파리 코뮌 이후, 즉 '후기' 이후 실천적 전략으로도 구체화되었다. 따라서 마르크스의 경제학 비판과 마찬가지로 마르크스의 포스트자본주의 사회론 역시 중·후기에 이르러서야 기본적 골격을 갖추었다고 할 수 있다. 예컨대 초기 마르크스가 포스트자본주의 사회에서 국가의 폐지를 사고하지 못하고 생산수단의 국유화, 중앙집권적 국가를 중심으로 접근했다면, 중·후기 마르크스는 생산수단의 국가적 집중이나 중앙계획이 아니라, 협동조합 연합체를 중심으로 한 협의적 참여계획과 생산 당사자들의 자주적 경영관리를 구상했다(大藪龍介, 1997). 그렇다면 마르크스의 혁명론 혹은 포스트자본주의 사회론은 경제학 비판과 달리 이미 청년기에 완성되었고, 그 핵심은 1848년 『공산당선언』에 전부 제시되어 있다는 '마르크스=레닌주의'의 주장은 근거가 없다. 이는 1871년 파리 코뮌 이후 '후기' 마르크스,

특히 1870년대 말 이후 만년의 마르크스가 여성해방론과 생태사회론에서도 인식을 확장 심화해갔음을 고려하면, 더욱 그러하다.[7] 이하에서는 마르크스의 포스트자본주의 사회론의 주요 요소 중 주로 어소시에이션 개념에 초점을 맞추어 마르크스의 텍스트를 초·중·후기 시기별로 독해하면서 마르크스 포스트자본주의 사회론의 진화과정을 검토한다.

초기 마르크스

『경제학·철학 수고』(1844) 이전

마르크스의 텍스트에서 어소시에이션이라는 용어는 1843년 작성한 「크로이체나흐 노트」(Marx, 1981)에서 처음 나온다. 마르크스는 당시 루소의 『사회계약론』을 발췌해 기록하면서 합의에 의한 사회를 생산하는 행위로서, 또 사회의 생산 이후에도 개인들이 계속 자유로운 사회 형태로서 어소시에이션에 주목했다.

> "모두의 공동의 힘으로 각 어소시에(associé. 어소시에이션의 구성원이라는 뜻—필자)의 인신과 재산을 지키고 보호하는, 또 그럼으로써 각자는 만인과 결부되고, 그럼에도 불구하고 자기 자신에만 복종하며,

---

7 마르크스의 여성해방 및 생태사회론에 대한 최근의 연구로는 Brown(2012), Saito(2017)와 이 책 4장과 5장을, 또 만년(1881~83)의 마르크스 사상에 대한 개관으로는 무스토(2018)를 참조할 수 있다.

이전과 마찬가지로 자유로운 어소시에이션의 한 형태를 발견한다는

것. 이것이야말로 사회계약이 해답을 줘야 하는 근본 문제이다"(Marx,

1981: 91).

위 인용문은 국가 혹은 정치체를 어소시에이션 조직으로

구성하려 했던 루소의 『사회계약론』이 마르크스의 어소시에

이션 개념 형성에 영향을 주었음을 보여준다(田畑稔, 2015: 51;

이득재, 2018: 90-93). 또 다음 인용문에서 보듯이 마르크스는

1844년 『경제학 · 철학 수고』에서도 어소시에이션을 포스트자

본주의 사회의 원리로 제시했다.

"토지에 적용되는 어소시에이션[8]은 국민경제학의 관점에서 본 대토

지소유의 장점을 갖는 것과 함께 토지 분할이 갖는 본원적 경향, 즉

평등을 비로소 실현한다. 마찬가지로 이 어소시에이션은 … 이성적

방식으로 토지에 대한 인간의 정서적 관계를 재건한다. 왜냐하면 토

지는 돈 거래의 대상이기를 그치고 자유로운 노동과 자유로운 향유

에 의해 다시 인간의 진정한 인격적 소유가 되기 때문이다"(마르크스,

2006: 78-79).

---

8   기존의 국역본은 '어소시에이션'을 '조합'으로 번역했다.

『독일 이데올로기』(1845~46)

마르크스는 엥겔스와 공저한 수고 『독일 이데올로기』에서 어소시에이션 개념을 '개인들의 연합화'라는 개념으로 발전시켰다. 마르크스와 엥겔스는 대안사회에서 공동사회성과 개성이 '개인들의 연합화'로서 어소시에이션으로 통일될 것이라고 보았다(田畑稔, 2015: 73).

"진정한 공동체에서 개인들은 자신들의 자유를 자신들의 어소시에이션을 통해 획득한다. … 혁명적인 프롤레타리아트들의 공동사회에서는 개인들은 개인들로서 참여한다. 개인들의 통제하에 개인들의 자유로운 전개와 운동의 조건들을 부여하는 것은 바로 개인들의 연합화이다. … 이 단계에서야 자기활동은 물질적 생활과 조응하며, 이는 개인들의 완전한 개인들로의 발전 및 모든 자연적 제약의 탈각과 조응한다. 노동의 자기활동으로의 전환은 이전에는 제한되었던 교통의 개인들 그 자체의 교통으로의 전환에 조응한다. 연합한 개인(vereinigten Individuen)들에 의한 전체 생산력의 영유와 함께 사적 소유는 종언을 고한다. … 공산주의적 조직은 무토지 농민에게는 불가능했다. 왜냐하면 공산주의적 어소시에이션(Kommunistischen Assoziation)의 첫 번째 조건 즉 집단경영을 관철하는 모든 수단이 그들에게는 부재하기 때문이다"(마르크스 · 엥겔스, 2019: 150-151, 139-140, 707).[9]

9　기존의 국역본은 '어소시에이션'을 '연합', '결합'으로 번역했다.

마르크스와 엥겔스는 또 대안사회 "공산주의 사회"는 "개인들의 독자적이고 자유로운 발전이 결코 공문구가 아닌 단 하나의 사회"로서 "개인들에 대한 관계와 우연성의 지배"가 "우연성과 관계들에 대한 개인들의 지배로 대체"될 것이며 이것이 바로 "사회의 공산주의적 조직"의 "임무"라고 보았다(마르크스 · 엥겔스, 2019: 879-881). 또 마르크스와 엥겔스는 『경제학 · 철학 수고』에 이어 『독일 이데올로기』에서도 포스트자본주의에서는 분업의 폐지와 노동 그 자체의 폐지가 이루어질 것이라고 전망했다.[10]

"이전의 혁명들에서는 활동 양식은 언제나 변하지 않았고 그것은 단지 이러한 활동의 상이한 분배의 문제, 노동의 다른 사람들로의 새로운 분배의 문제였다. 하지만 공산주의 혁명은 기존의 활동 양식을 공격해 **노동**을 폐지한다. … 프롤레타리아트는 자신을 개인으로서 실현하기 위해서는 … 노동을 폐지해야 한다. … 공산주의 사회에서의 문제는 노동을 자유롭게 하는 것이 아니라 폐지하는 것이다. … 노동과 향유 간의 모든 대립은 소멸한다"(마르크스 · 엥겔스, 2019: 141, 155,

---

10 마르크스는 『독일 이데올로기』와 같은 시기에 쓴 「리스트의 『정치경제학의 국민적 체계』에 대한 평주」(1846)에서도 대안사회에서 노동이 폐지될 것이라고 전망했다: "'노동의 조직'은 하나의 모순"이고 "사적 소유의 폐지는 우리가 그것을 '**노동**'의 폐지로 간주할 때 현실이 된다"(Marx, 1975: 279. 강조는 마르크스).

400, 429. 강조는 마르크스).

청년 마르크스에게 시장과 사적 소유는 소외된 노동의 결과이지 그 원인이 아니었다. 20세기 전통적 마르크스주의와 달리 마르크스는 청년기부터 시장이나 사적 소유가 아니라 그 배후에 있는 사회적 관계를 자신의 진정한 비판 대상으로 설정했다(Hudis, 2012: 92).

『철학의 빈곤』(1847)

마르크스의 어소시에이션 개념은 『철학의 빈곤』(1847)에서 더욱 구체화된다. 마르크스는 이 책에서 노동자들이 위기 속에 서로 어소시에이트하고, 자발적 투쟁 과정에서 어소시에이션에 도달할 것이라고 말했다.

"만약 사회의 모든 구성원이 직접 노동자라고 가정한다면 등량의 노동시간의 교환은 물질적 생산에 필요한 시간 수에 관해 사전적 합의가 되어 있다는 조건에서만 가능할 것이다. 하지만 그러한 합의(convention)는 개인적 교환을 부정한다. … 노동자 계급은 그 전개 경과 중에 구래의 시민사회 대신 계급과 계급들 간의 대립을 배제하는 어소시에이션을 만든다. 본래의 정치적 권력은 이미 존재하지 않을 것이다"(마르크스, 1988a: 81-82, 173).

위 인용문에서 마르크스는 어소시에이션의 경제적 조절 원리로서 시장 원리와 대치되는 "생산에 필요한 노동시간 수"의 "사전적 합의"에 기초한 "등노동량교환 시스템(l'echange du quantité egales de travail)", 즉 '협상 조절(negotiated coordination)' 방식의 참여계획경제를 구상하고 있는데(Devine, 1988), 이 구상은 중·후기에 더 정교화된다.

『공산당선언』(1848)

마르크스의 어소시에이션 개념은 엥겔스와 공저한 『공산당선언』(1848)에서 더욱 구체화되었다. 이 저작에서 '연합화'라는 단어는 9회, 어소시에이션이라는 단어는 형용분사(assoziiert)를 포함하여 5회 사용되었다(田畑稔, 2015: 254).

"그들의 투쟁의 진정한 성과는 직접적인 전과가 아니라 점점 널리 확산되는 노동자들의 연합화[11]이다. … 발전 과정에서 계급들의 구별이 소멸하고 모든 생산이 어소시에이트한 개인들의 수중에 집중되면 공적 권력은 그 정치적 성격을 상실한다. … 계급과 계급대립이 있었던 낡은 부르주아 사회 대신 각인의 자유로운 발전이 만인의 자유로운 발전의 조건이 되는 하나의 어소시에이션[12]이 출현한다"(마르크스·엥

---

11 기존의 국역본은 '연합화'를 '단결'로 번역했다.
12 기존의 국역본은 '어소시에이트한 개인들'과 '어소시에이션'을 각각 '연합된 개인들', '연합체'로 번역했다.

겔스, 2018: 29, 47, 48).

위 인용문에서 마르크스는 각자의 자유로운 발전이 만인의 자유로운 발전의 조건(그 역, 즉 "만인의 자유로운 발전이 각자의 자유로운 발전의 조건"이 아니라!)임을 강조함으로써, 만인을 구실로 각자의 자유로운 발전이 억압되는 위험성을 방지하려 했다(田畑稔, 2015: 258). '어소시에이트한 개인들'이라는 표현에서 보듯이 마르크스는 공산주의를 계급을 넘어선 '자유로운 개성'의 생성사로 파악하려 했다.

하지만 마르크스는 『공산당선언』에서 어소시에이션 개념을 더 발전시켰음에도 불구하고, 그 열 가지 과도기 강령, 즉 (1)토지소유의 몰수, (2)고율의 누진세, (3)상속권의 폐지, (4)망명자, 반역자의 재산 몰수, (5)국가에의 신용 집중, (6)국가에의 운수기관 집중, (7)국유 공장 확대, 토지의 공동이용, (8)평등한 노동강제, (9)농공결합, 도시 농촌 차이 해소, (10)공공 무상 교육(마르크스·엥겔스, 2018: 46-47)은 모두 국가 집권주의적 정책들이며, 어소시에이션 관련 정책은 없다. 『공산당선언』의 국가 집권주의적 경향은 중·후기 마르크스에서는 극복된다. 마르크스의 자본주의론이 『공산당선언』에서 완성되지 않은 것처럼, 그의 포스트자본주의 사회론도 『공산당선언』에서는 완성되지 않았다.

중기 마르크스

1848년 혁명 이후 1871년 파리 코뮌에 이르기까지 '중기' 마르크스는『정치경제학 비판 요강』(1857~58) 및 『자본론』 집필을 중심으로 경제학 비판의 심화에 집중하면서, 국제노동자협회 창설(1864) 등 노동운동에도 적극 개입했는데, 이 과정에서 마르크스의 포스트자본주의 사회론은 더욱 발전했다.

『정치경제학 비판 요강』(1857~58)

『정치경제학 비판 요강』(이하『요강』으로 줄임)은 마르크스의 저작 중 포스트자본주의 사회에 관한 논의가 가장 많이 포함되어 있는 저작이다. 마르크스는 이 수고에서 인류 역사발전의 최고 단계인 제3단계를 어소시에이션이라고 규정했다.

"개인들의 보편적 전개와 자신들의 공동체적 사회적 생산성을 자신들의 사회적 능력으로 복속시키는 것에 근거한 자유로운 개성(으로 특징지어지는 단계에서-필자) … 생산은 직접 사회적이며 상호 분업을 행하는 어소시에이션의 산물이다 … 교환가치, 화폐의 기초 위에서 연합한 개인들(vereinigten Individuen)의 전체 생산에 대한 제어를 전제하는 것만큼 잘못되고 어리석은 것은 없다. … 이 전제에서는 교환이 비로소 노동에 일반적 성격을 부여하는 것이 아니라 노동의 전제된 공동체적 성격이 생산물에 대한 참여를 결정할 것이다. 생산의 공동체적 성격이 처음부터 생산물을 공동체적 일반적 생산물로 만

들 것이다. … 모든 노동생산물, 능력, 활동의 **사적 교환**은 개인들 상
호간의 상하 질서(자생적이든 정치적이든)에 기초를 둔 분배 … 와 대립
할 뿐만 아니라 생산수단의 공동의 영유와 통제의 기초 위에서 어소
시에이트한 개인들의 자유로운 교환과도 대립한다. … 개인의 노동은
처음부터 사회적 노동으로 정립되어 있다. … 시간의 절약은 상이한
생산영역에 대한 노동시간의 계획적 배분과 마찬가지로 공동적 생산
의 토대 위에서 여전히 제1의 경제법칙이다"(마르크스, 2000, I권: 138-
140, 154, 155. 강조는 마르크스).

위 인용문에서 마르크스는 어소시에이션의 경제적 조절
원리가 "교환가치들의 교환", "사적 교환"이 아니라, "활동들의
교환", "자유로운 교환", "노동시간의 계획적 배분", "시간의 절
약"이 될 것이라고 전망했다. 물론 포스트자본주의 사회에서
"시간의 절약"은 개인 자신의 구체적 감각적 욕구, "삶의 표현
의 총체성"을 성취하기 위해서이며, 자본주의에서처럼 교환가
치와 같은 추상적 목표를 극대화하기 위해서가 아니다(Hudis,
2012: 113). 또 위 인용문에서 마르크스는 포스트자본주의 사
회를 사회주의나 공산주의가 아니라 "자유로운 개성"과 같은
개념으로 묘사했다. 청년 시절 마르크스는 포스트자본주의
사회에서 노동의 활동으로의 전환과 함께 노동의 폐지를 전
망하기도 했지만, 『요강』 단계에서는 노동의 폐지 전망은 부
차화된다.

"풍부한 개인(Individualität)은 생산에서도 소비에서도 모두 전면적이며, 그의 노동은 이 때문에 이미 노동이 아니라 활동(Tätigkeit) 그 자체로서 현상한다. … 살아 있는 노동이 단지 개별적인 노동으로서의, 혹은 단지 내적(무자각적) 내지 단지 외적(강제적)으로만 보편적인 노동으로서의, 그 직접적 성격을 지양함에 따라, 그리고 개인들이 활동을 **직접적으로** 보편적인 사회적인 활동으로서 조정함에 따라 생산의 대상적 계기로부터 소외의 형태가 벗겨진다"(마르크스, 2000, I권: 334; 마르크스, 2000, III권: 125. 강조는 필자).

물론 마르크스는 『요강』 중 '기계에 관한 단상' 부분에서 자본주의의 한계 안에서도 기계화, 자동화의 진전에 따라 가치 법칙의 폐지, 노동의 폐지 경향이 나타날 수 있다고 전망했다. 하지만 마르크스는 "자본은 노동시간을 최소로 단축시키려고 노력함으로써, 또 다른 한편에서는 노동시간을 부의 유일한 척도이자 원천으로 조정함으로써, 그 자신 진행 과정 중의 모순"(마르크스, 2000, II권: 381)임을 더 강조했다. 마르크스는 『요강』에서 처음으로 포스트자본주의 사회의 핵심적 특징을 가치생산의 근본적 초월로 정식화했으며, 이는 자본주의 경계 내에서는 불가능하다고 보았다(Hudis, 2012: 131).

『1861~63년 자본론 초고』

마르크스는 『1861~63년 자본론 초고』에서 어소시에이션에서는 "노동자와 노동조건들의 본원적 통일"이 "재건"될 것이라고 전망했다(Marx, 1991: 340).

"자본주의적 생산양식(이라는-필자) ⋯ 대립적 형태가 없어지게 되면 ⋯ 노동자들은 생산수단을 **사적 개인들**로서가 아니라 **사회적으로** 점유한다(besitzen). 자본주의적 소유란 생산조건들에 대한 ⋯ 노동자들의 이와 같은 사회적 소유—즉 부정된 개별적 소유—의 대립적 표현일 뿐이다. ⋯ 이 노동에 대한 자본가의 **타인소유**가 폐지될 수 있는 것은 단지 그의 소유가 변혁되어 자립적 개별성에 있는 개별자가 아닌 자의 소유, 즉 **어소시에트한 사회적 개인**(associiirten, gesellschaftlichen Individuums)의 소유로 자태를 취함으로써 뿐이다" (Marx, 1994: 108-9. 강조는 마르크스).

마르크스는 또 포스트자본주의 사회에서는 교환가치가 제거되고 노동과정의 적대적 형태가 종식되는 반면, 가처분시간, 자유시간, 즉 자유활동을 위한 부는 확대될 것이지만, 노동시간은 여전히 부의 척도로 남아 있을 것이라고 전망했다.

"협업은 가령 오케스트라 경우처럼 지휘자가 불가결한 경우, 그것이 자본의 조건하에서 취하는 형태와 어소시에이션에서 취하는 형태는 전혀 다르다. 어소시에이션에서는 지휘는 다른 노동과 병존하는 하나의 기능으로서 … 수행된다. … 노동이 공동인 경우에는 사회적 생산에 있어 인간들의 관계는 '사물'의 '가치'로는 표현되지 않는다. … 교환가치가 제거된다 할지라도 **노동시간**은 항상 부의 창조적 실체와 생산 **비용**의 척도로 남아 있을 것이다. 그러나 **자유시간, 가처분시간**은 부분적으로는 생산물의 향유를 위한, 또 부분적으로는 **자유활동**을 위한 부 그 자체인데, 이는 노동과 달리, 충족되어야 하는 강제적인 외적 목적에 의해 결정되지 않는다"(Marx, 1988: 263; Marx, 1989b: 316-7, 391. 강조는 마르크스).

『자본론』 3권 초고(1864~65)

마르크스는 1864~65년 집필한 『자본론』 3권 초고에서 포스트자본주의 사회에서는 물상화된 시장을 대신하여, 각 개인들이 소비주체로서 또 생산주체로서 사회 전체의 조정과정에 관여하고, 이를 통해 생산의 총사회적 관련을 자신들의 통제하에 둘 것이라고 전망했다(田畑稔, 2015: 32, 123).[13] 아래 인용문에서 마르크스는 포스트자본주의 사회에서 생산과정의 제어주체는 "생산 당사자들"의 "어소시에이트한 지성(assoziierter Verstand)"임을 강조했다.

---

13 마르크스의 물상화론에 대한 최근의 논의로는 사사키(2019)를 참조할 수 있다.

"자본주의적 생산의 〈부문들〉 내부에서는 [개개 생산부문의] 균형은 [단지] 불균형으로부터 벗어나는 부단한 과정으로서만 자신을 나타낸다. 왜냐하면 거기에서는 [총]생산의 관련은 맹목적 법칙으로서 생산 당사자들 〈에 작용하고〉 [의 위에서 자신을 강제하고], 〈그들이〉 [그들의] 어소시에이트한 지성[14] [에 의해 파악되고 그것에 의해 지배되는 법칙]으로서, 〈그 관련을〉 [생산과정을] 그들의 공동의 통제하에 복속시키지 않기 때문이다"(마르크스, 2015c: 320-1).[15]

위 인용문에서 마르크스가 포스트자본주의 사회에서 "어소시에이트한 지성"의 역할을 매우 강조했음에도 불구하고, 1894년 엥겔스가 이 초고를 편집하여 출판한 『자본론』 3권에서는 이 점이 잘 드러나지 않는다. 엥겔스가 마르크스 초고의 관련 부분에 상당한 첨삭을 가했기 때문이다.[16] 위 인용문에서 〈 〉 및 [ ]로 표시된 곳이 각각 원래 마르크스의 『자본론』 3권 초고

---

14 기존의 국역본은 '어소시에이트한 지성'을 '집단적 이성'(김수행 역), '공동의 이성'(강신준 역)으로 번역했으며, 최근 영역본은 "combined reason"(Marx, 2015: 365)으로 번역했다. '어소시에이트한 지성'은 『요강』 중 '기계에 관한 단상'에서 마르크스가 언급한 '일반 지성(General Intellect)'과 상이한 개념임은 물론, 네그리(A. Negri) 등 자율주의자들이 애호하는 '집단 지성' 개념과도 구별되어야 한다. 이에 대한 논의로는 Haug(2010)를 참조할 수 있다.
15 마르크스(2004b: 308) 및 Marx(1993: 331) 대조. 田畑稔(2015: 124)에서 재인용.
16 마르크스의 『자본론』 초고에 대한 엥겔스의 편집의 문제점에 관한 최근의 논의로는 Roth(2018)를 참조할 수 있다.

원문에서 엥겔스가 삭제 및 첨가한 부분이다. 해당 부분의 마르크스 원문과 엥겔스 편집본을 비교하면, 마르크스의 원문에서는 생산 당사자들이 어소시에이트한 지성으로서 생산관계를 그들의 공동 통제하에 복속시킨다는 점이 분명하게 서술되어 있는 반면, 엥겔스 편집본에서는 총생산관계가 그들의 어소시에트한 지성에 의해 파악되고, 그것에 의해 지배되는 법칙으로 생산과정을 그들의 공동의 통제하에 복속시킨다는 식으로, 즉 법칙의 인식과 조작 기능으로 강조점이 이동했음을 알 수 있다(田畑稔, 2015: 124). 마르크스는 또 포스트자본주의 사회의 경제적 조절은 시장이나 화폐가 아니라 노동시간을 단위로 한 계획에 의하여 이루어질 것으로 전망했다.

> "만약 자본주의적 사회 형태가 지양되고, 사회가 계획에 따라 일하는 어소시에이션으로 조직된다고 가정하면, 10쿼터의 곡물은 12파운드의 화폐에 포함되어 있는 것과 동일한 양의 사회적 노동시간을 표현할 것이다"(마르크스, 2015c: 846).

마르크스는 또 『자본론』 3권 초고에서 포스트자본주의 사회를 "필연의 영역"과 대비되는 "자유의 영역"으로 묘사하고, "자유의 영역"에 도달하기 위해서는 노동시간의 단축 및 자유시간의 획기적 증대가 필수적이라고 말했다.

"자유의 영역(Reich der Freiheit)은 실제 결여와 외적 합목적성에 의해 규정되는 것 같은 노동행위가 중지하는 곳에서 비로소 시작된다. … 자유는 이 영역에서는 단지 사회화된 인간, 어소시에이트한 생산자들(die assoziierten Produzenten)이 자연과 그들의 물질대사를 합리적으로 규제하고 맹목적 힘으로서 물질대사에 의해 통제되는 것이 아니라, 그것을 그들의 공동의 통제하에 두고, 최소의 힘의 지출로, 그들의 인간적 자연에 가장 부합하는 가장 적절한 조건들 아래 수행한다는 점에서만 존재할 수 있다. 하지만 이것도 여전히 필연의 영역이다. 이 영역의 피안에 자기목적으로서 인정된 인간의 힘의 전개(die menschliche Kraftenwicklung, die sich als Selbstzweck gilt), 진정한 자유의 영역이 시작되는데, 그것은 단지 그 토대로서 저 필연의 영역 위에서만 개화할 수 있다. 노동일의 제한이 그 토대이다"(마르크스, 2015c: 1040-1).

마르크스는 『자본론』 3권 초고에서 어소시에이션의 요소들이 자본주의 생산양식의 태내에서 잉태, 성숙된다는 사실을 강조하면서 공산주의의 과제는 "자본주의적 생산양식의 태내에서 발전한 형태들(die im Schoß der kapitalistischen Produktionsweise entwickelten Formen)을 그 대립적인 자본주의적 성격으로부터 분리하고 해방하여 사고"(마르크스, 2015c: 493)하는 것이라고 말했다. 마르크스는 이처럼 자본주의에서 잉태되고 성숙되는 어소시에이션의 현실적 경제 형태를 협동조합에서 발견했다.

"노동자들 자신의 협동조합공장은 구래의 형식 내부에서 구래의 형태의 최초의 돌파이다. … 자본과 노동의 대립은 그러한 협동조합공장 내부에서는 지양된다. … 협동조합공장은 자본주의적 생산양식으로부터 어소시에이트한 생산양식으로의 이행형태(Übergangsformen)로 간주될 수 있으며, … 대립은 … 적극적으로 지양된다"(마르크스, 2015c: 568-9).

「국제노동자협회 창립선언」(1864)

1840년대까지 마르크스의 포스트자본주의 사회론에서 협동조합(Ko-operative 혹은 Genossenschaft)은 부차적이었다. 이는 1848년 『공산당선언』에 제시된 10개 과도기 강령들이 대부분 국가집권적인 데서도 알 수 있다. 하지만 마르크스는 런던 망명 후 1850년대 초부터 차티스트 좌파 지도자 어네스트 존스(E. Jones)를 만나면서, 또 1860년대 협동조합공장의 설립이 활발해지면서, 특히 1860년대 중반부터 국제노동자협회 창설에 관여하면서, 노동자의 자발적 운동으로서 협동조합운동의 해방적 의의를 적극 평가하게 되었다. 마르크스는 1864년 국제노동자협회 창립 후에는 협동조합공장을 어소시에이션의 현실적 산업 경영형태로 간주하고 양자를 대체로 동의어로 취급했다. 마르크스는 1864년 「국제노동자협회 창립선언」 및 1866년 「임시 중앙평의회 대의원들에게 보내는 개개의 문제에 관한 서한」 5항 '협동조합노동'에서 다음과 같이 말했다.

> "우리가 말하는 것은 **협동조합운동**, 특히 소수의 대담한 '**일손들**'이
> 외부의 원조를 받지 않고 자력으로 창립한 협동조합공장이다. 이러
> 한 위대한 사회적 실험의 가치는 아무리 높게 평가해도 지나치지 않
> 다. 논의가 아닌 행위를 통해 그것들은 다음과 같은 것들을 증명했다.
> 대규모로 이뤄지며 현대 과학의 진보와 조화를 이루는 생산은 '**일손**'
> 계급을 고용하는 '**주인**' 계급이 존재하지 않아도 이뤄질 수 있다는
> 것, … 노예노동이나 농노노동과 마찬가지로 임금노동 역시 과도적이
> 며 하위의 사회적 형태에 불과하며, 자발적인 손, 강건한 정신, 활기
> 찬 마음으로 제품을 만드는 **어소시에이트한 노동** 앞에 소멸할 수밖
> 에 없다는 것. … 협동조합운동의 위대한 공적은 자본 밑으로의 노동
> 의 종속이라는 현재 인민을 빈궁하게 하는 전제적 시스템이, 자유롭
> 고 평등한 생산자들의 어소시에이션이라는 공화제적이며 공제적 시
> 스템으로 대체될 수 있다는 것을 실천적으로 보인 점에 있다"(마르크
> 스, 1993a: 10–11; 마르크스, 1993c: 137. 강조는 마르크스).

그러나 마르크스는 협동조합이 현실에서는 자본주의 체제
의 모든 결함을 갖고 있다는 점, 협동조합이 자본주의라는 바
다에서 섬으로 머물러 있는 한 가치법칙에 포섭될 수밖에 없다
는 점, 협동조합이 국민적 규모로 발전하기 위해서는 정치권력

의 획득이 필수적이라는 점 등도 강조했다.[17]

> "사회적 생산을 자유로운 협동조합노동의 거대한 조화로운 하나의 체계로 전화하기 위해서는 **전반적인 사회적 변화, 사회의 전반적 조건의 변화**가 필요하다. 이 변화는 사회의 조직된 힘, 즉 국가권력을 자본가와 지주의 손으로부터 생산자 자신의 손으로 이동시키는 방법 말고는 결코 실현할 수 없다"(마르크스, 1993c: 137. 강조는 마르크스).

『자본론』 1권(1867)

마르크스는 『자본론』 1권에서 교환가치와 가치의 차이를 강조하고, 자본주의의 근본적 문제는 교환관계가 아니라 노동이 취하는 특수한 형태, 즉 소외된 노동 혹은 추상노동에 있음을 밝혔다. 나아가 마르크스는 『자본론』 1권에서 교환가치는 가치의 현상형태일 뿐이기 때문에, 자본주의적 생산의 본질적 모순은 가치생산의 초월을 통해서만 해결될 수 있음을 논증했다(Hudis, 2012: 151). 마르크스는 『자본론』 1권 1장에서 상품물신성을 비판하면서, 가치생산 초월 이후의 포스트자본주의 사회, 즉 어소시에이션에서 경제적 조절 양식을 상술했다.

---

17 따라서 마르크스가 "신용제도의 이용에 의한 점차적 침투 노선"을 협동조합 운동의 전략노선으로 주장했다는 小松善雄(2012), Jossa(2005) 등의 해석은 무리이다. 이에 대한 비판으로 Sharzer(2017)를 참조할 수 있다.

"끝으로 기분전환을 위해, 공동의 생산수단으로 노동하고 자신들의 다양한 개인적 노동력을 스스로 의식하여 하나의 사회적 노동력으로서 지출하는 자유인들의 연합(ein Verein freier Menschen)을 생각해보자. … 자유인들의 연합체(Vereins)의 총생산물은 사회적 생산물이다. … 노동시간의 사회적 계획적 배분은 연합체의 다양한 욕망과 각종 노동기능 사이의 적절한 비율을 설정하고 유지한다. … 사회적 생활과정[즉, 물질적 생산과정]이 자유롭게 연합한 인간들(frei vergesellschafteter Menschen)에 의한 생산으로 되고 그들의 의식적 계획적 통제 밑에 놓여지게 될 때, 비로소 그 신비의 베일이 벗겨진다. … 노동증서는 개인이 공동노동에 참여한 부분과 [공동생산물 중 소비용으로 예정된 부분에 대한] 그의 청구권을 확증하는 것에 지나지 않는다"(마르크스, 2015a: 102, 103, 123).

위 인용문에서 마르크스는 어소시에이션에서 경제적 조절은 시장과 화폐가 아니라 노동시간 및 노동증서에 기초한 계획에 의거하여 이루어진다고 말했다. 마르크스에 따르면 사회의 노동시간을 상이한 생산영역에 적절하게 배분함으로써 생산을 조절하는 것은 어소시에이션 사회에서도 계속된다(Chattopadhyay, 2016: 72). 마르크스는 또 『자본론』 1권에서 자본주의에서 기계제 대공업에 특징적인 노동과정의 유동화는 어소시에이션에서 노동의 활동으로의 전환 및 전면적으로 발달한 개인의 출현의 기술적 기초를 제공한다고 전망했다(마르크스, 2015a: 656-8).

『자본론』 2권 초고(1870)

마르크스는 1870년 집필한 『자본론』 2권에서도 포스트자본주의 사회에서 노동시간 계산, 노동증서를 이용한 경제 조절 방식을 부연 설명했다.

> "사회적 생산(gesellschaftlicher Produktion)일 경우에는 화폐자본이 폐기된다. 사회(Die Gesellschaft)는 여러 사업 부문에 노동력과 생산수단을 분배한다. 생산자들은 어떤 증서를 받아서 그것을 주고, 사회의 소비용 재고에서 자신의 노동시간의 양에 해당하는 양을 인출하게 될 것이다. 이때 이 증서는 화폐가 아니다. 그것은 유통하지 않는다"(마르크스, 2015b: 419).

마르크스는 위 인용문에서 포스트자본주의 사회의 경제적 조절 원리를 설명하면서 생산과 분배의 제어 주체는 국가가 아니라 그냥 "사회"라고 지칭했다(Hudis, 2012: 175).

후기 마르크스

마르크스는 후기에도, 즉 1871년 파리 코뮌 이후에도 『프랑스 내전』(1871), 「토지 국민화론」(1872), 『자본론』 1권 프랑스어판(1872~75), 『고타강령 비판』(1875), 『자본과 노동』(1876), 「베라 자술리치에게 보낸 편지」(1880) 등에서 어소시에이션 개념을 중심으로 포스트자본주의 사회론을 전개했다.

『프랑스 내전』(1871)

1871년 파리 코뮌은 한 도시에 국한되었고 6주밖에 지속되지 못했지만, 노동자계급이 주요 도시 지역을 점거하고 사회적 관계를 혁명적 방식으로 재조직하려 했던 마르크스가 생애 처음으로 경험했던 시도였다(Hudis, 2012: 183). 마르크스는 파리 코뮌 발발 직후인 1871년 집필 출판한 『프랑스 내전』에서 1848년 『공산당선언』의 국가 집권주의적 접근을 대폭 수정했다. 『공산당선언』에서 마르크스는 "프롤레타리아트는 자신의 정치적 우위를 이용하여 점차 부르주아지로부터 모든 자본을 빼앗아, 국가, 즉 지배계급으로 조직된 국가의 수중에 모든 생산수단을 집중하고 가능한 한 빨리 생산력을 증대시킬 것"(마르크스·엥겔스, 2018: 46)이라고 주장했다. 하지만 『프랑스 내전』에서 마르크스는 이를 "노동자계급은 단순히 기성의 국가기구를 접수하여 자기 자신의 목적을 위해 그것을 행사할 수는 없다"(마르크스, 2003: 81)고 수정했다. 또 마르크스는 『프랑스 내전』 제1초고에서는 "(기존의) 모든 혁명은 국가기구를 완성할 뿐이었다. … 그러나 이것(파리 코뮌)은 **국가** 그 자체, 이 사회의 초자연적 유산에 대항한 혁명이었으며, 인민에 의한 인민을 위한 인민 자신의 사회 생활의 흡수"(마르크스, 1995a: 14,

16. 강조는 마르크스)이며, "국가권력의 분쇄"(마르크스, 2003: 88), "사회에 의한 국가권력의 재흡수"(마르크스, 1995a: 18) 시도라고 규정하면서도, 이처럼 자본주의 "노동 노예제의 경제적 조건들을 자유롭고 어소시에트한 노동의 조건들로 대체하는 것은 시간을 필요로 하는 점진적인 작업일 수밖에 없다"(마르크스, 1995a: 23)고 전망했다. 마르크스는 또 코뮌을 "노동의 경제적 해방이 완성될 수 있는, 마침내 발견된 정치적 형태"(마르크스, 2003: 91), **"사회적 해방의 정치적 형태"**(마르크스, 1995a: 20. 강조는 마르크스)라고 규정했는데, 이는 국가를 혁명적 변혁의 주요한 수단으로 간주했던『공산당선언』의 입장을 결정적으로 수정한 것이다. 마르크스는 또 코뮌에서 자신이『자본론』1권 초판에서 "부정의 부정"을 통해 정식화한 "개인적 소유의 재건"의 실제를 확인했다.

> "코뮌은 다수자의 노동을 소수자의 부로 만드는 계급 소유를 폐지하려고 했다. 그것은 수탈자의 수탈을 목적으로 했다. 그것은 생산수단인 토지와 자본을 즉 오늘날 주로 노동의 노예화와 착취의 수단으로 되어 있는 것을 자유롭게 어소시에트한 노동의 단순한 도구로 전형함으로써 개인적 소유를 하나의 진실이 되게 했다"(마르크스, 2003: 91-92).

마르크스는 또 파리 코뮌에서 협동조합운동의 실천을 적극적으로 평가하고 자본주의 시장시스템을 전제로 한 부분 시스템으로서 협동조합으로부터 그 연장선상에서 "연합한 협동조합 단체들(united co-operative societies)이 공동의 플랜(ein Plan)에 기초하여 전국적 생산을 조정(regulate)하고 그것을 단체들 자신의 제어하에 두는" 총사회적 조정 시스템을 전망하고, 이를 "가능한 공산주의"라고 표현했다(마르크스, 2003: 92). 마르크스는 또 "노동자계급이 수행해야 할 과제"는 이러한 "가능한 공산주의"를 현실화하는 것, 즉 협동조합공장처럼 "붕괴하고 있는 낡은 부르주아 사회의 태내에서 잉태되고 있는 새로운 사회의 요소들"을 해방하는 것"(마르크스, 2003: 92)이라고 말했다. 마르크스는 위 인용문에서 "연합한 협동조합의 단체들"이라고 복수로 표현했는데, 이는 마르크스가 어소시에이션을 복수의 다원적 시스템으로 상정했을 뿐만 아니라, 어소시에이션 내 자기통치를 어소시에이션 간 네트워크 및 자기통치와 불가분한 관계에 있는 것으로 파악했음을 보여준다. 마르크스는 상품화폐 관계 및 국가권력에 대항한 어소시에이션의 투쟁에서 어소시에이션 간 네트워크의 형성과 연합화 노력이 필수적이라고 보았다(田畑稔, 2001: 25-26).

「토지 국민화론」(1872)

마르크스의 「토지 국민화론」(1872)은 마르크스가 1871년 파리 코뮌 이후에도 『공산당선언』 시기처럼 생산수단의 국유화를 포스트자본주의 사회 구상의 핵심으로 주장했다는 전통적 마르크스주의 해석의 전거로 흔히 인용된다. 하지만 이 텍스트에서 마르크스가 말한 것은 "생산수단의 국민으로의 집중", "토지의 국민화(nationalization of land)" 즉 전 국민(nation)의 토지 소유이지, 토지의 국가로의 집중, 국가화, 국가 소유가 아니다. 해당 문장은 다음과 같다.

> "그때에만 계급 구별과 특권은 그것을 낳은 경제적 기초와 함께 소멸하고 사회는 자유로운 '생산자들'의 어소시에이션으로 전화할 것이다. … **생산수단의 국민적 집중(national centralisation of the means of production)**은 공동의 합리적 플랜에 근거하여 의식적으로 활동하는, 자유롭고 평등한 생산자들의 어소시에이션들로 이루어진 한 사회의 자연적 기초가 될 것이다"(마르크스, 1995b: 155-156. 강조는 마르크스).[18]

『자본론』1권 프랑스어판(1872~75)

개인적 소유의 재건론은 협동조합론과 함께 중·후기 이후 마르크스의 어소시에이션론의 핵심으로서 『자본론』1권 프랑스어판 24장 7절 '자본주의적 축적의 역사적 경향'에서 완성된

---

18 마르크스의 「토지 국민화론」은 1872년 6월 15일 *International Herald*에 영어로 발표되었다. 기존의 국역본은 '토지의 국민화'와 '어소시에이션'을 각각 '토지의 국유화', '연합'으로 번역했다.

형태로 정식화되었다.

"자본주의적 생산양식에 적합한 자본주의적 취득은, 따라서 자본주의적 사유도 독립한 개인적 노동의 필연적 귀결에 다름 아닌 이 사적 소유의 제1의 부정이다. 그러나 자본주의적 생산은 자연의 변태를 지배하는 숙명에 의해 자기 자신의 부정을 낳는다. 이것은 부정의 부정이다. 이 부정의 부정은 노동자의 사적 소유를 재건하는 것은 아니지만, 자본주의 시대의 획득물에 기초하여(fondée sur), 즉 협업과 지구[19] 및 생산수단의 공동점유[20]에 근거하여, 노동자의 개인적 소유(propriété individuelle)를 재건한다"(Marx, 1989c: 679).

하지만 마르크스는 위 인용문에서 포스트자본주의 사회에서 재건되는 개인적 소유의 대상에는 소비재뿐만 아니라 생산수단도 포함됨을 분명히 했다.[21] 위 인용문에서 개인적 소유의

---

19 기존의 국역본은 이를 통상 '토지'로 번역했지만, '지구' 혹은 '대지'가 원문, 즉 'Erde'(『자본론』 1권 독어 초판 및 독어 2판)와 'sol'(프랑스어판)에 충실한 번역이다.

20 마르크스는 『자본론』 1권 독어 초판(1867)과 독어 2판의 '공동소유(Gemeineigenthum)'를 프랑스어판에서는 '공동점유(possession commune)'로 수정했다. 최근 '커먼스(commons)'를 포스트자본주의의 원리로 중시하는 논자들은 이를 '커먼스로서의 소유(in common)'라고 번역한다(齊藤幸平 編. 2019: 345).

21 엥겔스는 『반듀링』(1878)에서 이 부분을 자의적으로 해석하여 포스트자본주의 사회에서 개인적 소유의 대상은 소비재에 국한되며 생산수단은 사회적 소유하에 놓인다고 주장했다. 엥겔스는 포스트자본주의 사회에서 사회

재건은 사회적 생산수단, 사회적 소비수단, 개인적 소비수단 전체에 대한 개인의 관계를 통해 개인들이 자기노동에 기초한 소유, 노동의 객체적 조건들에 대한 주체적 통제, 인격적 자유나 '자유로운 개인성'의 대상적 조건들의 소유를 실현하는 존재방식으로 이해되어야 한다(田畑稔, 2015: 175, 248). 개인적 소비수단의 경우 '사적 개인으로서의 속성'에서 개인들이 소유하여 욕구를 '사적 개인'으로서 충족하고, 사회적 소비수단의 경우 '어소시에이트한 개인들'로서의 속성에서 개인들이 소유하여 욕구를 '공동사회적'으로 충족하며, 사회적 생산수단의 경우도 '어소시에이트한 개인들'로서의 속성에서 개인들이 소유하고, 공동노동을 통해 관계 전체를 재생산한다(田畑稔, 2015: 175). 개인적 소유의 재건이란 어소시에이트한 사회적인 개인에 의한 소유의 재건으로서, 이는 사실상 이미 사회적 경영에 기초하고 있는 자본주의적 소유에서 자본주의적 소유의 외피를 폭파하고 그 사회적 경영을 명실상부한 사회적 경영으로 되게 하는 과정이다(大谷禎之介, 2011: 157, 163).

적 소유를 사회에 의한 소유 혹은 국가에 의한 소유와 동일시하여 사회를 실체화하고, 개인은 사회의 우연적 존재로 간주했다. 또 엥겔스는 포스트자본주의 사회에서는 소비재만이 개인적 소유의 대상이며, 생산수단은 사회적 소유의 대상이라고 주장하고, 개인을 단지 소비주체로만 간주했다(엥겔스, 1987: 142). 엥겔스는 마르크스와 달리 노동하는 개인을 분석의 출발점에 두고 있지 않다(宮田和保, 2012).

『고타강령 비판』(1875)

『고타강령 비판』은 마르크스의 포스트자본주의 사회에 관한 텍스트 중 가장 상세할 뿐만 아니라 완성도가 높다. 이 텍스트에서 마르크스는 국가가 협동조합을 육성해야 한다는 라살의 주장에 맞서 협동조합의 연합이 국가를 대체해야 한다는 『프랑스 내전』에서 자신의 주장을 재확인했다.

> "노동자가 협동조합적 생산의 조건들을 사회적 규모로, 먼저 처음에는 자국에 국민적 규모로 만들어내려는 것은, 현재의 생산조건의 변혁을 위해 노력하는 것과 다름없으며, 국가 원조에 의한 협동조합의 설립과는 어떤 공통점도 없다! 오늘날 협동조합에 관해 말하자면, 그것은 정부로부터도 부르주아로부터도 후원받지 않고 노동자들이 독립적으로 창설한 경우에만, 비로소 가치를 갖는다"(마르크스, 1995c: 384).

마르크스는 또 『자본론』 1권에서 제시했던 어소시에이션에서 경제적 조절 원리, 즉 노동시간 계산에 기초한 참여계획경제를 『고타강령 비판』에서 상술했다.

> "생산수단의 공동소유에 기초한 협동조합적(genossenschaftlichen) 사회에서 생산자들은 자신들의 생산물을 교환하지 않는다. 이는 생산물에 지출된 노동이 여기에서는 이들 생산물의 가치로서, 즉 이들이

갖고 있는 물적 특성으로서 나타나지 않는 것과 마찬가지다. 왜냐하면 이제는 자본주의 사회와 달리 개별적 노동은 더 이상 간접적 방식으로 존재하지 않고 총노동의 한 구성부분으로 직접적으로 존재한다. 그리하여, 오늘날에도 그 애매모호함으로 인해서 논박의 여지가 있는 '노동의 성과'라는 용어는 모든 의미를 상실한다. 우리가 여기에서 다루는 사회는 자기 자신의 기초 위에서 **발전한** 공산주의 사회가 아니라, 자본주의 사회로부터 막 **생겨난** 공산주의 사회이다. ⋯ 각 생산자는 (공동기금을 위한 자신의 노동을 공제한 다음) 자기가 이러저러한 양의 노동을 제공했다는 증서를 사회로부터 받는다. 그리고 이 증서를 가지고 소비수단의 사회적 재고로부터 이 증서와 동일양의 노동이 지출된 소비수단을 **인출한다.** 그가 사회에 어떤 형태로 제공한 것과 동일양의 노동을 그는 다른 형태로 돌려받는다. ⋯ 공산주의 사회의 보다 고도한 국면에서 ⋯ 노동이 생활을 위한 단순한 수단일 뿐만 아니라 그 자신이 제1의 생활의 욕구로 된 후에, 개인들의 전면적인 전개와 함께 그들의 생산력도 성장하고 협동조합적 부(genossenschaftlichen Reichtums)[22]의 모든 원천이 넘쳐흐르게 된 후에, 그 때야 비로소 좁은 시민법적 지평이 완전히 초월되고 사회는 그 깃발에 다음과 같이 쓸 수 있을 것이다. 각자는 그의 능력에 따라, 각자는 그의 욕구에 따라!"(마르크스, 1995c: 375-7. 강조는 마르크스)

---

22 기존의 국역본은 "협동조합적 부"를 "조합적 부"로 번역했고, 영역본 (MECW 판본)은 "common wealth"로 번역했다.

위 인용문에서 마르크스는 가치생산과 생산물 교환이 '자본주의 사회로부터 막 **생겨난** 공산주의 사회'에서도 이미 존재하지 않는다는 점, 포스트자본주의 사회는 처음부터 어소시에이션 사회라는 점을 분명히 했다(Chattopadhyay, 2016: 7). 하지만 마르크스는 공산주의의 보다 고도한 국면에서도 노동 그 자체가 소멸하는 것은 아니며, 노동은 목적을 위한 수단이 아니라 '제1의 생활의 욕구', 즉 목적 그 자체, 자기충족적 목적이 되며, 개인의 자기활동, 자기발전과 불가분하게 될 뿐이라고 전망했다.

일부 논자들은 『고타강령 비판』에서는 어소시에이션이라는 용어가 등장하지 않고, '협동조합적 부'라는 다소 애매한 개념이 사용된다는 점을 들어 만년의 마르크스가 어소시에이션론과 거리를 두었다고 주장한다. 하지만 위 인용문에서 '협동조합적'으로 번역되는 genossenschaftlich는 실제로는 어소시에이션을 지시한다. 복수의 생산협동조합이 사회적 네트워크를 형성하여 새로운 생산양식으로서 어소시에이션을 구성한다는 것은 중·후기 마르크스에서 일관된 관점이다(大藪龍介, 1997).

『자본과 노동』(1876)

마르크스는 만년에도 협동조합의 중요성을 강조했다. 마르크스는 1876년 간행된 요한 모스트(J. Most)의 『자본과 노동』 개정판 자용본[23]에 가필 정정하면서, "자본주의적 생산양식은 원래 역사 속에서 하나의 과도 형태에 불과"하고, "그것은 그 자신의 메커니즘에 의해 더 고도한 생산양식으로, **협동조합적 생산양식**(genossenschaftilichen Produktionsweise)으로, 사회주의로 나아가지 않을 수 없"으며, 이 경우 "인민이 지배받고 있는 상태를 대신하여 인민의 자치(selbstverwaltung des Volkes)가 실현"(마르크스, 2014: 149, 151. 강조는 마르크스)될 것이라고 주장했다.

「베라 자술리치에게 보낸 편지」(1881)

마르크스는 만년에 러시아 인민주의자들과 교신하면서 포스트자본주의 사회는 자본주의에서 형성되는 어소시에이션을 기초로 한다는 기존의 관점을 수정하고, 자본주의를 거치지 않고도 전자본주의 사회 공동체의 고차 부활을 통해 포스트자본주의 사회에 도달할 수도 있다고 생각하게 되었다고 흔히 주장된다.[24] 그리고 그 근거로 「베라 자술리치에게 보낸 편지」가 제시된다. 마르크스는 실제로 이 텍스트에서 포스트자본주의 사회를 "자본주의적 생산을 협동조합생산으로 대체하고, 자본주의적 소유를 고대적 소유 유형인 공산주의적 소유의 고차적

---

23 마르크스의 가필 정정이 포함되어 있는 모스트의 『자본론』 입문서 『자본과 노동』 개정판(1876)의 마르크스 자용본(自用本)은 『자본론』에 관한 만년의 마르크스의 최후의 논의이다(小松善雄, 2015: 6).

24 예컨대 Anderson(2010)이 있다. 이에 대한 비판으로는 Araujo(2018)를 참조할 수 있다.

형태로 대체하는 것"(Marx, 1989d: 362)이라고 말했다.

하지만 이 텍스트를 근거로 마르크스가 자본주의의 산물로서 자유로운 개인들의 어소시에이션에서 자본주의의 대안을 찾았던 자신의 포스트자본주의 사회론의 기본 명제를 수정했다고 해석하는 것은 무리다. 우선 마르크스 자신이 거듭 강조했듯이 당시 러시아의 사례는 매우 특수해서 일반화될 수 없다. 마르크스는 또 러시아의 이 특수 사례에서도 농촌공동체가 포스트자본주의 사회의 요소로 재생할 수 있기 위해서는, 이들 공동체의 억압적·부정적 요소들이 해결되어야 할 뿐만 아니라 서유럽 자본주의에서 성공한 노동자계급의 혁명으로부터 지원이 있어야만 한다는 점을 강조했다. 그렇다면 "러시아의 사례는 마르크스의 1860년대의 주장, 즉 새로운 '자유로운 어소시에이션' 건설의 두 가지 기본적 전제조건, 즉 노동의 사회적 노동으로의 발전과 노동생산력의 고도의 발전은 자연적 '공산주의'의 상이한 형태들에서 보여지는 노동과 생산조건의 '원생적 결합'에 의해서는 창출될 수 없다는 주장을 무효화하기는커녕 확증"(Chattopadhyay, 2016: 168)하는 사례라고 할 수 있다.

마르크스는 어소시에이션을 개인들이 전체에 복속되고 개인이 아직 목적으로서 확립되지 않은 전근대적 공동체와 분명하게 구별했으며, 어떤 미분화된 추상적인 공동성, 공동사회성의 세계에서 어소시에이션을 추구하지 않았다. 마르크스는 초기, 중기뿐만 아니라 후기에도 포스트자본주의의 전망을 현존하는 자본주의 사회의 조건 속에서 찾으려 했다. 만년의 마르크스가 포스트자본주의의 구상을 이른바 "원시공동체의 고차적 부활"에서 찾으려 했다는 엥겔스 이후 마르크스주의에 정설화된 대안사회론은 근거가 희박하다.

* * *

마르크스의 포스트자본주의 사회론의 주요 요소는 (1)연속혁명, (2)국가 소멸, (3)소외된 노동(물상화)의 폐지, (4)가치생산의 폐지, (5)노동의 폐지, (6)개인적 소유의 재건, (7)어소시에이션(협동조합), (8)참여계획경제, (9)여성해방(젠더 평등), (10)생태사회(자연과의 '물질대사') 등의 개념으로 정리될 수 있다. 이렇게 이해된 마르크스의 포스트자본주의 사회론은 마르크스 이후 대부분의 마르크스주의 대안사회론과 결정적으로 상이하다. 어소시에이션 개념을 중심으로 마르크스의 포스트자본주의 사회론의 전개과정을 초기, 중기, 후기로 구분해보면, 초기와 중·후기 간에 상당한 단절이 있음을 알 수 있다. 『공산당선언』으로 대표되는 초기 마르크스의 국가집권적 소유론적 접근은 중·후기 이후에는 가치생산 초월의 문제설정으로 전환했다. 또 중·후기 이후 마르크스의 포스트자본주의 사회론은 1850년대 이후 경제학 비판의 심화와 1864년 국제노동자협회 창설에의 참여, 1871년 파리 코뮌의 경험 등을 배경으로 개인적 소유의 재건론, 협동조합 사회주의론, 노동시간 계산에 기초한 참여계획경제론 등으로 발전했는데, 이는 어소시에이션론의 구체화 과정으로 이해될 수 있다.

마르크스의 포스트자본주의 사회론은 고정 불변의 완성된 절대적 진리이기는커녕 미완의 열린 체계이며, 이는 국가의 폐지, 여성해방, 생태사회와 같은 영역들의 경우에 더욱 그렇다. 이 요소들과 어소시에이션과의 관련은 더 검토되어야 한다. 청년 마르크스가 말했듯이, "공산주의는 그 자체로 인간 발전의 목표—인간적 사회의 형태—가 아니다"(마르크스, 2006: 144). 마르크스의 대안사회, 포스트자본주의는 역사의 종언이 아니라, 역사의 새로운 시작이다.

2장

레닌에서 마르크스로[1]

마르크스주의 통설에서는 마르크스의 주된 분석 대상은 자본주의였으며, 자본주의 이후 사회, 즉 포스트자본주의에 대해서는 거의 논의하지 않았거나, 그의 유토피아 사회주의 비판에서 보듯이, 이를 탐구하는 것 자체에 대해 부정적이었다고 주장된다. 이와 함께 마르크스의 입장에서 자본주의 이후 사회를 구체적으로 검토하고 건설하려고 시도한 것은 레닌이라고 주장된다. 하지만 자본주의 이후 사회에 대한 이와 같은 마르크스주의 통설은 동의하기 어렵다. 우선 『고타강령 비판』만 훑어봐도 마르크스의 저작에 포스트자본주의 사회에 관한 체계적 논의가 결여되어 있다는 주장은 의문시된다. 또 마르크스의 자

---

1 이 장은 정성진(2017a)을 수정 보완한 것이다.

본주의 분석 자체도 자본주의론인 동시에 포스트자본주의론, 즉 공산주의론으로 읽을 수 있기 때문에,[2] 마르크스에게 자본주의 이후 사회 논의가 결여되어 있다는 주장은 수긍하기 어렵다. 오히려 레닌의 사회주의론 혹은 공산주의론이 마르크스의 포스트자본주의론을 발전시키고 현실에서 구체화한 것이라는 통설이 과연 타당한지가 문제시될 수 있다. 이 장은 이런 문제의식에서 먼저 레닌의 사회주의론을 레닌의 관련 텍스트에 한정해서 그 주요 내용과 진화과정을 시기별로 개관할 것이다. 레닌의 사회주의론은 단일한 것이 아니라 상호 모순된 사상들의 복합체였으며, 시기별로, 특히 혁명운동의 부침에 따라 지그재그 양상을 보였다. 레닌은 1914년 제1차 세계대전 이전에는 카우츠키로 대표되는 제2인터내셔널 마르크스주의[3]의 사회주의론을 거의 그대로 수용했지만, 1914년 제1차 세계대전부터 1917년 10월 혁명에 이르기까지 혁명운동의 고양기에는 마르크스의 사회주의=공산주의론으로 다시 복귀하는 경향을 보였다. 하지만 레닌은 1917년 혁명 후 전시공산주의 및 신경제정책 시기에는 다시 제2인터내셔널 마르크스주의에 특유한 경제주의, 국가주의로 후퇴했다. 레닌의 사회주의론은 마르크스

---

2 이에 대해서는 오타니테이노스케(大谷禎之介, 2011), 후디스(Hudis, 2012), 샤토파디야(Chattopadhyay, 2016), 정성진(2015a) 등을 참고할 수 있다.

3 제2인터내셔널 마르크스주의와 마르크스 사상의 차이에 대한 필자의 검토로는 정성진(2006: 3장)을 참조할 수 있다.

의 사회주의=공산주의론과 크게 다르다. 마르크스의 사회주의 =공산주의론의 주요 요소를 연속혁명, 세계혁명, 국가 소멸, 아래로부터 사회주의, 급진 민주주의, 개인적 소유의 재건, 자유로운 개인들의 어소시에이션, 상품, 화폐 및 시장의 소멸, 참여계획경제, 노동의 폐지 등으로 이해할 경우, 레닌의 사회주의론과 마르크스의 사회주의=공산주의론과의 차이는 명확하다. 그렇다면 레닌의 사회주의론에 근거했던 역사적 공산주의의 파산이 마르크스의 포스트자본주의론, 즉 사회주의=공산주의론의 실패를 증명하는 것이 아니라는 것도 분명하다.

레닌의 사회주의론의 진화

레닌의 사회주의론의 진화 과정은 5개 시기로 구분될 수 있다. 즉 (1)1914년 제1차 세계대전 발발 이전 시기; (2)1914~17년 전쟁과 혁명의 시기; (3)1917년 10월 혁명 직후 국가자본주의 시기; (4)1918~20년 전시공산주의 시기; (5)1921~24년 신경제정책 시기.

1914년 제1차 세계대전 발발 이전 시기

1914년 이전 레닌의 저작에서 사회주의에 관한 것은 희소하며, 『러시아에서 자본주의 발전』(1899)과 『무엇을 할 것인가?』(1902)에서 보듯이 러시아 자본주의 분석과 당조직론에 관한 것이 대부분이다. 이는 1914년 이전 레닌은 러시아가 당면한 혁명의 성격이 사회주의 혁명이 아니라 부르주아 혁명이라고 생각한 것과도 관련 있다. 하지만 이 시기 레닌의 자본주의 분석과 당조직에 관한 논의로부터 레닌이 궁극적으로 추구했던 사회주의 공산주의에 관한 개념을 읽어낼 수는 있다. 실제로 이 시기 러시아 자본주의와 당조직에 대한 레닌의 논의가 당시 정통 마르크스주의, 즉 제2인터내셔널 마르크스주의에 일반적인 것들을 수용한 것[4]처럼, 이 시기 레닌의 사회주의론 역시 제2인터내셔널 마르크스주의의 사회주의론의 영향을 받았다. 이는 만년의 마르크스가 레닌의 주요 논적이었으며 제2인터내셔널 마르크스주의에 비판적이었던 러시아 인민주의자와 교감했던 것과 대조적이다. 실제로 이 시기 레닌의 당조직론과 사회주의론에는 제2인터내셔널 마르크스주의의 '외부로부터의 사회주의' 혹은 '위로부터의 사회주의' 관념들이 많이 보인다. 레닌은 이 시기 대표적 저술인 『무엇을 할 것인가?』(1902)에서 노동자계급은 자생적으로는 사회주의 의식을 발전시킬 수 없다고 주장하고, 이로부터 전위당 조직의 필요성을

---

4 1914년 이전 레닌은 제2인터터셔널의 자본주의 발전단계론을 수용하여 이를 당시 러시아 자본주의 분석에 적용했다. 1914년 이전 레닌의 고유한 독창적 기여로 흔히 간주되는 당조직론, 즉 『무엇을 할 것인가?』로 대표되는 전위당론 역시 실은 독일사회민주당 조직론, '에르푸르트주의'의 적용이라는 측면이 강하다(Lih, 2006).

도출했다:

"자생성에 대해 많이 이야기한다. 하지만 노동운동의 **자생적** 발전은 부르주아 이데올로기에 예속되는 것으로 귀결된다. … 따라서 우리의 과제, 사회민주주의의 과제는 **자생성과 투쟁하는 것**이며, 노동운동을 부르주아지의 지배에 예속시키려는 자생적 노동조합주의자들의 노력으로부터 **빼내어** 혁명적 사회민주주의 진영으로 인도하는 것이 되어야 한다. … 사회민주주의 의식은 노동자들 외부로부터만 도입될 수 있다. … 노동자계급은, 자신들의 노력만으로는, 단지 노동조합 의식만을 발전시킬 수 있다. … 사회주의의 이론은 … 교육받은 유산 계급의 대표자들, 지식인들이 정교화한 철학, 역사 및 경제이론으로부터 생겨났다. … 사회민주주의의 이론적 교의는 노동운동의 자생적 성장과는 아주 독립적으로 출현했다. 그것은 혁명적 사회주의적 지식인들 사상의 자연적이고 불가피한 산물이다"(레닌, 1999: 51~52, 39. 강조는 레닌).

레닌은 1905년 혁명 시기에 발표한 「임시혁명정부에 대하여」에서 '아래로부터 사회주의'는 아나키즘이라고 비판한 것으로 읽힐 수 있는 주장을 했다: "원칙적으로 혁명적 행동을 아래로부터 압력에 제한하고 위로부터 압력을 거부하는 것은 **아나키즘**이다"(레닌, 1990a: 67. 강조는 레닌).

1914~17년 전쟁과 혁명의 시기

1914~17년 '전쟁과 혁명의 시기'에 레닌의 사회주의론은 크게 진화했다. 1914년의 인식론적 단절, 그 정치적 이론적 배경에는 1914년 제1차 세계대전의 발발과 독일 사회민주당을 비롯한 제2인터내셔널 마르크스주의자들의 배반(전쟁반대에서 조국방위주의로의 선회) 및 헤겔의 『논리학』 독해가 있었다 (Anderson, 1995). 레닌은 제1차 세계대전 발발 직후 스위스 베른 공립도서관에서 헤겔의 『논리학』 독해로부터 터득한 '단절과 도약'의 변증법에 기초하여 제2인터내셔널 마르크스주의에 고질적이었던 기계론적 유물론과 경제주의와 단절하는 인식론적 돌파를 이룩했으며, 이로부터 「4월 테제」, 『국가와 혁명』, 『제국주의론』과 같은 이론적 혁신과 함께 10월 무장봉기로 도약할 수 있었다는 것이다.[5]

우선 레닌은 파리 코뮌에 대한 마르크스와 엥겔스의 사상을 복원했다. 특히 1917년 『국가와 혁명』에서 레닌은 노동자계급은 자본주의가 발전시킨 관료적, 엘리트주의적 국가를 전복

---

5 1914~17년 레닌의 이론과 실천에 근본적 단절이 있었고, 그 배경에는 헤겔의 『논리학』 독해가 있었다는 앤더슨(K. Anderson) 등의 해석에 대해서 리 (Lih, 2009)는 레닌의 사상은 이 시기에도 1914년 이전과 마찬가지로 제2인터내셔널 마르크스주의를 고수하는 "공격적 비독창성"으로 특징지어진다고 반박한다. 즉, 1914년 이후 레닌에게 문제는 제2인터내셔널 마르크스주의가 아니라 그것의 배반이었으며, 따라서 레닌이 단절했던 것은 제2인터내셔널 마르크스주의, 즉 1914년 이전의 카우츠키가 아니라, 그것을 배반한 '배반자 카우츠키'라는 것이다.

분쇄하고 그것을 자신들의 민주주의적 노동자 국가로 대체해야 한다고 주장했다.[6] 레닌은 "피억압자들의 해방은 지배계급이 만들어낸 국가권력 기구를 파괴하지 않고서는 불가능하다"고 주장했다. 또 새로운 노동자국가는 "민주주의를 인구의 압도적 다수로 확장하여 특별한 억압 기구에 대한 필요가 사라지기 시작하는 … 이행기 국가"가 될 것이며, 사회주의 사회가 발전하면서 국가 그 자체도 "고사"할 것이라고 주장했다. 1917년 레닌의 『국가와 혁명』에서는 모든 것이 투명했다. 대중은 항상 국가권력에 접근할 수 있어야 하며 국가권력은 대중에 의해 행사되어야 했다. 『국가와 혁명』에서는 절차적 규칙이 사회주의 행정의 핵심으로 간주되었다. 레닌은 『국가와 혁명』에서 사회주의 체제에서 대표자들은 직접 선출되어야 할 뿐만 아니라 언제라도 소환되어야 하며, 노동자 임금 수준의 급료만을 받아야 한다고 주장했다. 따라서 레닌이 절차적 민주주의를 유린했으며 합법성의 개념이 결여되어 있다는 비판은 사실과 다르다. 레닌은 자신의 견해를 항상 중앙위원회, 당대회의 다수결의를 통해 관철하려 했다. 레닌 생존 시 당대회는 매년 개최되었다.

레닌은 1917년 「4월 테제」에서 러시아혁명의 성격에 관해 트로츠키의 연속혁명론을 수용했다. 1917년 2월 혁명 당시 노

---

6 레닌은 『국가와 혁명』을 1917년에 썼지만 1918년에 출판했다. 따라서 1917년 혁명에 레닌의 『국가와 혁명』이 직접적 영향을 미쳤다고 볼 수는 없다.

동자들이 빵과 평화를 요구했을 때 러시아혁명이 시작되었다는 것을 알아차린 사람은 소수였다. 하지만 노동자들의 시위가 차르에 대항하는 혁명적 투쟁으로 나아가자 레닌은 트로츠키의 연속혁명론을 즉각 수용하여 혁명적 노동자운동만이 민주주의 투쟁을 승리로 이끌 수 있으며 사회주의를 위한 투쟁으로 나아갈 수 있다고 선언했다. 1917년 러시아혁명은 완전히 새로운 사회조직인 노동자평의회, 즉 소비에트에 기초했다. 노동자평의회는 작업장과 지역에서 선출된 대표자로 구성된 러시아의 새로운 의사결정 기구였다. 이들은 직접민주주의 기관으로서 그 대표자들은 파리 코뮌과 마찬가지로 선출한 사람들에 의해 소환될 수 있었다. 소비에트는 새로운 대중민주주의의 형식이었다. 레닌과 트로츠키가 "모든 권력을 소비에트로!"라는 요구를 러시아혁명의 중심적 슬로건으로 내걸었던 것도 이를 배경으로 한다. 레닌과 트로츠키는 소비에트가 노동자민주주의의 구현체로서 새로운 노동자국가의 기초가 될 것이라고 보았다. 실제로 1917년 혁명 이후 소비에트는 러시아 노동자국가의 기초가 되었다. 물론 소비에트 권력은 1917년 10월 혁명 직후 약화되기 시작해서 전시공산주의 이후에는 완전히 소멸했다.

1917년 혁명기에 레닌이 소비에트 권력의 중심성을 인정한 것은 사실이지만, 당과 소비에트 권력의 관계에 대해서는, 레닌은 이 시기에도 트로츠키에 비해 모호했다. 당시 트로츠키는

10월 봉기의 시점을 소비에트대회 일정과 일치시키자고 제안했지만, 레닌은 이를 다음과 같이 비판했다:

"볼셰비키는 소비에트대회를 기다릴 수 없다. 볼셰비키는 **지금 당장** 권력을 장악해야 한다. … 지체는 범죄이다. 소비에트대회를 기다리는 것은 부끄러운 형식성 놀음이며, 혁명을 배반하는 것이다"(트로츠키, 2017: 828에서 재인용. 강조는 레닌).[7]

레닌의 저작 중 가장 해방적이며 '아래로부터 사회주의'와 소비에트 권력의 입장에 서 있는 것으로 간주되는 『국가와 혁명』에도 모호한 서술들이 적지 않다. 레닌은 『국가와 혁명』에서 노동자 자주관리 생산이 아니라 중앙집권적인 프롤레타리아트 국가를 사회주의로 간주했다. 레닌은 자본주의에서 우편 노동자들이 보통 국가에 의해 고용되어 있는 것을 '사회주의 경제체제의 예'로 간주하여 "경제 **전체**를 우편 서비스 방식으로 조직"(레닌, 1992: 71. 강조는 레닌)할 것을 주장하기도 했다.

7　이와 같은 레닌의 '당 중심' 접근에 대해서는 '레닌주의자' 클리프(T. Cliff)도 다음과 같이 비판했다: "봉기는 당의 채널을 통해서 또 당의 이름으로 수행하고 준비되어야 하며, 오직 승리를 성취한 다음에 소비에트 대회에 의해 승인되어야 한다는 레닌의 생각도 덜 잘못된 것은 아니다"(Cliff, 1989: 261).

1917년 10월 혁명 직후 국가자본주의 시기

1917년 10월 무장봉기를 통해 권력을 장악한 레닌과 볼셰비키는 자신들의 체제를 사회주의=공산주의라고 부르지 않았다. 1917년 10월에서 1918년 여름 전시공산주의로 전환하기까지 시기 러시아를 당시 레닌은 국가자본주의라고 불렀다. 레닌은 '자본주의적 소규모 생산'에서 혼란된 관계들에 대처하기 위해 트러스트와 기업경영에 대한 국가감독을 이용하려는 노력을 사회주의가 아니라 국가자본주의라고 묘사했다. 1918년 3월 브레스트-리토브스크 조약 이후 혁명 초기에 넘치던 열정이 가라앉자 레닌은 국가자본주의의 장점을 격찬하고 나섰다. 레닌이 보기에 당시 러시아는 사회주의는 아니었지만, 사적 자본주의보다는 나은 것이었다. 레닌은 러시아의 당면 목표는 축적을 가속화하는 것이었고, 그러려면 제대로 된 회계와 위계제적 경영, 그리고 노동자의 규율이 필요하며, 노동조합은 축적의 필요에 종속되어야 한다고 강조했다(데사이, 2003: 234). 1918년 4월 레닌은 다음과 같이 말했다:

"현실은 우리에게 국가자본주의가 일보 전진임을 말해준다. 만약 단시일 안에 우리가 국가자본주의를 성취할 수 있다면 그것은 승리일 것이다. ⋯ 소비에트 권력하에서 국가자본주의란 무엇인가? 오늘날 국가자본주의를 성취한다는 것은 자본가계급이 수행했던 계산과 통제를 실행하는 것을 뜻한다. 우리는 국가자본주의의 예를 독일에서 본다"(Lenin, 1918b: 293-4).

레닌은 10월 혁명 직후부터 국가에 의한 계산과 통제의 중요성을 강조했다. 『국가와 혁명』에서 천명되었던 국가기구의 파괴와 국가 소멸이 아니라, 경제에 대한 국가 통제로서의 사회주의, 자원을 기업과 개인에 배분하는 기구로서의 국가의 개념이 집권 초기부터 레닌의 사회주의 개념의 핵심이 되었다.

또 이때부터 레닌은 소비에트 정부를 '프롤레타리아트 독재'라고 부르기 시작했다. 레닌은 1918년 4월 집필한 팸플릿 『소비에트 정부의 당면 과제』에서 "소비에트 권력은 프롤레타리아트 독재의 조직화된 형태와 다름없다"(레닌, 1990b: 142)라고 정의했는데, 이는 『국가와 혁명』에서는 찾아볼 수 없는 표현이다.

1918~20년 전시공산주의 시기

1918년 5월 내전이 발발하면서 러시아는 국가가 감독하는 혼합시장경제에서 전시공산주의로 전환했다. 1919~20년 레닌은 전시공산주의 시기 사회주의가 도래한 것으로 간주하여 국유화와 시장의 행정적 청산을 사회주의, 공산주의와 동일시했다. 전시공산주의 시기 레닌과 볼셰비키는 산업을 국유화하고 시장의 폐지를 시도했다. 전시공산주의 시기는 화폐와 시장이 사라졌던 시기로서, 공산주의 계획경제의 전조 혹은 원형으로 간주된다. 하지만 전시공산주의는 말 그대로 전시라는 포위와 극단적인 결핍에 강제된 배급 경제에 지나지 않았다. 카가 말한 대로 "전시 공산주의의 금융적 특징은 화폐가 경제에서 사실상 제거된 것이지만, 이는 어떤 교의나 숙고된 계획에서 비롯된 것은 아니었다"(Carr, 1952: 246). 하지만 볼셰비키는 이처럼 전시라는 특수한 정세에 의해 강제된 화폐경제의 소멸을 공산주의의 도래라고 미화하고 이를 인위적으로 촉진하려 했다. 1918년 12월 제2차 전러시아 지역경제협의회 대회에서 볼셰비키는 "화폐가 경제단위들의 관계에 끼치는 영향력이 궁극적으로 사라지는 것을 보고 싶다는 희망을 피력했다"(노브, 1998: 70에서 재인용). 1919년 3월 레닌은 볼셰비키 당강령 초안에서 화폐의 폐지와 계획의 확대의 필요성을 강조했다.

> "분배 영역에서 소비에트 권력의 현재 과제는 상업을 계획되고 조직화된 전국적 규모의 재화 분배로 점차 대체하는 것이다. 그 목표는 전인구를 생산자 코뮌 및 소비자 코뮌으로 조직하여 전체 분배 기구를 엄격하게 집중함으로써 모든 필수 생산물을 가장 신속하고, 체계적, 경제적으로, 또 최소의 노동 지출로 분배하는 것이다. … 러시아 공산당은 가능한 한 빨리 가장 급진적인 조치들을 도입하여 화폐의 폐지를 위한 길을 닦을 것이다. 최우선적으로 화폐를 저축은행 장부, 수표, 단기 어음(이는 그 보유자에게 재화를 공공 상점에서 수취할 수 있는 권리를 부여한다) 등으로 대체하고, 화폐가 은행 등에 예치되는 것을

강제할 것이다"(Lenin, 1919a: 115-6).

부하린과 프레오브라젠스키는 전시공산주의 시기 대표적
저작인 『공산주의의 ABC』에서 "소비에트의 모든 구성원은 국
가 행정의 특정한 부분을 담당해야만 한다. … 모든 노동 인구
가 국가 행정에 참여할 것이다"(Bukharin and Preobrazhensky, 1966:
190)라면서 소비에트 권력과 국가 민주화를 전망했다. 하지만
레닌은 1919년 3월까지는 전시공산주의라는 용어를 사용하
지 않았다. 레닌은 전시공산주의를 이론이나 실천적인 정치적
용어로 정식화하지 않았다. 전시공산주의적 조치는 1919년 여
름 이후에야 하나의 체제로 성립했다(Krausz, 2015: 324). 레닌은
전시공산주의를 '완전한 사회주의'와 동일시할 정도로 순진하
지는 않았다. 레닌은 전시공산주의 시기였던 1920년 4월에도
"노동자와 농민이 남아 있는 한 사회주의는 달성되지 않았다"
(Lenin, 1920a: 506)고 보았다. 그럼에도 불구하고 1919~20년 레
닌은 국유화의 틀 내에서 사회화와 사회적 감독을 사회주의와
동일시했다(Krausz, 2015: 323). 볼셰비키 지도자들은 내전의 불
가피한 산물이었던 노동의 군대화와 전시경제를 전시공산주
의라고 미화했다. 예컨대 트로츠키는 1920년 『테러리즘과 공
산주의』에서 노동의 군대화를 "자본주의에서 사회주의로의 이
행기에 노동력을 조직하고 규율하는 불가피한 방법"(트로츠키,
2009: 208)이라고 옹호했다.

이와 관련하여 전시공산주의 시기부터 『국가와 혁명』에서 레닌이 강조했던 소비에트 권력이 급속하게 약화되기 시작했다는 점도 지적되어야 한다. 반면 1917년 혁명 시기에는 억제되었던 제2인터내셔널 마르크스주의의 기계론적 유물론, 경제결정론의 요소들이 부활했다. 레닌은 『러시아에서 자본주의 발전』(1899)에서 천명했다가 『제국주의론』(1916)에서는 기각했던 자본주의의 진보성론을 신경제정책 시기 다시 복원했다.[8]

1921~24년 신경제정책 시기

내전이 거의 끝난 후인 1920년 10월 레닌은 러시아 청년공산주의 동맹에서 연설하면서 공산주의 사회의 기초가 '전화(電化)'라고 주장했다: "전 국토와 공업과 농업의 전부문을 전화한 다음에야 … 우리는 스스로의 힘으로 공산주의 사회를 건설할 수 있을 것이다"(Lenin, 1920c: 289). 1920년 12월 레닌은 '소비에트 민주주의'나 '코뮌 국가'에 대해 더 이상 언급하지 않고, 프롤레타리아트 독재를 주장했다. 레닌은 "이제부터는 적은 정치가 최상의 정치이다"(Lenin, 1920e: 514)라고 주장했다. 그러면서

---

8 "10월 혁명 후 러시아 경제를 운용하는 문제에 직면하게 되자, 레닌은 적어도 국내 경제에 관한 한 『제국주의론』의 관점을 버렸다고 할 수 있다. 『제국주의론』은 코민테른의 선진 자본주의국 혁명 전략의 기본 텍스트로 되었지만, 레닌은 동시에 국내 경제정책 결정에서는 자신의 초기의 (『러시아에서의 자본주의 발전』(1899)에서의-필자) 자본주의 발전에 관한 관점을 채택했다"(Desai, 1989: 20).

"정치가 뒤편으로 물러나고 정치가 덜 자주 또 더 짧게 논의되고 엔지니어와 농학자들이 주된 토론자로 등장하는 행복한 시대"(Lenin, 1920e: 513-4)를 희구했다.

레닌은 1921년 3월 제10차 당대회에서 신경제정책으로의 전환을 선언하고, 사회주의는 시장관계를 제거함으로써가 아니라 시장관계를 통해서만 도달될 수 있다고 주장했다. 하지만 레닌은 같은 제10차 당대회에서 "반대의 시기는 끝났다. 이제 반대에 재갈을 물려야 한다. 우리는 반대를 더 이상 원하지 않는다!"(Lenin, 1921c: 200)고 선언했다. 제10차 당대회 이후 당내 분파 결성은 금지되었다. 하지만 이 분파 결성 금지 규정은 1935년 트로츠키가 자기비판했듯이 "볼셰비즘의 영웅적 역사가 종언을 고하고 관료적으로 퇴보하는 길을 열었다"(Trotsky, 1977: 186).

레닌은 당의 주요 과제는 정치적인 것이 아니라 경제적이고 행정적인 것이라고 간주했다. 1921년 5월 제10차 당협의회에서 레닌은 신경제정책이 '진지하게 장기간에 걸쳐' 실시될 것임을 강조했다(Lenin, 1921d: 436).

레닌은 「현물세」(1921)에서 신경제정책을 체계적으로 제시하면서, 당시 러시아에서 시장 관계의 발전이 관료주의의 병폐에 대한 처방이 될 수 있으며, 또 국가자본주의적 생산관계가 가장 진보적인 생산관계라고 주장했다:

"대안(그리고 이것은 유일하게 현명하고 최후로 **가능한** 정책이다)은 자본주의의 발전을 금지하거나 막으려는 것이 아니라, 그것을 **국가자본주의**로 향하게 하는 것이다. … 우리나라의 관료주의적 관행은 다른 경제적 뿌리를 가지고 있다. 그것은 빈곤, 문맹, 문화의 결여, 도로의 부재, 농업과 공업 간 **교환**의 부재, 양자간의 연관 및 상호작용의 부재 등으로 인해 소생산자들이 원자화되고 분산화된 상태이다. … 교환이란 거래의 자유를 말한다. 그것은 자본주의이다. 우리가 소생산자의 분산성을 극복하고 또한 어느 정도까지는 관료주의의 해악과 싸우는 것을 돕는 정도에 따라서 그것은 우리에게 유용하다"(레닌, 1991b: 73, 82-83, 100-1. 강조는 레닌).

레닌을 비롯한 볼셰비키 지도자들은 신경제정책으로 전환하면서 이전 전시공산주의의 백일몽에서 깨어나 당시 러시아를 사회주의 혹은 공산주의가 아니라 이행기 사회라고 고쳐 불렀다. 전시공산주의 시기 『공산주의의 ABC』라는 제목의 책을 출간했던 부하린도 신경제정책 시기에 펴낸 『이행기의 경제학』이라는 책에서는 공산주의에 대해 더 이상 언급하지 않았다(Krausz, 2015: 335). 레닌은 '국가가 관장하는 자본주의'가 '질서 있는 후퇴'를 위한 유일한 해법이며, 국가자본주의만이 관료적 전시공산주의의 혼란을 대체할 수 있는 대안이라고 주장했다. 1922년 1월 레닌은 "국가 기업 대부분을 상업적 자본주의적 기초 위에서 경영"(레닌, 1990d: 198)할 것을 제안했다. 레닌의 신경제정책은 사회주의로부터 후퇴였다. 욕구에 기반한 지향은 수익성 기준으로 대체되었다. 1922년 11월 레닌은 전시 공산주의의 사회주의는 오류였으며 러시아에서 사회주의의 실현은 아직 일정표에 올라 있지 않다고 인정하고, 지금은 이행기로서 사회주의를 위한 역사적·문화적 전제조건을 창출해야 한다고 주장했다: "소비에트 공화국의 현재 상황에서 국가자본주의는 일보 전진일 것이다. … 먼저 국가자본주의에 도달하고 그다음에 다시 사회주의에 도달하는 것이 좋을 것이다"(레닌, 1991d: 202-3).[9] 최후의 레닌은 또 자기통치적 협동조합 사회주의에 기초한 경제체제의 가능성을 모색했다.

신경제정책 시기 레닌의 사회주의 개념은 마르크스의 사회주의 개념뿐만 아니라 1917년 혁명기에 레닌 자신이 『국가와 혁명』에서 정식화한 사회주의 개념과도 상충된다. 하지만 시장 사회주의의 원조를 레닌의 신경제정책에서 찾는 것 역시 옳지 않다. 레닌 자신은 신경제정책을 모종의 사회주의 정책이 아니라, 국가자본주의 경제정책으로 간주했다.

---

9 1922년 레닌은 이처럼 '국가자본주의'를 이행기 러시아의 경제시스템으로 제안했는데, 이는 그가 1918년 「'좌익적' 유치함과 프티 부르주아적 심성」에서 '국가자본주의'를 당시 러시아 경제를 구성하는 5개 '우크라드(생산양식)', 즉 "(1)가부장적 자연적 농민경제; (2)소상품생산; (3)사적 자본주의; (4)국가자본주의; (5)사회주의"(레닌, 1988: 277) 중 하나로 간주했던 입장에서 한 걸음 더 나아간 것이라고 할 수 있다.

레닌의 사회주의론: 마르크스 공산주의론과의 비교 평가

마르크스의 사회주의=공산주의론의 주요 요소는 1장에서 논의했듯이, 다음과 같이 요약될 수 있다: (1)연속혁명(단계혁명론 비판); (2)세계혁명 및 글로벌 공산주의(일국공산주의론 비판); (3)국가 소멸; (4)코뮌 권력(아래로부터 사회주의); (5)작업장 민주주의; (6)개인적 소유의 재건; (7)자유로운 개인들의 어소시에이션(협동조합 사회주의); (8) 상품, 화폐 및 시장의 소멸; (9) 노동시간 단위 경제 조절(참여계획경제); (10)노동의 폐지.[10] 이제 위의 요소들을 기준으로 하여 마르크스와 레닌의 사회주의론을 비교해보자. 물론 마르크스의 공산주의론을 비교 기준으

---

10 이 목록은 1장에서 제시된 마르크스의 공산주의론의 주요 요소들과 대체로 동일하지만, '연속혁명'이 '세계혁명'과 별도로, 또 '코뮌 권력', '작업장 민주주의'가 '어소시에이션'과 분리되어 있으며, '소외된 노동(물상화)의 폐지'와 '가치생산의 폐지'는 '시장의 소멸' 항목으로 통합되어 있다. 또 '여성해방'과 '생태사회주의'는 이 목록에 포함되어 있지 않은데, 이는 4장과 5장에서 검토한다. 레닌도 마르크스와 마찬가지로 여성해방은 사회주의에서 핵심적이라고 보았다. 예컨대 레닌은 1914년 자신이 기고한 『그라나트 백과사전』의 '칼 마르크스' 항목(영역본 기준 총 47쪽) '사회주의' 부분(약 3쪽) 중 약 1쪽을 마르크스의 여성해방에 관한 서술, 즉 자본주의에서 가족과 양성 관계의 고차적 형태를 위한 경제적 조건이 창출된다는 『자본론』 제1권에서의 서술을 인용하는 것으로 채웠다(레닌, 2017a: 108-9). 또 생태주의에 관해서도 레닌은 1917년 혁명 후 '자연보존 지구'(zapovedniki) 설정 등의 조치에서 보듯이, 훗날 스탈린과는 달리, 전혀 무감각했던 것은 아니다. 하지만 레닌의 사회주의론에서는 마르크스와 같은 분명한 생태사회주의적 문제의식, 즉 어소시에이트한 생산자들에 의한 자연과의 물질대사의 합리적 규제로서 사회주의를 정의하는 것과 같은 접근은 찾기 어렵다.

로 채택한다고 해서 마르크스의 공산주의론의 무오류성, 완전성을 전제하는 것은 아니다. 이는 어디까지나 공산주의에 대한 마르크스와 레닌의 개념의 차이를 선명하게 부각하기 위함이다. 마르크스의 공산주의론은 그 합리적 핵심들에도 불구하고 모순과 공백이 적지 않다. 그리고 실행가능한 모델이 되기 위해서는 더 구체화되어야 할 열린 체계, 열린 패러다임이다. 또 마르크스의 공산주의론에 대한 레닌의 해석의 맹점 혹은 한계와 관련하여, 레닌이 마르크스를 주로 카우츠키 및 엥겔스를 통해서 흡수할 수밖에 없었다는 점, 또 레닌은 마르크스 사상 이해에서 결정적인 『경제학·철학 수고』의 소외론과 같은 청년 마르크스 사상은 물론 『요강』과 같은 중기 마르크스의 경제학 비판 체계의 구상에 대해서도 전혀 알지 못했다는 점 등이 고려되어야 한다.

연속혁명 (혹은 단계혁명론 비판)

1917년 「4월 테제」 전 레닌의 혁명 전략은 2단계 혁명론, 즉 부르주아 민주주의 혁명 후 사회주의 혁명 전략으로서, 트로츠키가 계승 발전시킨 마르크스의 연속혁명론[11]과 구별 대립된다. 이와 마찬가지로 마르크스의 『고타강령 비판』에서 공산주의 제1국면에서 제2국면으로의 이행이 연속혁명의 동학으로

---

11 마르크스의 연속혁명론에 대한 최근 논의로는 반 리(Van Ree, 2013)를 참조할 수 있다.

특징지어진다면, 레닌에서는 사회주의와 공산주의 간에 만리장성이 놓여 있다. 1918년 레닌은『국가와 혁명』에서 마르크스가 말한 공산주의의 초기 국면과 발전한 국면을 각각 공산주의의 제1단계와 제2단계로 구별하고, 이 중 공산주의의 제1단계가 사회주의에 해당한다고 주장했다. 하지만 이처럼 사회주의와 공산주의를 구별하여 사회주의를 자본주의에서 공산주의로의 이행기로 간주하는 것은 마르크스에서는 찾아볼 수 없다. 마르크스는 사회주의를 공산주의의 동의어로 사용했으며, 자본주의에서 '사회주의=공산주의'로의 이행기에 해당하는 것이 프롤레타리아트 독재라고 보았다. 레닌과 달리 마르크스는 사회주의는 바로 공산주의로서, 자본주의에서 공산주의로의 이행기인 프롤레타리아트 독재 시기 이후에 도래하는 무계급 사회이며 국가도 정치도 존재하지 않는다고 보았다. 마르크스는 공산주의에서는 처음부터 국가와 정치가 사멸한다고 보았다. 마르크스는 이행기를 거쳐 계급투쟁이나 계급적 억압의 필요가 없어지면 중간 단계 없이 정치적 통치 기관들이 정치적 성격을 갖지 않는 관리 기관들로 변화하는 국가 사멸의 과정이 곧바로 시작된다고 보았다. 1875년 마르크스는「바쿠닌의『국가제와 무정부』에 대한 노트」에서 공산주의 사회에서 선거의 성격에 대해 검토하면서 다음과 같이 말했다:

"선거의 성격은 이 이름에 의존하는 것은 아니며 경제적 기초와 투표자들의 경제적 상호관계에 의존한다. 이러한 기능이 정치적이기를 중지하는 순간, (1)정부 기능은 더 이상 존재하지 않는다; (2)일반적 기능의 분담은 어떤 종류의 지배도 낳지 않는 실무적 문제가 된다; (3)선거는 오늘날과 같은 정치적 성격을 상실한다"(Marx, 1989a: 519).

마르크스에서 포스트자본주의로의 이행은 자본주의에서 '사회주의=공산주의'로의 1단계 이행이다. 하지만 레닌은 포스트자본주의로의 이행을 자본주의에서 사회주의로의 이행 및 이후 사회주의에서 자본주의로의 이행, 즉 2단계 이행으로 파악했다. 이렇게 사회주의와 공산주의의 상이한 단계들로 구별하는 것은 스탈린에서 보듯이 혁명 후 소련 국가의 모든 억압적 행위들을 정당화하는 데 유용하다. 사회주의로 향하는 이행 국면의 사회였을 뿐이었던 당시 소련을 사회주의라고 명명했던 것은 마르크스의 해방적인 사회주의 프로젝트의 결정적 양상들을 제거하고 사회주의를 순수한 유토피아로 전형시키는 효과가 있었다(Chattopadhyay, 2016: 223). 그런데 레닌은 1917년 혁명 후 러시아를 사회주의가 아니라 사회주의로의 이행기의 프롤레타리아트 독재, 혹은 노동자국가, 그것도 관료적으로 왜곡된 노동자국가로 간주했다는 점에서 스탈린과는 구별되어야 한다. 1921년 1월 레닌은 다음과 같이 말했다:

"노동자국가는 추상이다. 우리가 실제로 목격하는 것은 다음과 같은 특수성을 갖는 노동자국가이다. 첫째, 노동자계급이 아니라 농민이 이 나라 인구의 압도적 다수를 구성하고 있다. 둘째, 이 나라는 관료적으로 왜곡된 노동자국가이다"(Lenin, 1921a: 48).

하지만 마르크스는 스탈린은 물론 레닌과도 달리 사회주의와 공산주의를 구별하지 않았다. 마르크스에서 사회주의란 공산주의로의 이행기이거나 공산주의의 낮은 단계가 아니라 공산주의 그 자체이다. 마르크스에게 공산주의로의 이행기는 오히려 자본주의이다(Chattopadhyay, 2014b: 47). 마르크스에서 이행기는 프롤레타리아트 독재 시기이며, '사회주의=공산주의'는 이행기인 프롤레타리아트 독재 시기 이후에 도래하는 무계급사회이다.

세계혁명 및 글로벌 공산주의

마르크스의 '사회주의=공산주의'에서는 국가가 소멸하므로, 일국사회주의, 일국공산주의는 성립할 수 없다. 사회주의=공산주의가 세계적 차원에서만 완성될 수 있다는 생각은 『경제학·철학 수고』, 『독일 이데올로기』와 같은 초기 저작은 물론 『자본론』, 『고타강령 비판』과 같은 중·후기 저작에 이르기까지 마르크스의 포스트자본주의 사회론에서 일관된 관점이다. 고전 마르크스주의 통설에 따르면 이와 같은 마르크스의 접근은 스탈린의 일국사회주의론에서 처음 부정되었다. 그러나 이런 통설은 의문의 여지가 있다. 왜냐하면 레닌도 1917년 혁명 이전에 일국사회주의를 주장한 적이 있기 때문이다. 레닌은 1915년 8월 쓴 「유럽합중국 슬로건에 대하여」에서 그때까지 자신도 지지했던 유럽합중국 슬로건을 철회하면서 일국사회주의론을 주장했다:

"독립된 슬로건으로서 세계합중국은 전혀 옳지 않다. 왜냐하면 첫째, 이 슬로건은 사회주의와 합치되기 때문이며, 둘째, 이것은 일국에서 사회주의가 불가능하다는 잘못된 해석과 그와 같은 국가와 다른 국가들의 관계에 관한 잘못된 해석을 낳을 우려가 있기 때문이다. … 경제적·정치적 발전의 불균등성은 자본주의의 절대적 법칙이다. 이것으로부터 사회주의의 승리는 처음에는 몇몇 자본주의 나라들에서, 혹은 심지어 단 하나의 자본주의 나라에서도 가능하다는 결론이 나온다"(레닌, 2017b: 105-6).

1915년 레닌의 위의 문건을 레닌 자신이 일국사회주의론을 지지한 결정적 전거로 제시하는 스탈린의 해석은 맞다. 이 시기 레닌의 주된 논적이었던 트로츠키도 당시에는 레닌의 이 문건이 일국사회주의론을 함축하고 있다고 비판했다. 하지만 트로츠키는 1924년 레닌 사후 당내 투쟁에서 스탈린주의 일국사회주의론자들에 맞서 레닌을 자신과 같은 세계혁명론자로 제시하려 했고, 이 과정에서 1915년 레닌이 주장한 것은 일국사회주의 혁명의 가능성일 뿐이며 일국사회주의의 장기적 유지 가능성이라는 의미의 일국사회주의론은 아니라는 수정해석을 제시했다. 그리고 이런 수정해석은 이후 트로츠키주의자들 다수에 의해 수용됐다(리브만, 1985). 그러나 1915년 레닌의 유럽 합중국 슬로건 비판이 일국사회주의론을 함축하고 있다는 트로츠키의 지적은 정확하다. 일국사회주의론은 스탈린이 발명한 것이 아니라 1915~17년 레닌이 그 단초를 제시했다는 것이다(Van Ree, 2010).

국가의 소멸

마르크스의 사회주의=공산주의에는 국가는 물론 정치도 존재하지 않는다. 반면 레닌의 사회주의에서는 국가가 존재한다. 실제로 레닌은 사회주의 국가라는 용어를 사용한다. 그러나 사회주의 국가라는 용어법은 마르크스의 관점에서는 형용모순이다. 뿐만 아니라 레닌은 사회주의 국가를 정당화하기 위해 파리 코뮌에 관한 마르크스의 서술을 자의적으로 해석했다. 예컨대 레닌은 『국가와 혁명』 집필 한 달 후 그리고 10월 혁명 직전에 집필한 팸플릿인 『볼셰비키는 국가권력을 유지할 수 있을까?』에서 다음과 같이 말했다:

"마르크스는 파리 코뮌의 경험에 기초하여 프롤레타리아트는 기성의 국가기구를 자신의 목적을 위해 접수**할 수는 없다**는 것, 프롤레타리아트는 이 국가기구를 **분쇄**해야만 한다는 것, 그리고 그것을 새로운 것으로 대체해야 한다는 것을 가르쳤다. … 이 새로운 유형의 국가기구가 파리 코뮌에 의해 창출되었다"(Lenin, 1917: 102. 강조는 레닌).

하지만 레닌이 이 부분에서 인용한『프랑스 내전』에서 마르크스는 다음과 같이 말했다: "노동자계급은 기성의 국가기구를 단순히 접수하여 자신의 목적을 위해 휘두를 수 없다"(마르크스, 2003: 81). 여기에서 보듯이 레닌이 인용한 마르크스의 문장에서 마르크스는 결코 레닌이 인용하듯이 혁명적 프롤레타리아트가 기성의 부르주아 국가기구를 분쇄한 후 이를 새로운 국가기구로 대체해야 한다고 말하지 않았다. 또 마르크스는 결코 파리 코뮌을 새로운 유형의 국가기구라고 말하지도 않았다. 그럼에도 불구하고 레닌은 마르크스가 그렇게 말했다고 주장하고 그것을 근거로 하여 이른바 '사회주의 국가' 혹은 '코뮌 국가'라는 마르크스에는 없는 형용모순의 새로운 용어를 만들어냈다.

게다가 레닌은 사회주의, 즉 공산주의의 1단계에는 마르크스가『고타강령 비판』에서 말한 '부르주아적 권리'에 대응하여 '부르주아적 국가'가 잔존한다고 주장했다: "공산주의에서도 부르주아지가 없어져도 당분간 부르주아 법뿐만 아니라 부르주아 국가도 남아 있을 것이다"(레닌, 1992: 133). 레닌이『국가와 혁명』에서 국가가 분쇄(smashing)된 다음인 공산주의에서 국가가 다시 고사(withering away)한다고 말한 것도 이 때문이다.[12] 레닌은 공산주의의 제1단계에서는 '계산과 통제'가 중요한 역할을 한다고 강조했다: "계산과 통제—이것은 공산주의 사회의 **제1단계**를 '조직'하고 이를 올바르게 기능하도록 하기 위해 필요하고 **가장 중요**한 것이다"(레닌, 1992: 136. 강조는 레닌).

레닌이 마르크스의 사회주의에서 국가의 분쇄 및 소멸 테제를 부정한 것은 그가 사회주의를 국가독점자본주의의 전화 형태로 파악한 것과도 관련있다. 레닌은 10월 혁명 직전에 집필한 「임박한 파국, 그것과 어떻게 싸울 것인가」에서 다음과 같이 말했다: "사회주의는 단지 국가자본주의적 독점에서 한 발자국 더 나아간 것이다. 혹은 다시 말해서 사회주의는 **전인민의 이익을 위해서 봉사하게 된**, 또 그러한 한에서 자본주의적 독점이기를 **중지**한 국가자본주의적 독점일 뿐이다"(레닌, 1990e: 88. 강조는 레닌).

코뮌 권력(아래로부터 사회주의)

레닌은 소비에트의 중심적 의의에 대해서 좌익공산주의는 물론 트로츠키에 비해서도 유보적이었다.[13] 레닌은 노동자계급

---

12 마르크스의 『고타강령 비판』에 대한 레닌의 '오독'에 대해서는 Rogers (2018)도 참조할 수 있다.

13 예컨대 트로츠키는 『러시아혁명사』(1931~33)에서 다음과 같이 말했다: "전

의 자기활동과 노동자평의회, 공장위원회, 노동자통제와 같은 노동자의 자기조직의 중요성을 인정하면서도, 이들을 노동 인민의 직접적 자주관리 사회의 주체가 아니라 자신의 당이 국가권력을 장악하기 위한 수단으로 간주하는 경향이 있었다. 레닌은 1907년 작성한 「러시아 사회민주당 5차 대회 결의안 초안」에서 1905년 혁명 당시 출현했던 소비에트를 노동자계급 자주관리의 주체로서가 아니라 자신의 당이 영향력을 행사할 대상으로 간주했다:

"당은 노동자계급 속에서 사회민주당의 영향력을 확장하고 사회민주당의 노동운동을 강화하기 위해 노동자 대표자 소비에트와 같은 비당 조직을 이용할 의도를 결코 포기하지 않았다"(Lenin, 1991a: 323).

소비에트에 대한 레닌의 관점은 도구적인 측면이 있었다. 레닌은 소비에트를 노동자들로 하여금 볼셰비키 당을 지지하게 하고 자신의 당이 국가권력을 장악하기 위한 수단으로 간주하고, 소비에트 권력과 당의 권력을 동일시하곤 했다. 따라

쟁의 시기에 당은 대중의 분자운동과 같은 과정에 비해 얼마나 뒤처졌으며, 카메네프와 스탈린의 3월 지도부는 위대한 역사적 임무에서 얼마나 멀리 떨어져 있는가! 오늘날까지 인류 역사가 알고 있는 가장 혁명적인 정당도 역사의 사건들로부터 불의의 습격을 받는다. 혁명 정당은 불길 속에서 개조되며, 사건의 압력하에 대오를 정비한다. 전환기에 대중은 극좌 정당보다 '백배'나 더 좌경화된다"(트로츠키, 2017: 384).

서 레닌이 노동자계급의 자기활동, 자기조직에 기초한 아래로부터 사회주의 개념을 일관되게 견지했다고 보기 어렵다. 1920년 레닌은 『좌익 공산주의-유아적 무질서』에서 당의 지배에 맞서 노동자계급의 직접 권력을 주장하는 평의회공산주의자들을 비판하면서 다음과 같이 말했다:

"'당의 독재인가, **또는** 계급의 독재인가, 지도자들의 독재(당)인가, **또는** 대중의 독재(당)인가라는 문제를 제기하는 것 자체가 믿을 수 없을 정도로 가망 없는 혼란된 사고를 보여준다. … 대중의 독재를 지도자의 독재와 **일반적으로** 대립시키는 것은 우스꽝스러울 정도로 멍청하고 우둔하다. … 정치의 기예(와 공산주의자들의 자신의 임무에 대한 정확한 이해)는 프롤레타리아트 전위가 언제 성공적으로 권력을 장악할 수 있는지, 언제―권력을 장악하는 동안 및 그다음―충분히 광범위한 노동자계급들과 비프롤레타리아트 노동 대중들로부터 적절한 지지를 획득할 수 있는지, 언제 점점 더 광범위한 노동 인민 대중을 교육하고 훈련하고 견인함으로써 자신의 지배를 유지하고 공고히 하고 확대할 수 있는지, 그 조건과 계기들을 정확하게 측정하는 것이다"(레닌, 1989: 39, 41, 51-52. 강조는 레닌).

위에서 레닌은 권력을 장악하는 것은 대중이 아니라 전위당이라고 주장하면서 대중을 주체가 아니라 전위당의 정치공학의 대상으로 간주했다. 1917년 러시아혁명에서 아래로부터 대중 권력의 구현체로 출현했던 소비에트의 쇠퇴, 유명무실화는 일부 트로츠키주의자들이 주장하듯이 1924년 레닌 사후가 아니라 이미 레닌이 생존했던 시기부터 진행되었다. 이는 1918년 7월부터 1920년 2월 사이에 소비에트 대회 중앙집행위원회가 단 한 번도 개최되지 않았던 데서도 확인된다(리브만, 1985: 237). 소비에트는 1920년대 말 스탈린 반혁명 이후가 아니라 이미 레닌이 집권했던 시기부터 노동자 인민의 다양한 층들의 정책이 조율되는 포럼으로부터 당=국가 지도부의 지시를 집행하는 행정기구로 전락했다.

1920년 11월 레닌의 유명한 테제, 즉 "공산주의란 소비에트 권력 더하기(plus) 전국의 전화이다"(Lenin, 1920d: 419)라는 테제역시 마르크스의 공산주의론과 상충된다. 왜냐하면 마르크스적 의미의 공산주의에서는 그 초기부터 부르주아 국가뿐만 아니라 소비에트 권력도 사멸하고 존재하지 않기 때문이다.

민주주의의 급진화, 직접민주주의 및 작업장 민주주의

레닌은 전반적으로 정치적 자유를 포함한 자유민주주의에 부정적이었으며, 민주주의를 주로 정치적 측면에서 파악했고, 경제적 민주주의, 작업장 민주주의의 중요성에 대한 인식은 부족했다. 전시공산주의 시기인 1920년 6월 레닌은 다음과 같이 말했다: "프롤레타리아트 독재는 자신을 주로 선진적인, 즉 가장 계급의식적이며, 가장 규율된 도시 공업노동자들 속에서 주로 자신을 드러내야 한다. … 모든 감상적인 것, 민주주의에 관한 모든 헛소리들은 쓸어버려야 한다"(Lenin, 1920b: 176). 1920년 12월 레닌은 노동조합논쟁에서 트로츠키를 비판하면서 다음과 같이 주장했다: "민주주의는 오로지 정치영역에 고유한 범주이다. … 산업은 불가결하지만, 민주주의는 그렇지 않다. 산업민주주의는 전적으로 잘못된 관념을 낳는다"(Lenin, 1920f: 26-27).

레닌은 권력 장악 전에도 볼셰비키의 권력을 프롤레타리아트 권력과 동일시했다. 『국가와 혁명』 어디에도 노동자계급이 대중투쟁에서 혁명을 지도하고 자신들을 변혁한다는 문제의식은 없다. 레닌의 저작 중 가장 '해방적' 혹은 '아나키즘적' 저작으로 간주되는 『국가와 혁명』에서도 노동자계급의 자기해방, 즉 자신들의 행동으로 사회를 변혁하는 노동자계급에 관한 개념은 찾기 어려우며, 직접민주주의 관점도 불충분하다. 레닌은 다음과 같이 말했다:

"우리는 대의기구 없이는 민주주의를, 프롤레타리아트 민주주의를 상상할 수 없다. … 우리는 유토피아주의자들이 아니다. 우리는 모든 행정을, 모든 복종을 일거에 없앨 수 있다고 '몽상'하지 않는다. 이러한 아나키스트적 몽상은 프롤레타리아트 독재의 과제에 대한 몰이해에서 비롯된 것으로서 마르크스주의와 전혀 인연이 없다. … 우리는 현재 실존하는 사람들과 함께, 즉 복종과 통제, '감독과 회계'를 없앨 수 없는 사람들과 함께 사회주의 혁명을 하기를 원한다"(레닌, 1992: 68~69).

전시공산주의 시기인 1919년 7월 레닌은 다음과 같이 말했다: "우리는 일당 독재를 수립했다고 비난받을 때, 또 당신들이 듣고 있듯이, 사회주의자 공동전선을 하자는 제안이 들어올 때, 우리는 다음과 같이 말한다, 그렇다, 이것은 일당독재이다! 우리는 이것을 지지하며 이것으로부터 물러서지 않을 것이다"(Lenin, 1919b: 535). 레닌은 1920년 4월 '제3차 전러시아 노동조합 대회'에서 다음과 같이 주장했다: "독재 권력과 1인 경영은 사회주의적 민주주의와 모순되지 않는다. … 공산당과 소비에트 정부의 모든 관심은 평화적인 경제발전 및 독재와 1인 경영의 문제에 집중되어 있다. … 우리는 더 많은 규율, 더 많은 개인의 권위, 더 많은 독재를 필요로 한다"(Lenin, 1920a: 503, 504, 514).

1920~21년 노동조합 논쟁에서 레닌은 트로츠키를 비판하면서 프롤레타리아트 독재가 전위당의 독재로 되는 것은 불가피하다고 주장했다:

"사회주의로의 이행에서 프롤레타리아트 독재는 불가피하다. 또 프롤레타리아트 독재는 모든 공업노동자들을 포함하는 조직에 의해 수행되지 않는다. … 실제로는 당이 프롤레타리아트의 전위를 흡수하며, 이 전위가 프롤레타리아트 독재를 실행한다. … 프롤레타리아트 독재는 계급 전체를 포괄하는 조직을 통해 수행될 수 없다. 왜냐하면 ⋯ 프롤레타리아트는 현재 너무나 분열되고 타락하고 부분적으로 부패해 있어서 ⋯ 프롤레타리아트 전체를 포함하는 조직으로는 직접적으로 프롤레타리아트 독재를 수행할 수 없다. 그것은 전위에 의해서만 수행될 수 있다. ⋯ 이것이 프롤레타리아트 독재의 기본 메커니즘이며, 자본주의로부터 공산주의로의 이행의 본질이다. 왜냐하면 프롤레타리아트 독재는 프롤레타리아트 대중 조직에 의해서는 수행될 수 없기 때문이다. ⋯ 형식적 민주주의는 혁명적 이익에 종속되어야 한다"(Lenin, 1920f: 20-1; 1921b: 86).

일부 트로츠키주의자들은 트로츠키를 당내 민주주의, 소비에트 민주주의의 수호자로 옹호하는 경향이 있지만, 1917년 혁명 후 1929년 소련에서 추방되기까지의 트로츠키는 정통 레닌주의자를 자처하며 당의 무오류성을 주장하기까지 했다. 1924년 다음과 같은 트로츠키의 말은 트로츠키의 말인지, 레닌, 스탈린의 말인지 헷갈릴 정도이다:

"우리 누구도 당을 거역해서 올바를 수 없다. 왜냐하면 당은 노동자계급이 근본적 과제의 해결을 위해 갖고 있는 유일한 역사적 도구이기 때문이다. ⋯ 당과 함께 그리고 당을 통해서만 올바를 수 있다. 왜냐하면 역사는 정확한 입장을 결정할 수 있는 다른 어떤 방도를 만들지 않았기 때문이다"(Trotsky, 1975: 161).

개인적 소유의 재건

마르크스는 프랑스어판 『자본론』 1권 24장 7절에서 공산주의는 개인적 소유의 재건을 핵심으로 한다고 말했다.[14] 마르크스는 부정의 부정을 통해 재건되는 것이 생산수단의 사회적 소유가 아니라 노동자의 개인적 소유라고 말했다. 또 '제1의 부정'에서도 '제2의 부정'에서도 개인적 소유의 대상은 노동조건, 생산조건이며, 사회적 생산물 중 예컨대 개인적 소비재라는 특정 부분에 국한되는 것은 아니라 생산조건 그 자체라는 점을 강조했다.

그러나 엥겔스는 『반듀링』에서 마르크스의 위 문장을 "사회적 소유의 대상은 토지 및 기타의 생산수단이며, 개인적 소유의 대상은 생산물, 즉 소비재라는 것을 의미한다. ··· **프롤레타리아트는 정치권력을 장악하고 생산수단을 먼저 국가적 소유(Staats-eigentum)로 전화한다**"(엥겔스, 1987: 300-1. 강조는 엥겔스)는 식으로 해석했다.

레닌도 1894년 『인민의 벗은 누구인가』에서 엥겔스가 『반듀링』에서 듀링을 비판하기 위해 인용한 마르크스의 『자본론』 1권에서의 부정의 부정 및 개인적 소유의 재건 논의를 그대로 무비판적으로 인용 수용했다(레닌, 2018: 73-82). 레닌은 마르

---

14 1장 59-60쪽 인용문 참조.

크스의 개인적 소유의 재건 명제에 대한 엥겔스의 해석에 대해 어떠한 비판도 제기하지 않았다. 레닌은 사회주의의 주요 특징으로 개인적 소유의 재건이 아니라 생산수단의 국유화에 주목했다. 엥겔스와 레닌은 공산주의를 주로 생산의 획기적 증대와 소유의 평등화로 접근했던 반면, 마르크스에게 공산주의란 무엇보다 보편적 대상화의 총체에 대한 사회적 개인의 통제, 즉 코뮌적 거버넌스를 의미했다(Levine, 2015: 182, 202). 개인적 소유의 재건으로서의 마르크스의 공산주의 개념은 레닌에게는 사실상 결여되어 있었다.

자유로운 개인들의 어소시에이션, 혹은 협동조합 사회주의

1923년 1월 레닌은 자신의 최후의 저작의 하나인 「협동조합」에서 협동조합에 주목하고 협동조합의 확대를 통한 사회주의 건설의 경로를 제안했다. 이는 이전에 자신이 견지했던 사회주의 건설 경로, 즉 국유화와 계획의 확대를 통한 사회주의 건설 경로로부터의 상당한 전환을 의미한다.

"정치권력이 노동자계급의 수중에 있고, 이 정치권력이 모든 생산수단을 소유하고 있기 때문에, 정말이지 우리에게 남겨진 유일한 과제는 인구를 협동조합 사회들로 조직하는 것이다. … 이제 사회주의로 전진하기 위해 다른 어떤 수단도 필요하지 않다. … 우리는 이제 협동조합의 단순한 성장조차도 사회주의의 성장과 동일하다고 말할 수 있다. … 우리는 사회주의에 대한 우리의 관점 전체가 근본적으로 수정되었다는 점을 인정해야 한다"(레닌, 1991e: 183, 186, 190-1).

'최후의 레닌'은 협동조합을 신경제정책의 한 구성요소 정도가 아니라 진정한 사회주의 체제로 간주했다(Jossa, 2014: 287). "레닌의 사회주의 접근의 핵심은 '협동조합적 사회주의'다"(Krausz, 2015: 352). '최후의 레닌'의 협동조합론은 1917년 혁명 당시『국가와 혁명』에서 동시에 제시되었던 사회주의의 두 가지 구상, 즉 위로부터 국가사회주의 구상과 아래로부터 소비에트 사회주의 구상 중 아래로부터 소비에트 사회주의 구상으로 레닌의 강조점이 이동했음을 보여준다.

하지만 '최후의 레닌'의 사회주의론에서도 자유로운 개인들의 어소시에이션으로서의 마르크스의 공산주의 개념, 특히 정치적 자유의 중요성에 대한 인식은 찾아보기 힘들다. 신경제정책 시기 레닌의 협동조합 사회주의론은 마르크스가 말한 자유로운 개인들의 어소시에이션의 제도적 구현으로서가 아니라, 국가가 주도적으로 조직하는 시장 경제 확대 정책의 일환으로 추진되었다. 제2차 세계대전 이후에는 레닌의 협동조합 사회주의론은 유고슬라비아를 비롯한 '현존 사회주의' 국가들의 시장개혁을 정당화하는 시장사회주의 이데올로기로 봉사했다.

상품, 화폐 및 시장의 소멸

마르크스는 '공산주의 초기 단계'에서 이미 노동이 직접적으로 투명하게 나타나고 교환과 가치와 물상화가 소멸하며 노동시간에 따른 분배가 이루어진다고 보았다. 마르크스 공산주의론에서 이른바 시장사회주의란 형용모순이다. 그러나 레닌은 신경제정책 이후 사회주의로의 이행기에 상당 기간, 상품, 화폐, 시장이 존속할 것이며 존속할 필요가 있다고 보았다. 이로부터 신경제정책 시기 레닌의 사회주의론은 사회주의에도 국가, 시장, 화폐도 존재할 수 있다는 시장사회주의론의 전거가 되었다. 레닌의 사회주의론은 이행기로서 사회주의에는 생산수단의 국유화는 물론 시장과 화폐 및 가치 범주가 존재할 수 있다는 스탈린의 '사회주의 생산양식론'의 이론적 전거로도 활용되었다.

참여계획경제 혹은 노동시간 단위 경제조절

레닌은 1918년 4월 새로운 사회의 경제 운용의 어려움에 대해 다음과 같이 말했다:

"우리는 사회주의에 대해 알고 있다. 그러나 수백만 규모의 조직, 수백만 재화의 조직과 분배 등에 대해서는 우리는 알고 있는 것이 없다. 옛 볼셰비키 지도자들은 우리에게 이것을 가르쳐주지 않았다. … 볼셰비키 팸플릿에는 이것에 관해 아무 것도 없고, 멘셰비키 팸플릿에도 이에 관해서는 아무 것도 쓰여진 것이 없다"(Lenin, 1918b: 296-7).

레닌은 혁명 후 경제 운용의 원리로서 '단일한 경제계획'의 중요성을 강조했다.[15] 레닌은 혁명 후 러시아 경제의 운영 원리의 모델을 당시 독일의 전시경제, 국가독점자본주의 계획 경제에서 찾았다. 1918년 5월 레닌은 「'좌익적' 유치함과 프티 부르주아적 심성」에서 다음과 같이 말했다:

"우리의 과제는 독일의 국가자본주의를 학습하고, 그것을 모방하는데 **노력을 아끼지 않고**, 또 그것을 빨리 모방하기 위해 주저하지 않고 **독재적** 방법을 채택하는 것이다. 우리의 과제는 야만적 러시아의 피터 대제가 서구 문화 모방을 서둘렀던 것 이상으로 이런 모방을 재촉하는 것이며, 야만주의와 투쟁하기 위해 거리낌 없이 야만적 방법을 사용하는 것이다"(레닌, 1988: 282).

여기에서 보듯이 레닌이 구상하고 실행하려 했던 계획은 마르크스가 『고타강령 비판』에서 정식화한 노동시간 단위 경제조절에 기초한 참여계획이 아니라 당시 독일의 국가자본주

---

15 트로츠키도 1920년 『테러리즘과 공산주의』에서 '단일한 경제계획'을 사회주의의 주요 요소로 파악했다: "의무와 강제는 부르주아적 무정부성을 길들이고 생산수단과 노동을 사회화하고 단일한 계획의 기초 위에서 경제를 재건하기 위한 필요조건이다"(트로츠키, 2009: 204-5).

의적 계획이었다. 레닌의 계획은 국가자본주의적 계획이라는
점에서 상품, 화폐, 시장이 폐지되고, 노동시간 단위 경제조절
이 이루어지는 마르크스의 계획과는 근본적으로 다르다. 또 레
닌의 계획은 아래로부터 참여계획, 아래로부터 노동자대중의
민주적 통제라는 의미보다는 당과 국가의 위로부터의 통제, 국
가자본주의 트러스트의 운용 계획과 같은 위로부터의 계획이
라는 맥락에서 사용되었는데, 이는 민주적 참여를 핵심으로 하
는 마르크스의 계획 개념과 큰 차이가 있다.

노동의 폐지

마르크스 공산주의론은 궁극적으로 노동 폐지를 전망한다.
반면 레닌은 사회주의에서는 국가라는 '단일한 공장'에 고용된
임금노동의 보편화가 이루어질 것이라고 예상했다:

"**모든** 시민은 무장한 노동자로 구성된 국가의 피고용자가 된다. 모든
시민은 **단일한** 전국적 국가 '신디케이트'의 피고용자와 노동자가 된
다. … 사회 전체는 하나의 단일한 사무실과 단일한 공장이 될 것이며
노동과 보수는 평등해질 것이다"(레닌, 1992: 136-7. 강조는 레닌).

이와 같은 레닌의 사회주의는 실은 자본주의의 한 종류로
서의 국가자본주의일 뿐이다. 마르크스는 이를 『경제학 · 철
학 수고』에서 '조야한 공산주의'라고 말했다: "조야한 공산주

의"에서 "공동체는 노동의 공동체일 뿐이며, 그곳에서는 공동 자본, 즉 보편적 자본가로서 **공동체**가 지급하는 임금의 평등 이 지배한다"(마르크스, 2006: 125. 강조는 마르크스). 레닌에게 공 산주의란 소유의 평등이었던 반면, 마르크스에게 공산주의란 보편적 대상화의 총체에 대한 유적 인간의 통제를 의미했다 (Levine, 2015: 182).

레닌은 1917년 혁명 전인 1913~14년경부터 테일러주의에 관심을 가졌으며, 1917년 혁명 후에는 이를 당시 러시아 생산 과정에 적극적으로 도입하려 했다. 레닌은 혁명 직후 시기인 1918년 4월 「소비에트 정부의 당면 임무」 등에서 테일러주의 를 지지하면서 노동자들에게 1인 경영과 노동 규율에 대한 무 조건적 복종을 요구했다:

"우리는 성과급의 문제를 제기하고 그것을 실제로 적용하고 검증해 야 한다. 우리는 테일러 체제에서 과학적이고 진보적인 것 중 많은 부 분을 적용하는 문제를 제기해야 한다. 우리는 임금이 생산 총량과 비 례하도록 해야 한다"(레닌, 1990b: 133-4).

"특별한 중요성이 이제 노동 규율과 노동생산성을 향상시키기 위한 조치들에 부여된다. … 이는 성과임금의 도입, 테일러 시스템에서 과 학적이고 진보적인 것들의 채택, 공장 노동의 전반적 성과에 상응하 는 임금 지불, 철도와 운수의 이용 등을 포함한다. 이는 또 개별 생산자 및 소비자 코뮌들 간의 경쟁의 조직 및 조직자들의 선발을 포함한다. … 노동하는 동안 독재적 권력을 갖는 소비에트 관리자, 소비에트 제도들에 의해 선출되거나 임명된 관리자들의 1인 결정에 대한 복종, 무조건적 복종은 아직 확실히 되기에는 한참 멀었다. 이는 프티 부르주아 아나키, 소소유자의 타성과 열망, 감정의 아나키로부터 영향받은 결과인데, 이는 프롤레타리아트 규율 및 사회주의와 근본적으로 모순한다"(레닌, 1990c: 167).

신경제정책 시기 레닌은 당시 러시아의 국가권력이 견고한 계급적 기반을 결여하고 있음을 인정하고, 당의 주요 과제를 소멸한 노동자계급을 재창출하는 것으로 제시했다:

"러시아에서 공업 프롤레타리아트는 전쟁과 극심한 궁핍 때문에 탈계급화되었다. 즉 자신의 계급 기반을 상실했으며, 프롤레타리아트로서 존재하지 않게 되었다. … 프롤레타리아트는 사라졌다"(레닌, 1991c: 114-5).

1917년 혁명 후 레닌이 소련에서 추구했던 노동 규율 강화와 노동자계급의 재창출은 마르크스 공산주의론의 핵심인 노동의 폐지와 근본적으로 상충된다.

* * *

    1914~17년 전쟁과 혁명의 시기 '광기'(Zizek, 2002) 속에 마르크스의 공산주의론으로의 일시 회귀와 1924년 사망 직전 '최후의 투쟁'에서 마르크스의 협동조합 사회주의와 반관료주의 투쟁의 중요성에 대한 뒤늦은 성찰을 차치한다면, 레닌의 사회주의론의 지배적 형상은 마르크스의 공산주의론이라기보다 제2인터내셔널 마르크스주의에 고질적인 경제주의와 국가주의였다. 실제로 레닌은 전시공산주의 시기 상황에서 강제된 아래로부터 사회주의의 후퇴를 내전 종식 후 자신의 최후의 순간까지도 근본적으로 재고하지 않았을 뿐만 아니라 신경제정책 시기에는 시장경제의 확대를 이론적으로 정당화하려 했다. 레닌은 자신의 생애 동안 국가사회주의와 시장사회주의 사이에서 동요했는데, 둘 다 자유로운 개인들의 어소시에이션으로서 마르크스의 공산주의와는 무관하다. 1928년 국가자본주의 반혁명의 이데올로기인 스탈린주의의 이론적 자원은 레닌의 모순적 사회주의 개념으로까지 소급될 수 있다. 1991년 이후 스탈린주의, '역사적 공산주의'의 파산은 마르크스의 공산주의론의 실패가 아니라 레닌의 사회주의론의 한계를 지시한다. 그동안 트로츠키를 비롯한 일부 고전 마르크스주의자들은 레닌과 스탈린의 차별성과 아래로부터 사회주의의 옹호자로서 레닌과 마르크스의 공통점을 과장해왔는데, 이는 근거가 희

박하다. '마르크스=레닌=트로츠키'라는 문제설정 속에 억압되고 가려져 있던 마르크스 자신의 공산주의론 혹은 비레닌주의적 공산주의론이 복원되고 재조명되어야 한다.[16] 이는 21세기 공산주의의 르네상스를 위한 필수적 조건의 하나이다.

---

16 이에 관한 필자의 시도로는 정성진(2014)을 참조할 수 있다.

3장

옛 소련 계획경제 모델의 재평가[1]

마르크스의 공산주의 경제는, 적어도 그 초기 국면에서는, 노동시간 계산에 기초한 계획경제로 특징지어진다. 이 장에서는 마르크스의 노동시간 계산에 기초한 계획경제의 관점에서 1917~91년 소련의 경제 관리의 역사를 비판적으로 검토한다. 1917~91년 소련 경제는 노동시간 계산 모델에 기초한 계획경제가 아니었다. 이는 재화와 서비스의 생산을 위해 필요한 노동시간 계산을 위해서는 투입산출표의 이용이 필수적임에도 불구하고, 소련에서 투입산출표가 처음 작성된 해는 1959년이고, 1989년 소련이 붕괴할 때까지 투입산출표가 경제 전체의 계획에 적용된 적이 없었다는 사실에서 확인된다. 1930년

---

1   이 장은 정성진(2017b)을 수정 보완한 것이다.

대 소련에서는 투입산출표의 원형으로 간주되는 물적 밸런스 (material balance)가 경제 관리 수단으로 이용되었지만, 이는 재화와 서비스의 생산을 위해 투하된 직접 및 간접 노동시간을 계산할 수 있게 하는 투입산출표와는 거리가 멀었다. 투입산출표가 1945년 이전부터 소련 출신 경제학자인 레온티에프(W. Leontief)에 의해 개발되어 미국 등 주요 자본주의 국가들에서도 경제 관리를 위해 이용되었음에도 불구하고, 정작 소련에서는 경제 계획의 수단으로 채택되지 못했는데, 이 장에서는 그 이유를 검토한다. 아울러 21세기 포스트자본주의의 전망이라는 관점에서 노동시간 계산에 기초한 계획경제 모델의 실행가능성을 탐색한다.

마르크스의 노동시간 계획 경제론

마르크스는 자본주의 이후 새로운 사회인 공산주의에서는 초기부터 시장이 폐지되고 노동시간 전표, 즉 노동증서 제도를 이용한 노동시간 단위 계획에 의해 대체된다고 보았다. 이는 『요강』, 『1861~63년 자본론 초고』, 『자본론』, 『고타강령 비판』 등 마르크스의 주요 저작에서 반복 서술되고 있는 마르크스의 포스트자본주의 사회론의 핵심이다. 마르크스는 『요강』에서 다음과 같이 말했다:

"물론 공동체적 생산이 전제될지라도 시간 규정은 본질적인 것으로 남아있다. … 모든 경제는 결국 시간의 절약으로 귀착된다. … 시간의 절약은 상이한 생산영역에 대한 노동시간의 계획적 배분과 마찬가지로 공동적 생산의 토대 위에서 여전히 제1의 경제법칙이다"(마르크스, 2000, Ⅱ권: 155).

마르크스의 공산주의에서 계획이란 생산·분배·소비 등 인간의 경제생활이 시장이나 국가와 같은 어떤 외적인 강제에 의해서가 아니라 인간 자신의 의지에 의해 자율적으로 통제되는 것을 말한다. "가치에 의해 생산 전체가 규제"(마르크스, 2015c: 1115)되는 자본주의와 달리 마르크스의 공산주의에서는 어소시에이트한 개인들이 생산을 규제한다. 마르크스는 『요강』에서 자신이 지향하는 포스트자본주의 사회인 '자유로운 개인들의 어소시에이션'이 시장과 양립할 수 없음을 분명히 했다.[2]

마르크스는 「국제노동자협회 창립선언」, 『자본론』 3권에서 "생산 전체의 상호관련이 맹목적인 법칙으로서 생산 당사자에게 강요"되며 "수요공급 법칙들의 맹목적인 지배"가 이루어지는 "자본주의적 생산"과 달리, 공산주의에서 사회적 생산은 "사

---

2   1장 43-44쪽 인용문 참조.

회적인 예측"에 의해 제어되며(마르크스, 1993a: 10), "생산당사자들이 연합한 지성으로서 생산의 관련을 자신들의 공동적인 제어하에 두게"(마르크스, 2015c: 321)된다고 말했다. 마르크스는 『1861~63년 자본론 초고』, 『고타강령 비판』에서도 다음과 같이 말했다: "노동이 공동인 경우에는 사회적 생산에 있어 인간들의 관계는 '사물'의 '가치'로는 표현되지 않는다"(Marx, 1989b: 316-7); "생산수단의 공유에 기초한 협동조합적인 사회의 내부에서는 생산자들은 자신들의 생산물을 교환하지 않는다"(마르크스, 1995c: 375).

마르크스는 공산주의가 "자유롭게 사회적으로 된 인간들의 소산으로서 인간의 의식적 계획적인 제어"(마르크스, 2015a: 103)이자, "연합한 생산자들의 제어"임을 강조했다. 즉 공산주의에서는 "사회적으로 된 인간, 연합한 생산자들이 맹목적인 힘에 의해 제어되는 것처럼 자신들과 자연 간의 물질대사에 의해 제어되는 것을 중지하고 이 물질대사를 합리적으로 규제하고 자신들의 공동적 제어하에 두"며, "최소한의 힘의 소비에 의해 자신들의 인간성에 가장 알맞고 가장 적합한 조건들하에서 이 물질대사를 수행한다"(마르크스, 2015c: 1041).

마르크스는 『1861~63년 자본론 초고』에서 공산주의 사회는 "사회가 하나의 계획에 따라 작동하는 것처럼, 생산수단과 생산력을 다양한 욕구의 충족에 필요한 정도에 따라 배분하며, 그 결과 각 생산부문에서는 사회적 자본으로부터 각 부문에 대응하는 욕구의 충족에 필요한만큼의 양이 할당되는 사회"(Marx, 1989b: 158)라고 묘사했다. 마르크스는 1871년 『프랑스 내전』에서도 당시 파리 코뮌에서 협동조합 연합체가 하나의 공동계획에 기초하여 전국의 생산을 조정하고 자신의 통제 하에 두는 '연합 사회주의'의 실천 플랜에 착수했다는 점에 주목했다:

"만약 연합한 협동조합적 조직들이 하나의 계획에 근거하여 전국의 생산을 조정하고, 그것을 자신의 제어하에 두고, 자본주의적 생산의 숙명인 부단한 무정부상태와 주기적 경련에 종지부를 찍을 수 있다면, 여러분 이것이야말로 공산주의, '가능한' 공산주의가 아니고 무엇이겠는가?"(마르크스, 2003: 92).

마르크스의 공산주의에서 거시경제 조절 원리는 '노동시간 계산'에 기초한 아래로부터 '참여계획'이다. 마르크스는 이를 앞서 인용한 『고타강령 비판』(1875)에서 명확하게 정식화했지만, 그 원리는 이미 『자본론』 1권과 2권에도 제시되어 있다:

이 자유인들의 연합체(Vereins)의 총생산물은 사회적 생산물이다. 이 생산물의 일부는 또다시 생산수단으로 쓰이기 위해 사회에 남는다. 그러나 다른 일부는 연합체의 구성원들에 의해 생활수단으로 소비된다. 따라서 이 부분은 그들 사이에 분배되어야 한다. 이 분배방식은 사회적 생산유기체 자체의 특수한 종류와 이것에 대응하는 생산자들의 역사적 발전수준에 따라 변화할 것이다. 다만 상품생산과 대비하기 위해 각 개별 생산자에게 돌아가는 생활수단의 분배 몫은 각자의 노동시간에 의해 결정된다고 가정하자. 이 경우 노동시간은 이중의 역할을 하게 될 것이다. 정확한 사회적 계획에 따른 노동시간의 배분은 연합의 다양한 욕구와 해야 할 각종 사업 사이에 올바른 비율을 유지한다. 다른 한편으로 노동시간은 각 개인이 공동노동에 참가한 정도를 재는 척도로 기능하며 따라서 총생산물 중 개인적으로 소비되는 부분에 대한 그의 분배 몫의 척도가 된다. 개별생산자들이 노동과 노동생산물에서 맺게 되는 사회적 관계는 생산뿐 아니라 분배에서도 매우 단순하고 투명하다"(마르크스, 2015a: 102).[3]

노동시간 계획론이 마르크스의 공산주의 초기 국면의 핵심 조절 원리라는 점은 엥겔스의 『반뒤링』에서도 확인된다:

"사회가 생산수단을 장악하고 그것을 직접 결합하여 생산을 위해 사용하자마자, 각자의 노동은, 그 특수적 유용성이 다르다고 할지라도, 곧바로 또 직접적으로 사회적 노동이 된다. 그렇다면 어떤 생산물 가운데 포함된 사회적 노동의 양은 우회적으로 결정할 필요가 없다. 평균하여 얼마만큼의 사회적 노동이 필요한가는 일상 경험이 직접 그

---

3   1장 62-63쪽 인용문도 참조.

것을 보여준다. 사회는 얼마만큼의 노동시간수가 1대의 증기기관이나 최근 수확된 1부셀의 밀이나 특정한 품질의 면포 100제곱야드 가운데 포함되어 있는지를 간단히 계산할 수 있다. 따라서 사회가 직접 또 절대적으로 알고 있는 생산에 투하된 노동량을 그 자연적이고, 절대적이며 적합한 척도인 **시간**으로 표현하지 않고, 어떤 제3의 생산물, 즉 이전에는 더 나은 것이 없어서 불가피했다고 할지라도, 상대적이며, 유동적이고, 부적절한 척도로 표현하는 것은 사회가 전혀 생각한 바가 없다. … 사회는 사용대상이 그 생산에 얼마만큼의 노동을 필요로 하는가를 알 필요가 있다는 것은 사실이다. 사회는 특히 노동력을 포함하여 생산수단에 보조를 맞추어 생산계획을 수립해야 할 것이다. 여러 사용대상의 유용효과가 상호 간에 또 그 생산에 필요한 노동량과 비교되어 계획이 결정될 것이다. 사람들은 저 유명한 '가치'의 중개 없이 모든 것을 아주 간단하게 처리할 수 있을 것이다. 생산을 결정할 때는 유용효과와 노동 지출을 위와 같이 비교 평가하는 것이 공산주의 사회에서도 가치의 정치경제학적 개념에 남아 있는 모든 것일 것이라고 나는 이미 1844년에 말했다(『독불연보』 95쪽). 그러나 주지하듯이 이 명제를 과학적으로 확증하는 일은 마르크스의 『자본론』을 통해서 비로소 가능하게 되었다"(엥겔스, 1987: 329-330. 강조는 엥겔스).

마르크스의 노동시간 계획론에서 노동증서가 핵심적 수단으로 활용되는 것을 근거로, 가라타니 고진 등은 마르크스 자신이 『철학의 빈곤』 등에서 펼쳤던 프루동(P. Proudhon) 등의 노동화폐론에 대한 비판을 철회한 것이라고 해석한다. 그러나 마르크스가 말하는 노동증서는 화폐가 아니기 때문에 프루동 등의 노동화폐와는 전혀 다르다. 마르크스는 시장을 폐지하지 않으면서도 '노동화폐'의 도입을 통해 상품에 체화된 노동량에 따른 등가교환을 이룩함으로써 자본주의적 착취를 폐지할 수 있다는 프루동 등의 노동화폐론은 "상품생산의 기초 위에서 '노동화폐'를 도입하려 하는 천박한 유토피아주의"(마르크스, 2015a: 88)라고 비판했다.[4] 프루동 등의 노동화폐론이 자본주의 폐지 후 공산주의에서 '직접적으로 사회화된 노동'을 표현하는 노동증서를 매개로 한 노동시간 단위로의 계획 프로젝트와 아무런 공통점도 없음은 두말할 필요 없다(정성진, 2006: 15장; MHI, 2013).

---

4 마르크스는 『요강』에서 프루동 등이 주장하는 '노동화폐'에 대해 생산물에 대상화된 사적인 노동시간은 가치척도로서 기능하지 못하며, 생산물에 대상화된 사적인 노동시간을 표시하는 노동증서가 존재한다 할지라도, 이는 수급 불균형과 생산성의 사회적 수준을 인식하는 지표로서 기능할 수 없다고 비판했다.

옛 소련의 '계획경제'의 재검토:
노동시간 계산 계획론의 관점에서

레닌의 계획 개념

1917년 혁명 후인 1918년 레닌은『국가와 혁명』에서 마르크스가 말한 공산주의의 초기 국면과 발전한 국면을 각각 공산주의의 제1단계와 제2단계로 분명하게 구별하고, 이 중 공산주의의 제1단계가 사회주의에 해당한다고 주장했다. 레닌은 또 공산주의의 제1단계에서는 "계산과 통제"가 중요한 역할을 한다고 말했다(레닌, 1992: 136).

하지만 레닌은 1918년 4월 이전의 마르크스주의자들이 공산주의 경제의 운용 방식에 대해 쓴 것이 없다고 주장했다(Lenin, 1918b: 296-7). 레닌은 마르크스가『고타강령 비판』에서 제시한 노동시간 계획론을 구체화하기보다, 당시 독일의 전시경제, 국가독점자본주의 계획 경제를 혁명 후 새로운 러시아 경제의 운영 모델로 삼았다(레닌, 1988: 282). 레닌은 자본주의 자체가 소련의 계획을 위해 사용될 수 있는 중앙집권적인 계산 메커니즘을 창출한다고 생각했다(Barnett, 2004: 54-5).

그런데 레닌처럼 사회주의와 공산주의를 구별하여 사회주의를 자본주의에서 공산주의로의 이행기로 간주하는 것은 마르크스에서는 찾아볼 수 없다. 마르크스는 사회주의를 공산주의의 동의어로 사용했으며, 자본주의에서 '사회주의=공산주의'로의 이행기에 해당하는 것이 프롤레타리아트 독재 시기라고 보았다. 레닌과 달리 마르크스에서는 사회주의는 바로 공산주의로서 자본주의에서 공산주의로의 이행기인 프롤레타리아트 독재 시기 이후에 도래하는 무계급 사회이며 국가도 정치도 존재하지 않는다.[5] 이와 같은 레닌의 사회주의론은 나중에 사회주의에도 국가, 시장, 화폐도 존재할 수 있다는 시장사회주의론의 전거가 되었다. 하지만 마르크스적 의미의 공산주의에서는 그 초기부터 국가는 부르주아 국가뿐만 아니라 소비에트 권력도 사멸하고 존재하지 않는다. 레닌에서 계획은 아래로부터 참여계획, 노동자 대중의 민주적 통제라는 의미보다는 당과 국가의 통제, 국가자본주의 트러스트의 운용 계획과 같은 위로부터의 계획이라는 맥락에서 사용되었는데, 이는 민주적 참여를 핵심으로 하는 마르크스의 계획 개념과 큰 차이가 있다. 레닌은 사회주의에서 계산과 계획의 중요성을 되풀이해서 강조했음에도 불구하고 노동시간 단위 계획에는 관심이 없었다.[6]

---

5 레닌은 공산주의의 제1단계에서 부르주아 국가가 존속한다고 주장했던 반면, 마르크스는 1875년 마르크스는 「바쿠닌의 『국가제와 무정부』에 대한 노트」에서 공산주의에서는 처음부터 국가와 정치가 사멸한다고 보았다 (Marx, 1989a: 519). 마르크스는 이행기를 거쳐 계급투쟁이나 계급적 억압의 필요가 없어지면 중간 단계 없이 정치적 통치의 기관들이 정치적 성격을 갖지 않는 관리 기관들로 변화하는 국가 사멸의 과정이 곧바로 시작되는 것을 상정했다.

6 레닌은 GOELRO(러시아 국가 전력화 위원회)를 찬양하면서도 계획을 둘러

전시공산주의 시기의 노동시간 계산 계획 구상

전시공산주의 시기(1918~21.3.) 레닌과 볼셰비키는 산업을 국유화하고 시장의 폐지를 시도했다. 전시공산주의 시기는 화폐와 시장이 사라졌던 시기로서, 일각에서는 공산주의 계획경제의 전조 혹은 원형으로 간주된다. 하지만 전시공산주의는 말 그대로 전시라는 포위와 극단적인 결핍에 강제된 배급 경제에 지나지 않았다. 실제로 1920년 러시아의 공업생산은 1913년의 15퍼센트 수준으로 저하했다. 반면 화폐 공급은 1918년 2배, 1919년 3배, 1920년 5배로 증가했다. "내전 시기의 점증하는 필요는 끝없는 통화 증발과 급격한 물가 상승에서 느껴졌고, 이로부터 루블의 구매력은 소멸했다"(Carr, 1952: 256). 초인플레가 진행되면서 고정가격은 명목적인 것이 되었고, 고정가격으로의 분배는 무상분배나 마찬가지로 되었다. 공급인민위원(Narcomprod)은 곡물과 다른 생산물, 공산품의 양에 기초하여 등가물을 계산했다. 강제 징발된 농산물은 상업이나 교환에 의해서가 아니라 공산품의 무상 분배, 배급 방식으로 보상되었다(Carr, 1952: 234).

전시공산주의 시기의 대표적 이론가인 부하린과 프레오브라젠스키도 그들의 공저서인 『공산주의의 ABC』에서 노동자들

싼 논쟁이 "공허한 말장난"이라고 경멸했다(Lenin, 1921b: 137).

이 생산수단을 집단적으로 소유하고 자신들이 필요로 하는 재화들을 공공 창고에서 가져가는 체제를 공산주의라고 묘사했다. 『공산주의의 ABC』는 노동자들로부터 충원되어 새롭게 훈련된 전문가들에 의해 관리되는 계획 관리 경제를 대안으로 제시했다:

"소비에트의 모든 구성원들이 국가 관리 사업에서 특정한 역할을 수행할 것이 절대적으로 필요하다. 모든 구성원들은 토론을 필요로 하는 문제들에 단지 의견을 전달할 뿐만 아니라 공동의 사업에 참여하고 그 자신 특정한 사회적 역할을 맡아야 한다. … **소비에트 권력의 기본적 과제의 하나는 모든 국가 경제 활동을 국가에 의한 하나의 일반적 지도 계획으로 통일하는 것이다.** … 공산주의 체제의 위대한 장점의 하나는 자본주의 체제의 혼돈, '무정부성'에 종지부를 찍는다는 것이다. … 공산주의 사회의 기초는 산업의 조직, 또 무엇보다 먼저 국가 통제하의 산업의 합목적적 통제에 놓여 있다"(Bukharin and Preobrahensky. 1966: 190, 266. 강조는 부하린 · 프레오브라젠스키)

하지만 부하린 · 프레오브라젠스키는 어떻게 수십만 개의 기업과 수백만 개의 생산물이 계획될 수 있는지, 생산자와 소비자들은 어떻게 행동할 것인지, 국가 계획이 기초할 정보는 정확하고 신뢰할 만한지 등의 문제에 대해서는 『고타강령 비판』 이상으로 더 나아간 구체적 논의를 제시하지 않았다. 전시

공산주의 시기 일부 볼셰비키들이 화폐를 폐지하고 이를 노동 시간을 비롯한 '자연적 단위'로 대체하자는 아이디어를 진지하게 검토했던 것은 사실이다. 이는 화폐가 무용지물이 된 상황에서 다양한 재화들을 노동시간과 같은 어떤 자연적인 공통분모로 표현해야 할 필요성에 연유한 것이기도 했다(노브, 1998: 72). "우리는 궁극적으로 루블로의 모든 계산을 폐지할 것이며 일수와 시간 수로 사용된 에너지를 계산할 것이다"(Carr, 1952: 264에서 재인용). 1920년 1월 전러시아 국민경제협의회 3차 대회는 '노동 단위(trudovaya edinista, tred)'를 척도의 기초로 채택할 것임을 표명하고, 이를 검토하는 위원회를 구성했으며, 스트루밀린(S. Strumilin) 등은 노동시간 단위 계산 방법을 제안했다. 또 당시 '화폐 없는 경제의 문제들'을 다루는 소련 경제학자들 모임에서 나로드니키 경제학자 차야노프(A. Chayanov)는 각각의 생산물들의 양을 장부에 기록하는 방식으로 화폐가 대체되는 계획안을 제시했는데, 몇 년 후 물적 밸런스의 기원은 이것으로 소급될 수 있다(Nove, 1986: 53-9). 하지만 이런 시도는 학술적 논의의 수준 이상으로 나아가지 못했다.

또 전시공산주의 시기에 화폐가 실제로 소멸했던 것은 아니다. 1919년 2월과 5월 소련 정부는 새로운 루블을 도입하여 차르 시대의 루블을 대체했다. 전시공산주의 시기 화폐 폐지란 실은 서방 자본주의 은행들에서 볼 수 있는 장부상의 청산 거래에 불과했다. 전시공산주의 시기에도 화폐는 계산화폐로서 계속 기능했다. 소련 정부는 현금 거래는 중지했지만 장부 거래에서 화폐, 즉 루블을 계산단위로서 이용하였다. 전시공산주의 이론가들이었던 부하린·프레오브라젠스키도 『공산주의의 ABC』에서 사회주의 사회에서 화폐의 존재와 기능을 인정했으며 실제 화폐가 폐지되는 것은 공산주의로 이행한 다음에야 가능할 것이라고 예상했다. 또 전시공산주의 시기 분배는 고정가격으로의 국가기관에 의한 배급뿐만 아니라 '보따리 장사'와 같은 사적 상업을 통한 유통에 의해서도 이루어졌다(Carr, 1952: 230).

신경제정책과 노동시간 계산 계획의 모순

1921년 소련 정부는 신경제정책으로 전환하면서 전시공산주의 시기의 화폐 없는 현물 경제 도입 시도를 중단하고, 농민으로부터 곡물 강제 징발 중단, 현물세 도입, 잉여농산물의 시장 판매 허용, 소규모 민간 상업 허용 등의 조치를 취했으며, 그 결과 경제가 회복되고 시장경제가 부활했다. 하지만 이 과정에서 협상가격차 현상, 도시 식량 부족, 농촌에서 빈부 격차 확대 등의 모순들이 심화되었다. 트로츠키를 비롯한 좌익반대파는 이와 같은 신경제정책의 문제점들을 자본주의 부활의 전조로 간주하고, 이를 저지하기 위해서는 공업화와 계획경제에 더욱 박차를 가할 필요가 있다고 주장했다. 트로츠키는 계획경제를 집행할 기구인 고스플랜(Gosplan, 국가계획위원회)에 입법

권 부여 등 기능을 강화할 것을 주장했다. 1921년 8월 트로츠키는 당 중앙위원회 전체회의에 제출한 글에서 다음과 같이 주장했다:

"경제활동을 감독하고, 그 영역에서 실험을 수행하고, 결과를 기록 배포하고, 경제활동의 모든 측면을 실제로 조율하고, 그리하여 실제로 조절된 경제계획으로 작동하는 진정한 경제 중심의 결여, 이러한 종류의 진정한 경제 중심의 부재는 연료 식량 위기에서 보듯이 경제에 막심한 타격을 가할 뿐만 아니라 새로운 경제정책 공약들의 계획되고 조절된 구체화 가능성을 배제한다"(Swain, 2006: 134에서 재인용).

1922년 11차 당대회에서 트로츠키는 경제계획은 이론적으로 작성될 수 없고 실제 모니터링을 통해 작성되어야 하며 대규모 국영 공업을 핵심 축으로 총괄되어야 한다고 주장했다. 하지만 트로츠키는 계획은 경제 관리에 당이 개입하는 것을 의미하지 않는다는 것, 트로츠키는 당이 경제 문제에 과도하게 개입하는 것은 낭비적이라는 것, 경제는 당의 간섭이 아니라 전문가의 경제적 지도를 필요로 한다는 것을 강조했다(Swain, 2006: 135에서 재인용). 1923년 4월 12차 당대회에서 트로츠키는 고스플랜이 노동국방위원회의 사령부(Staff HQ)가 되어야 한다면서 다음과 같이 주장했다:

"동지들, 나는 계획의 문제는 본질적으로 지도의 문제라는 것을 특별히 강조합니다. 우리는 경제에서 지도에 대해 너무 일반적으로 말해왔습니다. 하지만 분명히 경제에서의 지도는 다른 무엇보다 계획입니다"(Swain, 2006: 142에서 재인용).

트로츠키는 1923년 10월 8일, 당 중앙위원회에 보낸 편지에서 다음과 같이 주장했다:

"가장 중요한 경제 문제들이 당대회 이전보다 더 심하게 적절한 준비 없이, 또 계획에 미치는 충격과는 무관하게, 졸속하게 결정되고 있다. … 경제 관리란 존재하지 않는다. 꼭대기부터 혼돈이 시작되었다" (Swain, 2006: 146에서 재인용).

트로츠키가 보기에 당시 당 지도부는 공업의 지도적 역할을 이해하지 못하고 있었으며, 신용과 금융을 계획보다 우선하고 있었다. 트로츠키는 계획을 통해 공업과 농업 간의 불균형을 바로 잡을 수 있고 이를 통해 고립된 소련에서도 사회주의 건설이 가능하다고 주장했다. 1920년대 트로츠키는 일국사회주의의 건설 가능성 자체를 부정하지는 않았다(Day, 1973). 또 1920년대 트로츠키가 구상했던 계획은 시장과 소비에트 민주주의에 의한 통제 허용 및 당으로부터의 독립성을 강조한다는 점에서 1930년대 이후 스탈린주의 계획과는 아무런 공통점도 없다(정성진, 2006: 12장). 1932년 트로츠키는 당시 소련에서 시장과 소비에트 민주주의를 제거하려 했던 스탈린주의 계획을 비판하면서 계획경제의 세 가지 조건으로 "(1)중앙과 지방의 특별한 국가 부서, 즉 **계획위원회**의 위계적 시스템; (2)시장 조절 시스템으로서 **상업**; (3)대중에 의한 경제구조의 살아 있는 조절 시스템으로서 **소비에트 민주주의**"를 제시하고, "이러한 세 요소, 즉 국가계획, 시장, 소비에트 민주주의의 상호작용을 통해서만 이행기 경제의 정확한 지도가 가능할 것"(Trotsky, 1973: 273. 강조는 트로츠키)이라고 주장했다:

> "계획은 상당 정도로는 시장을 통해 점검되고 실현된다. … 각 부서들이 입안한 청사진은 자신의 효율성을 상업적 계산을 통해 입증해야 한다. 이행기 경제는 루블의 통제 없이는 생각될 수 없다. 이를 위해서는 루블 환율이 안정되어야 한다. 안정된 화폐 단위 없이 진행되는 상업적 계산은 혼란을 야기할 뿐이다. … 경제 계산은 시장관계 없이는 생각될 수 없다. 체르보네트(chervonets)가 연계의 척도이다"(Trotsky, 1973: 274).

하지만 1920년대 트로츠키의 계획 개념은 여전히 지도를 강조한다는 점에서, 또 시장과의 상호작용이 필수적임을 강조한다는 점에서, 아래로부터 대중의 참여에 기초한 참여계획경제로서, 또 비시장 경제조절 원리로서 마르크스의 계획 개념과 큰 차이가 있다(Day, 1973; 정성진, 2006: 12장). 1920년대 트로츠키의 계획 개념이 시장을 필수적 요소로 포함하고 있는 것은, 그것이 자본주의에서 공산주의로의 이행기의 조절 원리로 제시되었기 때문이다. 실제로 트로츠키는 1917년 혁명 이후 러시아와 1930년대 스탈린주의 소련을 사회주의 혹은 공산주의 사회가 아니라 이행기 사회, 혹은 '관료제로 퇴보한 노동자국가'로 정의했다. 즉 트로츠키가 1920~30년대 소련 경제에서 시장이 활용되어야 한다고 주장한 것은 그가 당시 소련을 사회주의가 아니라 사회주의의 전 단계인 이행기 사회로 보았기 때문이다. 트로츠키는 다음과 같이 말했다:

"소련이 이미 사회주의에 진입했다는 경솔한 주장은 범죄적이다. … 문제의 핵심은 우리가 아직 사회주의에 진입하지 않았다는 것이다. 계획적 조절 방법을 터득하기까지는 아직 갈 길이 멀다. … 이행기 사회를 지배하는 법칙은 자본주의를 지배하는 법칙과 다르다. 그러나 이는 미래 사회주의의 법칙, 즉 검증되고 보장된 역동적 균형의 기초 위에서 조화롭게 성장하는 경제의 법칙과도 크게 다르다"(Trotsky, 1973: 260, 278).

물론 1920년대 신경제정책 시기 동안 계획의 중요성을 강조했던 것은 트로츠키와 좌익반대파만이 아니다. 전시공산주의 종료 이후에도 소련 경제의 운용의 기본원리는 시장이 아니라 계획이 되어야 한다는 데 볼셰비키들은 이견이 없었다. 1920년대 동안 계획경제의 구체적 입안과 운영 방법, 공업화의 방향 등에 관한 활발한 토론이 진행되었다. 예컨대 밀류틴(N. Milyutin), 크리츠만(L. Kritsman), 슈미트(M. Smit), 그로만(V. Groman), 스트루밀린, 바르가(E. Varga) 등 당시 일급 마르크스주의 경제학자들이 다양한 계획경제 건설방안을 제출하고 활발한 토론을 벌였다. 1920년 10월부터 1921년 2월 사이에 일간 경제신문《경제생활》과 월간 경제잡지,《국민경제》에 출판된 글의 30퍼센트가 계획 방법에 관한 것들이었다(Remington, 1982: 589). 이를 배경으로 1925년 고스플랜은『1923~24년 소련 국민경제 밸런스』를 발표했다. 국민경제 밸런스를 작성하는 데서 중요한 역할을 한 인물은 멘셰비키 혁명가이자 통계학자였던 그로만과 마르크스주의 경제학자 스트루밀린이었다(Davies, 1960: 289; Jasny, 1972: 104).『1923~24년 소련 국민경제 밸런스』는 훗날 레온티에프가 투입산출분석을 창안하는 초석이 되었다(Leontief, 1960; Foley, 1998). 그로만은 1925~26년 통제수치(control figures)를 작성했으며, 이에 근거하여 스트루밀린은 고스플랜의 1926~27년 1차 5개년계획안을 작성하는 데 주도적 역할을 했다(Davies, 1960: 290). 1920년대 신경제정책 시기 계획 논의에서는 노동시간 계산에 기초한 계획은 사회주의로 이행한 뒤의 과제로 밀려났다. 프레오브라젠스키는 1926년『새로운 경제학』에서 사회주의 경제는 '노동시간의 직접 계산'의 기초 위에서 조절될 것이며 이는 자본주의에서 가치법칙과 같은 지위를 갖게 될 것이라고 주장했다(Preobrazhensky, 1965: 20).

1920년대 소련의 계획경제 추진 과정에서 원래부터 공업화와 계획을 강조했던 프레오브라젠스키와 같은 좌익반대파 경제학자들뿐만 아니라 그로만, 긴스버그와 같은 이전 멘셰비키 마르크스주의 경제학자들도 중요한 역할을 했다. 트로츠키는 이들 계획 전문가들을 보호하고, 당으로부터 독립을 보장하려 했다. 그러나 스탈린은 1929년 반혁명 이후 초공업화를 강행하면서 『1923~24년 소련 국민경제 밸런스』를 작성한 그로만은 물론 1차 5개년계획을 입안한 긴스버그(A. Ginzberg)까지 포함한 고스플랜과 국민경제최고회의의 계획경제 전문가들을 멘셰비키 반혁명분자 등으로 몰아 대거 숙청했다. 『1923~24년 소련 국민경제 밸런스』는 볼셰비키의 적인 보그다노프(A. Bogdanov)의 '균형' 철학, '비례성의 법칙'에 근거한 것이라고 비판되었다(Remington, 1982: 589). 『1923~24년 소련 국민경제 밸런스』가 "숫자 놀음"이라는 1929년 12월 스탈린의 다음과 같은 선언은 계획경제 전문가들의 물리적 제거를 예고한 것이다: "1926년 중앙통계국이 출판한 국민경제 밸런스는 대차대조표가 아니라 숫자 놀음이다"(Stalin, 1954a: 178). 1931년 3월 그로만, 루빈(I. Rubin), 긴스버그 등 저명 경제학자들 14명이 멘셰비키 반혁명분자들로 기소되어 숙청되었다. 긴스버그의 경우 1

차 5개년계획의 목표 성장률을 의도적으로 과소 책정했다는 것이 숙청 이유였다. 스탈린주의 계획경제는 1917년 혁명 이후 경험을 축적한 사회주의 계획 전문가들이 물리적으로 제거된 상황에서 추진되었다. 스탈린주의 소련의 '계획경제'를 어떤 의미에서도 계획경제라고 보기 힘든 또 하나의 이유이다.

스탈린의 관리명령경제와 노동시간 계산 계획의 폐기

스탈린은 1928년 국가자본주의 반혁명 후 1차 5개년계획을 강행했으며 이후 소련에서 계획경제가 전면화되었다. 고스플랜이 작성한 1,700여 페이지에 달하는 『소련 국민경제 건설의 1차 5개년계획』이 1929년 4월 제15차 당협의회에서 승인되었으며 5월 출판되었다. 1929년 이후 계획이 산업성(ministry) 체제를 중심으로 급격히 시행되었으며 이를 통해 급속한 공업화가 시작되었다. 이와 함께 농촌에서 전면적인 강제집단화가 수행되었다. 이것은 경제체제 전체를 계획하고 관리하려는 세계사상 최초의 시도였다. 1931년 스탈린은 다음과 같이 선언했다:

"속도를 약간 늦출 수 있는지, 운동에 브레이크를 걸 수 있는지, 이러한 질문이 이따끔 제기되고 있습니다. 동지들, 그럴 수는 없습니다. 속도를 늦추어서는 안 됩니다! 아니, 우리는 속도를 더 빨리 해야 합니다. … 우리는 선진국들보다 50년 혹은 100년 뒤처져 있습니다. 우리는 10년 안에 이 거리를 메워야 합니다. 그렇게 하지 않으면 우리는 파멸할 것입니다"(Stalin, 1954b: 40-1).

스탈린은 새로운 소련 헌법이 발표된 해인 1936년, 소련이 공산주의의 1단계로 진입했다고 다음과 같이 선언했다:

"우리 소련 사회는 이미 기본적으로 사회주의를 실현하고 사회주의 제도를 만들어냈다. 즉 마르크스주의가 다른 말로 공산주의의 제1단계 혹은 낮은 단계라고 부르는 것을 실현했다. 즉 우리나라에서는 기본적으로는 이미 공산주의의 제1단계, 즉 사회주의가 실현된 것이다. 공산주의의 이 단계의 근본원칙은 주지하듯이 "각자는 자신의 능력에 따라서, 각자에게는 그 노동에 따라서"라는 공식이다. 우리 헌법은 이 사실을, 즉 사회주의가 성취되었다는 사실을 반영해야 하는가? 우리 헌법은 이 획득물에 기초를 부여해야 하는가? 물론 그렇게 해야 한다. 그것은 사회주의가 소련에서 이미 달성되고 획득되었기 때문이다"(스탈린, 1990: 99-100).

그런데 위에서 스탈린은 노동에 따른 분배의 원리가 당시 소련에서 도입되었다고 주장하지만 이는 사실과 다르다. 예컨대 소련의 노르마 제도를 일종의 노동에 따른 분배 방식으로 간주하는 견해도 있지만 노르마 제도의 본질은 성과급 임금제일 뿐이다. 성과급 임금과 마르크스의 노동증서 제도가 아무런 공통점도 없다는 것은 두말할 나위도 없다. 스탈린주의 소련은 국가자본의 무산 노동대중 착취에 기초한 국가자본주의 체제였으며 스탈린주의 시기 동안 착취율은 상승했다. 이는 스탈린주의 시기 노동생산성의 급속한 상승에도 불구한 실질임금의 저하에서 분명하게 확인된다(노브, 1998: 235, 292, 319). 스탈린은 소련에서 사회주의 달성을 선언한 지 3년 뒤인 1939년 소련공산당 제18차 당대회에서 소련은 공산주의 사회의 고도의 단계로 나아가야 한다고 주장하면서, 주요 선진자본주의국의 1인당 생산량을 추월하는 것을 그 기준으로 제시했다:

"경제적으로 주요 자본주의국들을 추월할 때에만, 우리나라에서 소비재가 넘치고 생산물이 풍족하게 될 수 있고, 공산주의의 제1단계에서 제2단계로 이행할 수 있다"(Stalin, 1978: 378-9).

그런데 스탈린이 이처럼 선진 자본주의 국가의 경제 수준을 추월하는 것을 보다 고도한 단계의 공산주의 사회에의 도달 기준으로 삼는 것은 마르크스가 제시했던 공산주의 이념을 형편없이 실추시키는 것이다. 실제로 스탈린주의 소련의 계획의 주된 목적은 후발국으로서 선진 자본주의국을 필사적으로 따라잡는 데 있었으며, 결코 마르크스의 유산, 즉 진정으로 인간적인 노동과정 조직 및 분업과 인간에 의한 인간 착취의 폐지를 실현하는 해방된 사회를 건설하는 데 있지 않았다(Ellman,

2014: 6). 옛 소련에서 계획은 평등주의적 비시장 자원배분 메커니즘이라기보다 후진국의 선진국 경제 추격 전략이었다. "사회주의 계획은 후진국에서 기원했으며, 그것의 주요한 목적은 그것을 채택한 나라들을 선진국의 대열로 추동하는 것이었다. … 사회주의 계획은 **주어진** 자원을 배분하는 시스템이라기보다는 자원의 **동원** 시스템이었다"(Ellman, 2014: 4, 15. 강조는 엘만). 마르크스가 계획을 시장이 폐지된 공산주의 사회의 자원배분 원리로 상정했음을 감안한다면, 후진국의 선진국 경제 추격 전략으로서 옛 소련의 계획은 마르크스의 계획 개념과는 아무런 관계가 없다.

스탈린주의 소련에서 계획은 실제로 다음과 같은 방식으로 실행되었다.[7] 우선 스탈린주의 관료는 계획 경제에서 필연적으로 야기되는 복잡성(complexity)의 문제를 계획을 제한된 수의 산업에 집중하는 방식으로 해결하려 했다. 즉 고스플랜은 제한된 수의 생산물만을 계획했으며, 계획은 기업이 아니라 산업성을 대상으로 했다. 스탈린의 계획 방법은 선택된 핵심 산업 부문에 대해 우선순위를 부여하고 비우선 부문에서 부족은 수용하는 것이었다. 5개년계획에서 핵심적 지표였던 물량 단위의 통제수치에는 곡물, 철강 등 가장 중요한 소수 품목만이 포함되었다. 게다가 고스플랜에서 재화와 서비스의 생산계획은 세

---

7   이하 스탈린주의 계획의 실행과정에 대한 설명은 Gregory and Stuart(2014: 392-3)를 참조했다.

세분류별 품목별로 입안되지 않고 중분류 정도로만 집계 수치로 제시되어 있어서 기술적으로도 실행이 불가능했다. 1951년 5개년계획은 그 세부안에서도 단지 127개 생산물로 집계되어 있다(Gregory, 2004: 117). 국민경제계획을 과학적으로 입안하기 위해 고안된 물적 밸런스(일종의 원시적 형태의 투입산출표)도 단지 60개로 집계된 생산물 단위로 발표되었다(Gregory, 2004: 152). 당시 이미 2천만 개 품목의 재화와 서비스가 생산되고 있었는데 말이다.

소련 공산당의 지침은 국민경제 계획의 예비적 산출 목표인 통제수치로 전환되어 산업성을 통해 기업 수준으로 전달되었다. 이 통제수치는 위계를 통해 고스플랜의 물적 밸런스에 의거하여 조율 균형되었다. 최종적으로 다음 해 기업 운영의 상세한 지침을 포함한 기술산업금융계획(technpromfinplan)이 결정되며 이는 수용 이행해야만 하는 명령이었다. 계획은 백지에서 출발하는 것이 아니라 전년도 계획을 기반으로 수정 업데이트했다. 스탈린주의 소련 계획에 특징적인 것은 치열한 교섭, 다툼, 다양한 단위들 간의 상호작용, 지연 등이었다. 스탈린주의 계획은 투입산출표와 같은 수요와 공급을 균형시키는 정교한 기법은 실제로 적용되지 않았다. 따라서 스탈린주의 계획에서 일관된(consistent) 계획은 달성되기 어려웠고 최적(optimal) 계획은 애초부터 기대될 수 없는 것이었다. 나아가 스탈린주의 계획이 실제로 위와 같은 물적 밸런스 방식으로 운영되었던 것은 아니다. 무엇보다 스탈린주의 관료들에게 물적 밸런스의 핵심인 국민경제의 밸런스 즉 균형을 유지한다는 것은 우선순위에 없었다. 급속한 강제적 중공업화 과정에서 균형은 미덕이 아니었으며, 불균형은 감수되고 권장되기도 했다. 스탈린주의 소련의 계획은 사회적으로 합리적인 경제체제라는 마르크스적 의미의 계획경제와는 아무런 공통점도 없었으며, 계획이 결과를 결정한다는 기술적 의미에서도 '계획'되었다고 볼 수 없다. 스탈린주의 소련에서 계획은 모두 예비적인 성격의 것이었으며 당과 국가의 어떤 자원관리자에 의해서 언제라도 변경될 수 있었다. 소련에서 "자원을 배분했던 것은 계획이 아니라 그들이었다"(Gregory and Stuart, 2014: 394). "계획에 대한 관리의 우위는 스탈린 시대 이래 소련 경제의 지배적 양상이었다. 관리가 고도로 집중되었기 때문에, 이런 양상은 모델 전체에 특징적이었다. 따라서 이 경제는 '중앙계획'되었다기보다 '중앙관리'되었다고 표현하는 것이 정확할 것이다"(Zaleski, 1980: 484).

소련에서 '계획'의 실행은 고스플랜이 입안한 5개년계획이 아니라, 산업성과 업종국(glavk) 및 기업 수준에서 이루어지는 항상 잠정적이고 또 끊임없이 수정되는 연간 계획, 분기별 계획, 월간 계획 등의 복잡한 집합으로 이루어졌다(Gregory, 2004: 111). 소련에서 이른바 '계획'은 마르크스적 의미의 계획과 아무런 공통점도 없다. 그것은 관리명령경제(administrative command economy)이었을 뿐이다(Gregory, 2004). 이는 5개년계획이 실제로 집행된 실행계획(operational plan)인 적이 한 번도 없었던 데서도 알 수 있다. 5개년계획이 실행계획으로 만들어진 것도 아니고, 기술적으로 실행될 수도 없었기 때문에, 5개년계획에서 제시된 계획목표가 달성된 경우는 거의 없었다. 1차 5개년계획(1928~33)은 평균하여 60퍼센트 이하로 달성되었으며, 계획목표치를 상당히 낮추어 발표된 2차 5개년계획(1933~37)도 평균하여 70퍼센트 정도밖에 달성되지 못했다(Gregory, 2004: 118). 1933~52년 소련의 계획에서 실제 성과는 계획된 성과보다 너무 크게 괴리되었기에 이런 경제를 계획경제라고 묘사하기 어렵다. 이는 5개년계획이 대부분 계획 시작 연도가 한참 지난 뒤에야 승인 발표되었다는 사실에서도 짐작할 수 있다. 예컨대 1차 5개년계획(1928~33)은 1929년 봄에 승인되었으며, 5차 5개년계획(1950~55)은 1952년 8월에 승인되었다(Gregory, 2004: 119). 그리고 연간 계획, 분기별 계획, 월간 계획 등으로 구성된 실행계획조차도 계획 시작 전에 확정되는 경우는 거의 없었으며, 실행은 확정 계획이 아니라 거의 항상 '잠정', '예비' 계획에 의거하여 이루어졌다. 소련의 계획 실행 과정에서 실제 자원배분 결정을 수행한 것은 계획 자체가 아니라 당과 국가기구의 자원관리자(resource manager)들이었다. 스탈린은 다음과 같이 말했다:

"우리 볼셰비키에게 5개년계획은 영원히 주어진 법 같은 것이 아니다. 우리에게 5개년계획은 다른 계획과 마찬가지로 경험과 계획의 실행에 기초하여 더 정교해지고 변경되고 개선되어야 하는 **1차적 접근**으로서 승인된 계획일 뿐이다. … 단지 관료들만이 계획은 계획의 입안에서 끝난다고 생각할 것이다. 하지만 계획의 입안은 시작일 뿐이다. 계획의 진정한 지도는 계획이 모두 수합된 뒤에야 진행된다"(Gregory and Stuart, 2014: 394에서 재인용. 강조는 스탈린).

1930년대 스탈린주의의 계획은 신경제정책과 시장경제의 옹호자였던 부하린을 제거한 후 1920년대 트로츠키를 비롯한 좌익반대파가 주장했던 계획경제론을 채택한 것이라고 흔히 주장된다. 하지만 이는 사실과 다르다. 스탈린주의 계획경제는 1920년대 논의되어왔던 계획경제론의 부정 위에서 성립한 것으로 이는 어떤 의미의 계획과도 거리가 먼 말 그대로 관리명령경제였다. 스탈린주의 소련에서 이른바 '계획'은 체제를 합리화하는 의식(ritual)의 기능을 수행했을 뿐이다(Ellman, 2014: 50). 소련에서 계획은 단지 대중들에게 좋은 날이 올 것이라는 것을 보여주기 위해 고안된 미래의 비전일 뿐이었다. "소련 체제에 근본적이었던 것은 계획이 아니라 다음과 같은 것들이었다: 즉 모든 의사결정 수준에서 행정적 위계의 역할; 의사결정에 대한 정치적 경제적 과정을 통한 대중의 통제의 부재 등"(Ellman, 2014: 14).

5개년계획은 실제로 집행을 목적으로 만들어진 실행계획이라기보다, 곧 서방자본주의를 추월하여 '지상 낙원'이 도래할 것이라는 '공산주의의 약속'을 대중에게 선전하고, 또 이를 근거로 현재 대중의 희생을 요구하기 위한, 그리고 소련 체제의 '우월성'을 대외적으로 과시하고 정당화하기 위한 '성장 비전', '미래 비전'의 프로파간다에 불과했다.

노동시간 계산에 기초한 계획의 방법: 물적 밸런스와 투입산출표

옛 소련은 마르크스적 의미의 공산주의 계획 경제, 즉 노동시간 계산에 기초한 계획 경제와는 거리가 멀었다. 하지만 옛 소련은 노동시간 계산에 기초한 계획의 방법 혹은 기술을 발전시키는 데서 중요한 기여를 했다. 물적 밸런스와 투입산출표의 고안 및 계획에의 적용 시도가 그것이다. 이하에서는 이 두 가지 방법의 특징을 비교하고 현재적 유효성을 검토한다.

물적 밸런스를 이용한 노동시간 계산 계획

옛 소련의 계획에서 물적 밸런스는 금융적 계산을 대체한 것은 아니었지만 관리명령경제의 주요 부분이었다. 스탈린주의 소련에서 계획 업무의 대부분은 물적 밸런스를 계산하는 것으로 이루어졌다.[8] 1960년대 말 소련의 중앙계획당국은 18,000개 이상의 물적 밸런스를 작성 관리하고 있었다(Treml, 1967: 87). 물적 밸런스는 재화들에 대한 필요와 이용가능성 간의 균형을 달성하고 보장하는 것을 목적으로 한다. 물적 밸런스는 통상 물량 단위로 표현되는 특정 물품에 대한 대차대조표로서, 특정한 생산물의 공급 계획을 그 생산물의 사용 계획과 비교한 것이다. 계획당국은 물적 밸런스에 기초하여 기본 공산품, 운수, 농산물 등에 대해 수요와 공급을 비교하고 시장가격에 의존함이 없이 그 균형을 추구한다. 스탈린주의 소련에서는 생산과 분배 계획을 위한 물적 밸런스와 함께 노동 계획을 위한 노동 밸런스, 에너지 부문의 계획을 위한 연료-에너지 밸런스, 재정 계획을 위한 재정 밸런스가 작성되었다(Ellman, 2014: 31). 물적 밸런스의 조정과 균형은 행정 당국의 개입을 통해 이루어지며, 가격은 어떤 역할도 하지 않았다. 물적 밸런스는 옛

---

8 1977년 코즐로프(G. A. Kozlov)가 감수한 소련 『정치경제학 교과서』에도 다음과 같이 쓰여 있다: "사회주의 경제에서 필수적인 비례관계들은 밸런스 계획법(balance method of planning)에 의해 달성된다. 이 방법은 개별 부문의 개발계획을 그 부문에 원료, 설비, 인력, 금융자원을 공급할 수 있는 능력과 미리 비교할 수 있게 해준다. 계획과정에서 물적 밸런스 혹은 예산(투입산출표), 비용표, 물리적 생산능력, 노동력 예산 등이 작성된다. 이 방법은 전국계획이나 지역계획 그리고 개별 기업계획들을 수립하는 데도 이용된다. 밸런스 방법을 이용하여 적절한 시간 내에 불균형을 찾아내고 제거할 수 있으며 경제 전체와 개별 지역들의 전반적 발전을 보장할 수 있다. 밸런스 방법은 계획목표 및 경제적 해결책의 과학적 최적치를 결정할 수 있게 해준다"(Kozlov et al. 1977: 105).

소련뿐만 아니라 동유럽 중국 등에서도 계획의 주요 수단으로 활용되었다. 물적 밸런스의 구조는 다음 〈표 3-1〉, 〈표 3-2〉와 같다.

〈표 3-1〉 물적 밸런스의 구조

원천		사용
$X_1+V_1+M_1$	=	$X_{11}+X_{12}+\cdots+X_{1n}+Y_1$
$X_2+V_2+M_2$	=	$X_{21}+X_{22}+\cdots+X_{2n}+Y_2$
$\cdots$	=	$\cdots$
$\cdots$	=	$\cdots$
$X_n+V_n+M_n$	=	$X_{n1}+X_{n2}+\cdots+X_{nn}+Y_n$

주: X_i: i 생산물의 계획된 산출; V_i: i 생산물의 기존 재고; M_i: i 생산물의 계획된 수입; X_{ij}: 중간수요, 즉 계획된 j 생산물 생산에 필요한 i 생산물 투입; Y_i: i 생산물의 최종수요, 즉 투자, 가계소비 및 수출
출처: Gregory and Stuart(2014: 172)

〈표 3-2〉 물적 밸런스의 예시

	원천			중간투입				최종사용	
	산출	재고	수입	석탄산업	강철산업	기계산업	소비재산업	수출	국내사용
석탄(톤)	1,000	10	0	100	500	50	50	100	210
강철(톤)	2,000	0	20	200	400	1,000	300	100	20
기계(대)	100	5	5	20	40	10	20	10	10
소비재(개)	400	10	20	0	0	0	100	100	230

주: [석탄 원천: 1,010톤=석탄 사용: 1,010톤], [강철 원천: 2,020톤=강철 사용: 2,020톤], [기계 원천: 110대=기계 사용: 110대], [소비재 원천: 430개=소비재 사용: 430개]
출처: Gregory and Stuart(2014: 173)

스탈린주의 계획 기술의 핵심은 〈표 3-1〉과 같은 물적 밸런스를 이용하여 균형된 혹은 일관된 계획안을 만드는 것이다. 그런데 계획 당국이 수십만 혹은 수백만 가지 생산물에 대해 이러한 물적 밸런스를 작성하는 것은, 또 그것의 수요와 공급의 적절한 균형을 유지하도록 하는 것은 매우 어려운 일이다. 계획 당국은 기껏해야 이른바 경제의 '관제고지'로 간주되는 수백 개 정도의 생산물에 대해 물적 밸런스를 작성할 수 있을 뿐이었다(〈표 3-3〉 참조).

〈표 3-3〉 소련에서 생산물의 기관별 배분 구조

연도	총품목수	국가계획위원회 (Gossplan)	국민경제자문회의 (SNKh)	국가물자기술조달위원회 (Gossnab)	주관리국 (산업성)	지역관리국
1966	21,677	1,904	1,243	–	18,530	–
1968	14,498	1,969	–	103	3,198	9,228
1970	15,043	1,908	–	178	1,070	11,887

자료: Ellman(1973: 35)

그런데 물적 밸런스는 다음과 같은 문제점들이 있다. 우선 〈표 3-1〉에서 산출 1단위를 생산하기 위해 필요한 투입재들의 양, 즉 X_{ij}를 결정하는 것이 극히 어렵다는 것이다. 계획당국자들은 투입을 산출과 연결시키는 기술계수는 통상 이전 계획년

도 것을 사용했는데, 이 경우 그것이 과연 최적인지, 즉 산출 1
단위 생산에 요청되는 최소의 투입량인지를 확인할 수 없다.
그래서 스탈린주의 계획 당국자들은 '이미 달성된 수준에서의
계획(planning from the achieved level)'을 기초로 하여 계획안을 작
성할 수밖에 없었는데, 이 경우 기존의 역사적 패턴이 반복된
다는 문제, 즉 기존의 자원배분 유형에 고착되어 경제의 역동
성이 떨어지는 문제가 발생한다. 수요와 공급을 균형시키는 것
은 물적 밸런스의 핵심적 목적이지만, 설령 이를 통해 일관된
즉 균형된 계획이 발견되었다 해도, 그 계획이 최적 계획이라
는 보장은 없다. 최적 계획은 가능한 일관된 계획들 중에서 계
획 당국의 목적을 극대화하는 계획이기 때문이다. 물적 밸런스
의 가장 중요한 문제는 내적 정합성의 부재였다. 1960년대 소
련 계획 담당자였던 넴치노프(V. Nemchinov)는 다음과 같이 말
했다: "우리는 표가 아니라 물적 밸런스의 행(row)만을 갖고 있
다. 행은 균형되지만 열(column)은 그렇지 않다"(Treml, 1967: 89
에서 재인용). 나아가 물적 밸런스는 이른바 '2차 효과(second-
round effect)'를 고려할 수 없다는 문제가 있다. 여기에서 '2차
효과'란 물적 밸런스에서 산출 혹은 투입 1단위 변화가 그 밸
런스에서 다른 투입과 산출에 미치는 영향을 말한다(Gregory
and Stuart, 2014: 174-5). 예컨대 강철이 더 필요할 경우, 강철을
더 생산하기 위해서는 더 많은 석탄이 필요한데, 석탄을 더 많
이 생산하기 위해서는 예컨대 전기 등도 더 필요하다는 식으로

'2차 효과'는 경제 전체에 걸쳐 무한히 파급된다. '2차 효과'의 존재는 물적 밸런스에서 한 요소의 변화가 밸런스 전체에 걸친 변화를 야기한다는 것, 따라서 물적 밸런스의 한 요소만 변경되어도 밸런스 전체를 다시 계산해야한다는 것을 의미한다. 물적 밸런스에서는 $I+A+A^2+A^3+ \cdots$ 로 표현될 수 있는 '2차 효과'의 총합 중 기껏해야 첫 두 항목 즉 $I+A$밖에 고려하지 못하며 이는 균형된 계획안의 도출을 불가능하게 한다(Hatanaka, 1967: 143). 그래서 이미 1926년에 『1923~24년 소련 국민경제 밸런스』의 편집자였던 포포브(P. Popov)는 물적 밸런스는 "소련 경제의 구조변화를 연구하기 위한 도구"일 뿐이며, "급속한 공업 발전의 지시 계획을 수행하기 위한 수단"은 아니라고 지적했다(Akhabbar, 2014: 196).

흔히 물적 밸런스는 투입산출표의 초보적 원시적 형태이며 투입산출표의 위와 같은 한계들은 투입산출표에서 해결된다고 주장된다. 하지만 이러한 지적은 물적 밸런스의 원형인 국민경제 밸런스에 대해서는 해당되지 않는다고 할 수 있다. 국민경제 밸런스는 물적 단위로 작성된 투입산출표와 사실상 동일하기 때문이다. 최근에는 공산주의 계획의 목적에서 볼 때 물적 밸런스가 투입산출표보다 오히려 우수하다는 주장도 제기된다. 예컨대 그린(J. Green)은 척도의 복수성, 다양성이 공산주의 경제 조절에서 핵심적이라는 전제하에서 상이한 생산물에 대해 상이한 물적 단위들, 예컨대 톤, 미터, 제곱미터, 입방

미터 등의 자연적 단위들(natural units)로 작성되는 물적 밸런스가 화폐단위나 노동시간 단위로 작성되는 투입산출표에 비해 공산주의 경제 조절의 기준으로 더 우수하다고 주장한다: "물적 밸런스는 가령 트랙터의 값을 얼마의 돈이나 노동량으로 평가하는 것이 아니다. 그것은 트랙터의 생산을 그 생산에 들어가는 모든 요소들의 목록과 관련시킨다"(Green, 2000). 물적 밸런스에서 "우리는 생산물을 그것의 생산을 위해 필요한 모든 투입, 즉 원료, 노동, 소모된 기계 등과 연관시켜 고찰해야 한다. 그래서 가령 A라는 공정은 하나의 단일한 척도가 아니라 척도들의 목록으로, 예컨대 3, 5, 4, 10, …라는 식으로, 즉 강철 3단위, 석탄 5단위, 최종 제조 노동 4시간, 기계 10단위 등으로 평가되며, 공정 B는 2, 6, 11, 2, … 같은 식으로 평가될 것이다. 여기에서 공정 A는 노동과 기계를 더 많이 사용하는 반면, 공정 B는 석탄과 노동을 더 많이 사용한다. 어떤 공정이 더 나은가? 두 수치(그것이 화폐액이든 노동량이든)를 비교하는 것과는 달리 답은 분명하지 않다"(Green, 2000). "소련의 물적 밸런스와 미래 무계급 사회의 경제 계산의 공통점은 이들이 사회의 생산을 물적 단위로 추적한다는 점에 있다. 또 그렇게 하기 위해서는 소련판 물적 밸런스와 미래 공산주의 계획은 하나가 아니라 다수의 분리된 자연적 단위들을 필요로 했으며 할 것이다. '물적 밸런스'의 경험은 경제 계획에는 어떤 단일한 자연적 단위도 존재하지 않는다는 것을 입증했다"(Green, 2000). 그런데 그린의 주장처럼 노동시간과 같은 단일한 척도로의 계산을 거부하고 복수의 다양한 물적 단위들로의 계산만을 수행한다면, 경제 전체의 거시적 조절에서 필수적인 총체적 통일과 균형을 어떤 방법으로 달성할 수 있을지 알 수 없다. 또 물적 밸런스는 오늘날 자본주의에서도 전시경제나 초인플레이션 경우처럼 화폐로 해결 불가능한 상황이나 긴급 물자 혹은 전략적 필요 물자의 조달을 위해 사용되었으며 현재도 기업이나 가계, 정부 등 특정 경제주체의 수준에서 사용되고 있는 방식으로서, 그 자체가 포스트자본주의 계획 방식이라고 말하기 힘들다. 물적 밸런스는 밀, 석탄, 강철과 같은 물질적 재화들을 그 자연적 단위로 측정한다. 하지만 투입산출표도 화폐나 노동시간 단위와 같은 단일한 척도가 아니라 복수의 물적 단위로 작성될 수 있다는 점을 고려하면, 이 점에서 물적 밸런스가 우수하다는 주장은 성립하지 않는다. 또 물적 밸런스는 투입산출표와 달리 생산부문만을 포괄하기 때문에, 비생산부문까지 포괄하는 투입산출표에 비교하여, 생산노동과 비생산노동의 구분을 중시하는 마르크스의 접근에 더 충실한 것이라고 주장도 있다. 하지만 샤이크 · 토낙(Shaikh and Tonak, 1994)에서 보듯이 투입산출표도 생산부문과 비생산부문의 구별이 불가능한 것은 아니다.

투입산출표를 이용한 노동시간 계산 계획

1930년대 초, 이같은 물적 밸런스에 기초한 고스플랜의 계획은 그로부터 20년 후인 1950년대 말이 되면 거의 작동하지 않게 되었다. 1960년대 이후 소련 계획 당국자들은 투입산출표를 기존의 물적 밸런스에 기초한 경제 관리의 문제점들을 해결해줄 수 있는 방안으로 고려했다. 투입산출표를 계획에 이용하려는 시도는 1960년대 소련 계획에서 주요한 혁신이었다. 또 스탈린 사후 1950년대 말 들어 소련의 관리명령경제가 작동하지 않게 되면서 이를 타개할 수 있는 방법들이 모색되기 시작했으며 이 과정에서 스탈린 치하에서 억압받았던 수리경제학에 대한 연구가 부활했는데, 투입산출분석도 이때 많은 관심을 받았다. 당시 주요한 계획 담당자였던 넴치노프는 투입산출표는 기원이 러시아에 있으며 계획에 유용하다는 점을 강조하면서 투입산출표를 계획에 이용하기 위해 노력했다(Ellman, 1973: 3).[9] 1958년 레온티에프의 주저 『미국 경제의 구조연구』(1953)가 러시아어로 번역 출판되었다(Tretyakova and Birman, 1976). 1961년 고스플랜의 중앙통계국(TsSU)은 1959년 소련 투입산출표를 발표했다. 소련에서 투입산출표는 기존의 물적 밸런스를 개선할 수 있는 수단 정도로 기대되었다. 레온티에프가 고안한

---

9   투입산출표를 고안한 레온티에프는 1920년대 자신이 소련 고스플랜 중앙
     통계국이 수행했던 『1923~24년 소련 국민경제 밸런스』 작성 작업에 참여
     하는 과정에서 투입산출표에 관한 구상을 갖게 되었다고 밝히고 있다. 하지
     만 투입산출표의 핵심인 (3-6) 식의 역행렬, 즉 $(I-A)^{-1}$은 1898~1902년 출
     판된 혁명 전 러시아 경제학자 드미트리에프의 저작(Dmitriev, 1974)으로
     소급될 수 있다.

투입산출표는 아래 식들로 요약할 수 있다.

(3-1)

$$\sum_{j=1}^{n} x_{kj} + Y_k = \sum_{i=1}^{n} x_{ik} + V_k$$

x_{kj}: k부문으로부터 j부문으로의 판매; Y_k: k부문의 최종수요;
V_k: k부문의 부가가치

(3-2)

$$a_{ij} = x_{ij}/X_j$$

a_{ij}: 직접 물적 투입계수
(i부문 생산의 j부문으로의 투입을 j부문 총산출로 나눈 값)

(3-3)

$$R = (I{-}A)^{-1}$$

R: 총 물적 투입계수 행렬 (레온티에프 역행렬)

(3-4)

$$X = Y(I{-}A)^{-1}$$

투입산출표에 기초한 계획 절차는 다음과 같이 요약할 수 있다. 먼저 과거의 경험 및 계획된 기술진보에 기초하여 다음

두 직접투입계수 행렬(j 부문 산출 단위당 필요 i 투입)을 작성한다: A행렬(n*n) [n부문에 대한 직접 물적투입계수 행렬]; B행렬(m*n) [m개의 기초자원(다양한 등급의 노동, 자본설비 등)의 직접투입 필요량 행렬]. 다음 이 두 개의 행렬을 총투입계수 행렬(최종수요 단위당 필요 직접 및 간접 투입 필요량을 모두 반영하는 것)로 전환한다. 총물적투입계수 행렬 R은 I-A행렬의 역행렬로 구한다: $R=(I-A)^{-1}$. 또 총기초자원투입계수 행렬 T는 B행렬에 R을 곱하여 구한다: $T=B(I-A)^{-1}$. 이상에 기초하여 최종수요의 대안적 배합의 효과를 고려할 수 있다. 즉 최종수요 Y의 구성요소들의 실행가능한 배합들이 결정되면 상호 정합적인 총산출 목표치 X의 집합들을 (3-4) 식에 의거하여 계산할 수 있다.

코트렐·칵샷에 따르면 투입산출표를 이용한 노동시간 계획 모델은 다음과 같이 요약할 수 있다.[10] 먼저 노동에 대한 지불이 노동증서로 이루어지며, 소비자들은 사회적 기금으로부터 자신들의 노동 기여분을 인출한다. 물론 이때 노동시간 공동 사용분(생산수단 축적, 공공재 및 서비스, 노동 불가능자에 대한 부조)을 조달하기 위한 세금은 공제된다. 이 모델에서 거시경제균형이 달성되기 위해서는 당해 연도의 노동증서 총발행량은 당해 연도 수행 노동 총량과 일치해야 한다. 또 랑게(O. Lange)처럼 사회적 노동을 다양한 소비재 생산부문에 배분하기 위해서 소

---

10 이하 투입산출표를 이용한 노동시간 단위 계획 모델의 설명은 코트렐·칵샷(Cottrell and Cockshott, 1993b)을 참조했다.

비재 시장가격을 사용하며, 스트루밀린처럼 사회주의 균형 상태에서는 각 부문의 사용가치 생산량의 사회적 노동시간 지출량에 대한 비율이 동등해진다고 가정한다(Strumilin, 1959: 3). 먼저 계획 당국은 최종소비재 특정 벡터의 생산을 요청하는데, 이때 각 재화들에는 그것들에 포함된 사회적 노동량을 표시한다. 만약 개별 재화들에 대한 계획 공급량과 소비자 수요가 노동량 단위 가격 기준으로 일치하면 시스템은 균형이다. 수요와 공급이 일치하지 않으면 소비재 마케팅 당국은 가격을 조정하여, 대략적인 단기 균형이 달성될 때까지 공급 부족 재화 가격은 인상하고, 공급 과잉 재화 가격은 인하한다. 그리고 계획 당국은 다양한 소비재들에 대해 그것들에 포함된 사회적 노동량에 대한 시장청산 가격(이는 노동증서로 표시된다)의 비율을 검토하여, 이들이 장기적으로는 모두 1로 동등해지는지 확인한다. 즉 사회적 노동량에 대한 시장청산 가격의 비율이 사회적 평균 이상인 재화는 생산을 확대하고 그 비율이 사회적 평균 이하인 재화에 대해서는 생산을 축소하는 방식으로 다음 해의 소비재 생산 계획을 수립한다. 한편 즉 목표 최종산출 벡터를 지지하는 데 요구되는 총산출을 투입산출표를 이용하여 사전에 계산되며 균형에 도달할 때까지 사전에 반복 조정이 이루어진다. 또 이상의 절차가 진행되기 위해서는 각 생산물에 포함된 직·간접 투하 노동시간이 계산되어야 하는데, 이는 다음 쪽의 (3-5), (3-6) 식에서 보듯이 n개의 선형 생산방정식에서 n개의 노동량 미지수를 역행렬을 계산하여 푸는 문제이므로 해결 가능하다.

(3-5)

$$\lambda_j = \sum_{i=1}^{n} a_{ij}\lambda_i + l_j$$

(3-6)

$$\lambda = l(I - A)^{-1}$$

λj: 재화 j의 생산에 직간접으로 투하된 노동시간;
$l j$: 재화 j의 단위 물량 생산을 위해 직접 투하된 노동시간;
$a_{ij}(=x_{ij}/X_j)$: 재화 j의 단위 물량 생산을 위해 사용된 생산수단 i의 양

투입산출표를 이용한 계획은 상호정합적인 총산출 목표치
의 집합을 제공할 수 있다. 투입산출표는 물적 밸런스와 달리
역행렬 계산을 통해 유발된 간접 효과, 즉 '2차 효과'를 모두
반영할 수 있는데, 이는 물적 밸런스에 비교할 때 투입산출표
가 확실하게 우수한 점이다. 이는 기존의 물적 밸런스를 이용
한 계획이 전반적인 균형을 보장하지 못한 것을 고려하면 중
요한 진전이다(Treml, 1967: 94).

하지만 투입산출표는 기존의 소련 동유럽에서 계획경제
의 수단으로 거의 이용되지 않았다. 1963년 소련의 주요한 계
획 책임자였던 벨킨(V. Belkin)은 다음과 같이 말했다: "투입산
출 기술은 충분히 완성되었지만, 실제 계획에는 사용되지 않았

다"(Treml, 1967: 102에서 재인용). 동유럽의 경우 1960년대 말까지 20개의 투입산출표가 작성되었는데 그중 단 두 개만이 계획 모델표였다(Treml, 1967: 96). 또 투입산출표가 작성된 후에도 대개는 실험적(experimental)이라는 수식어가 붙여졌다(Treml, 1967: 101).

왜 소련에서 투입산출표는 실제 계획에 적용되지 못했는가? 우선 (3-4) 식처럼 최종수요 Y에서 출발하여 총산출량 X를 계획하는 투입산출표에 기초한 계획은 총산출량 목표치 X를 계획당국이 먼저 정하고 소비 등 최종수요 Y는 잔여항으로 도출되는 기존의 물적 밸런스에 기초한 계획 방식과 역순이라고 할 수 있다. 이로부터 소련 관료들은 투입산출표에 기초한 계획에 대해 소비지향적 접근이며 경제성장을 저해할 우려가 있다는 등의 비판을 가했다(Treml, 1967: 104).[11] 하지만 투입산출표에 기초한 계획은 계획 당국의 재량과 권력을 줄일 수 있다는 점에서 기존 소련 관료들의 이익과 충돌했다. "중간재 공급의 관리 체제의 폐지에 대한 공포가 (투입산출표에 기초한 계획의 도입에 대한-필자) 반대의 기저에 놓여 있었다. 중간재에 대한 수요가 최종수요로부터 도출되는 순간, 물적 밸런스의 전체제

---

11 예컨대 당시 '정통'(즉 보수) 스탈린주의 경제학자 차골로프(Tsagolov)는 '서술적 경제학'(정치경제학)과 '구성적 경제학'(투입산출 분석, 최적계획론 등 수리경제학)을 구별하여 후자의 필요성을 강조했던 새로운 수리경제학과 경제학들(칸트로비치, 넴치노프, 페도렌코 등)에 대해, 이와 같은 구별은 옳지 않으며 하나의 정치경제학만이 있을 뿐이라고 반박했다(Ellman, 1973: 9).

및 기존의 행정적 공급 체제의 존재이유가 문제시된다"(Becker, 1967: 128). 따라서 당시 소련에서 투입산출표가 작성되어 있고 투입산출분석이 기술적으로 가능했음에도 불구하고 이에 기초한 계획이 채택되지 못했던 것은, 기술적 이유, 즉 투입산출표 작성에 필수적인 전제인 역행렬 계산을 할 수 있는 컴퓨터 기술이나 정보 수집에 필요한 통신 기술의 미비(Cottrell and Cockshott, 1993b) 때문이라기보다는 주로 정치적 이유 때문이었다고 할 수 있다.

한편 투입산출표는 물적 밸런스보다 더 포괄적이라는 장점을 갖는 것으로 여겨지지만, 반드시 그런 것은 아니다. 실제로 투입산출표에서 포괄할 수 있었던 산업의 최대 수는 600개 정도로서 물적 밸런스에 비해 특별한 우위를 주장하기 어렵다. 나아가 투입산출표도 물적 밸런스와 마찬가지로 통합의 오류에서 자유롭지 못하다. 그렇다면 물적 밸런스에 기초한 계획에서 고질적이었던 통합의 오류 및 일관성(균형) 확보의 곤란은 투입산출표를 이용한다 할지라도 마찬가지라고 할 수 있다 (Ellman, 1973: 32).

또 실행계획도 진정한 의미에서 계획이라기보다, 무엇을 생산하고 누구에게 공급할 것인가를 둘러싸고 기업들과 그들의 상부 기관 간에 맺은 잠정적 협약에 불과했으며, 이는 끊임없이 변경되었다. 최종 확정계획이란 것이 없었기 때문에 상부 위계들은 임의로 개입해서 실행계획을 수시로 변경시킬 수 있었다. 실행계획은 또, 중앙, 즉 정부(인민위원회의)나 고스플랜이 아니라, 산업성, 업종국과 기업들 자신에 의해 입안되고 실행되었다. "소련에서 계획은 진정한 의미의 계획이 아니라 (빈번한 갈등을 수반하는) 일종의 우선순위의 체계일 뿐이었다"(Sapir, 1997: 229-30). 그래서 가장 중요하다고 상부 위계가 판단한 물자가 우선적으로 생산 공급되었으며 그렇지 않은 품목들은 항상 후순위로 밀렸다. 물적 밸런스는 사전적 계획에 의해서가 아니라, 언제나 사후적 조정과 관리를 통해서만 달성될 수 있었다. 소련에서 자원은 이른바 계획 당국자들의 '감(feel)'과 직관에 의해 배분되었다. 이른바 계획 당국자들은 계획에 필수적인 투입과 산출의 기술적 관계에 대해서도 거의 알지 못했다 (Gregory, 2004: 211). 옛 소련은 기술적 의미에서도 계획경제와는 거리가 멀었다.

노동시간 계산 계획 모델의 평가

노동시간 계산에 기초한 계획은 마르크스의 공산주의론에서 핵심이다. 노동시간 계산에 기초한 거시경제 조절 계획은 전시공산주의 시기 소련에서 일시적으로 고려되었지만 신경제정책 이후 주변화되었으며 스탈린주의 관리명령경제 아래에서 사실상 폐기되었다. 하지만 1917년 혁명 이후 소련은 노동시간 계산에 기초한 계획을 비록 현실에서 구현하지 못했지만 그 방법의 측면에서 중요한 기여를 했다. 국민경제 밸런스(물적 밸런스) 및 투입산출표를 창안한 것, 이를 활용하면 노동시간 계산에 기초한 계획이 실행가능함을 입증한 것, 나아가 이를 통해 노동시간 계산에 기초한 계획을 핵심으로 하는 마르크스의 초기 공산주의가 유토피아가 아니라 리얼유토피아가 될 수 있게 한 것이 그것이다.

노동시간 계산 계획 모델은 마르크스 초기 공산주의의 경제 조절 메커니즘, 즉 자원배분과 소득분배 메커니즘을 구체화하고 제도화한 성과이다. 하지만 노동시간 계획 모델, 혹은 노동증서 모델을 포스트자본주의 사회의 완결된 모델로 특권화하는 것은 노동의 폐지 경향을 핵심으로 하는 마르크스의 공산주의 이념과 상충된다. 먼저 노동시간 계산에 기초한 계획은 공산주의 초기 국면에서 그 역사적 시효가 종료된다는 점에 유의해야 한다. 즉 노동시간에 따른 분배, 노동증서를 활용한 이른바 등노동량 교환은 그 자체 지속적으로 재생산되고 준수되어야 할 공산주의의 영원한 원리가 아니라, 자본주의의 유제, 즉 '결함'으로서 '처음부터' 극복되어야 할 과제이다. 마르크스가 『고타강령 비판』에서 "그러나 이러한 결함은 자본주의 사회로부터 장기간의 산고(産苦) 후 막 빠져나왔을 뿐인 공산주의 '초기' 국면에서는 불가피하다"(마르크스, 1995c: 377)라고 쓴 문장에서 "이러한 결함"이라고 지칭한 것은 "주어진 한 형태의 노동량이 다른 형태의 동등한 노동량과 교환"(마르크스, 1995c: 376)되는 등노동량 교환의 원리, 혹은 "동등한 권리"의 원리라는 것이다(Lebowitz, 2015b). 실제로 마르크스는 공산주의 초기 국면에서도 '처음부터' 사회적 총생산물 중 상당 부분은 노동시간에 따라 개인들에게 분배되는 것이 아니라, 공동의 필요에 따른 분배를 위해 미리 공제된다고 보았다: "둘째로, 학교, 보건서비스 등과 같은 **공동의 필요 충족을 위해 의도된 부분**(이 공제된다. - 필자). … 처음부터 이 부분은 현재 사회와 비교하여 상당히 증가하며, 새로운 사회가 발전함에 따라 더 증가한다"(마르크스, 1995c: 375. 강조는 마르크스).

또 시장가격 단위 조절을 노동시간 단위 계산으로 대체한다고 해서 시장가격에 고유한 '결함'을 극복할 수 없다는 점도 지적되어야 한다. 프루동의 노동화폐론에 대한 마르크스의 비판에서 보듯이, 프루동이 제안한 '개별적' 노동시간 전표는 자원배분과 분배의 기준으로 기능할 수 없으며, 이를 위해서는 노동시간 전표는 사회적 필요 노동시간 전표가 되어야 하는데, 이때 사회적 필요 노동시간 전표란 화폐의 다른 명칭일 뿐이다.

한편 투입산출표를 이용하여 상품의 가격으로부터 그것에 포함된 노동시간을 역전형을 통해 찾아낸 기존의 연구들은 상품의 가격이 그 상품에 체화된 노동시간에 비례하며, 따라서 가치/가격 비율, 잉여가치/이윤 비율, 가치이윤율/가격이윤율 비율이 대체로 1에 수렴한다는 사실을 보여준다.[12] 만약 이처럼 가격이 가치, 즉 사회적 필요노동시간에 비례한다면, 가격을 노동시간 단위로 역전형한다고 해서, 가격 단위 계산에서는 인식할 수 없었던 어떤 근본적으로 새로운 사실이 밝혀지는 것은 아니다. 나아가 시점간 단일체계 해석(TSSI)에 따르면 (3-6)식에 의거한 역전형을 통해 계산한 재화와 서비스 생산에 직간접으로 필요한 노동시간은 마르크스적 의미의 가치와는 무관하다(Kliman, 2007). 또 역전형을 이용한 직간접 노동시간의 계산 절차는 본질적으로 불변자본(c)에 체화된 과거노동 시간을 현재 노동시간으로 환원하는 것이라는 점에서 마르크스적 가치 계산 절차라기보다 마르크스가 비판한 스미드의 v+s의 도그마와 유사하다.

또 노동시간 계산 모델은 모든 것을 노동으로 환원할 경우 해방된 공산주의 사회의 다양성을 제대로 반영할 수 없는 문제가 있다. 예컨대 자연과 환경 문제를 고려하는 데서 노동시간 계산 모델은 한계가 있다. 노동시간 계산 계획 모델을 특권화할 것이 아니라 그 한계를 인정하는 것이 필요하다. 노동시간 계산 모델의 옹호자들인 코트렐·칵샷도 다음과 같이 말했

---

12 예컨대 샤이크·토낙(Shaikh and Tonak, 1994) 등. 1960년대 소련 고스플랜의 경제연구소도 앞의 (3-6) 식에 의거하여, 또 투입산출표를 이용하여 노동시간 단위 계산을 시도하였으며, 총노동투입계수의 분산을 측정함으로써 '가치'로부터 가격의 괴리를 연구했다(Treml, 1967: 117).

다: "우리는 노동시간 계산이 시장이 자원을 보존하는 데 실패하는 경우 자본주의보다 더 우수하다고 주장하지 않는다. 우리는 노동시간 계산이 모든 계획 문제들에 대해 기계적인 결정절차들을 제공한다고 간주하지 않음을 강조한다. 사회주의 사회는 상당한 환경적 충격을 수반하는 특정한 기술이나 프로젝트에 대한 민주적 토론에 개방적이며 환경적 고려가 노동 최소화라는 기준으로 측정된 효율성에 우선하는 것을 허용할 수 있다. 우리는 환경적 고려와 노동시간 계산이 하나의 스칼라량의 공통분모로 반드시 환원되는 것은 아니라는 생각, 또 이러한 고려들을 균형시키는 것이 그에 대한 의견들이 다를 수 있는 정치적 판단을 요청한다는 생각에 문제가 있다고 생각하지 않는다"(Cottrell and Cockshott, 1993a: 82). 마르크스는 자본주의의 본질적 '결함'의 하나인 착취를 부등 노동시간 교환이 아니라, 등노동시간 교환 가정하에서 논증했다. 따라서 노동시간 계산모델을 통해 등노동시간 교환을 확립하는 것만으로 자본주의의 '결함'이 정정되는 것은 아니다. 마르크스적 포스트자본주의 대안사회는 노동시간 계산에 의거한 등노동시간 교환 체제의 수립이 아니라, 소외된 노동과 추상적 노동시간의 폐지, 즉가치 범주 그 자체의 폐지를 지향해야 한다. 최근 인공지능, 기계학습, 사물 인터넷(internet of things), 3D 프린팅 등 기술의 발전에 따라 노동시간의 급진적 단축은 물론 생각하는 기계에 의한 인간 노동의 대체 가능성이 높아지고 있는데, 이 역시 노

동시간 계산에 기초한 계획이 포스트자본주의의 초기 국면에 한정된 경제운용 원리임을 시하한다.

후디스(Hudis, 2012)는 마르크스의 공산주의에서는 사회적 필요노동시간으로 정의되는 마르크스의 가치 범주가 폐기되므로 사회적 필요노동시간이 아니라 '실제적 노동시간(actual labor time)' 혹은 '개별적 노동시간'이 거시경제 조절원리가 된다고 주장했다. 풍요와 개성이 만개하는 마르크스의 발전한 공산주의 국면에서는 노동이 활동으로 전화되고 사회적 필요노동시간도 소멸하고, 노동은 '실제적', '개별적' 의의만을 가질 것이다. 하지만 마르크스의 초기 공산주의에 해당되는 참여계획경제에서 경제적 조절을 위한 계산 단위가 개별적 혹은 실제적 노동시간이 될 것이라고 보기는 어렵다. 아직 '시간의 경제'가 작동하고, 결핍을 완전히 극복하지 못한 초기 공산주의 국면에서는 마르크스의 노동시간 전표, 즉 노동증서 구상에서 보듯이, 노동시간 계산에 기초한 계획이 불가피하다. 공산주의 초기 국면에서 경제 조절, 즉 계획의 주된 과제는 사회적 개인들에 의해 수행되는 재화와 서비스의 사회적 생산과 이들에 대한 사회적 필요를 고차적 수준에서 사전적으로 균형시키고 자연과 인간 간의 물질대사의 균형을 회복하는 것이다. 따라서 공산주의 초기 국면에서는 경제 조절을 위해 노동시간을 계산 단위로 활용하는 것은 불가피하며, 이때 경제 조절, 즉 계획의 계산 단위로서 노동시간은 평균적 필요노동시간이라는 의미에서 사회적 필요노동시간이 될 수밖에 없다. 실제로 기존의 참여계획경제 모델들에서 계산 단위는 그것이 지시가격이든 생산가격이든, 혹은 노동시간이든, 모두 평균 개념이다.[13]

노동시간 계산에 기초한 계획 모델은 기본적으로 '시간의 경제' 모델로서 마르크스가 『고타강령 비판』에서 '자본주의로부터 갓 빠져나온', 즉 초기 공산주의라고 묘사한 국면의 경제 모델이며, 노동의 폐지를 핵심으로 하는 '발전한 공산주의'와 동일시될 수 없다. 따라서 한편에서는 노동시간 계산에 기초한 계획 모델의 경계를 마르크스의 공산주의 초기 국면에 한정하면서도, 다른 한편에서는 공산주의 초기 국면에서 이미 현재화되기 시작한 노동의 폐지 경향을 확장하는 것을 통해, 연속혁명적으로 발전한 공산주의로 나아가는 것이 필요하다(정성진, 2015a). 레닌의 『국가와 혁명』 이후 기존의 주류 마르크스주의는 마르크스의 『고타강령 비판』에서 공산주의의 초기 국면과 발전한 국면을 각각 상이한 경제법칙이 작동하는 공산주의의 상이한 두 단계, 즉 사회주의 단계와 '진정한' 공산주의 단계를 뜻하는 것으로 이해해왔지만, 이는 오히려 동일한 공산주의의 두 국면으로 이해되어야 한다. 그렇다면 발전한 공산주의 국면에서 필요에 따른 분배와 노동의 폐지는 먼 훗날의 과제가 아니라, 반자본주의 혁명과 동시에 '처음부터' 시도되고 달

---

13 이에 대한 상세한 논의는 6장 271-4쪽 참조.

성할 과제로 설정되어야 한다. 또 인공지능, 생태위기의 시대에 노동시간 계산 계획 모델의 적용 범위는 20세기에 비해 상대적으로 축소되었다고 할 수 있다. 하지만 노동시간이든 무엇이든 단일한 척도로 공산주의 경제를 조절하려는 모든 시도는 결국 가치법칙과 자본주의의 부활로 이어질 수밖에 없다면서, 노동시간 계획 모델을 폐기하고 노동시간과 같은 단일한 척도가 아니라 상이한 생산물과 노동의 질적 차이를 측정할 수 있는 복수의 척도로 경제를 조절하자는 그린(Green, 2000) 등의 기획에는 동의하기 어렵다. 공산주의 초기 국면과 발전한 국면의 구별 및 노동시간과 자유시간의 구별과 노동시간 단축 및 발전한 공산주의 국면에서 노동 폐지 전망을 핵심으로 하는 마르크스의 공산주의론은 노동시간 계산에 기초한 계획을 출발점으로 요청한다. 노동시간을 경제 조절의 계산 단위로 잠정적으로 활용하는 노동시간 계획 모델은 공산주의 초기 국면의 필수적 경과점이다. 노동시간 계산에 기초한 계획을 통해서 필요에 따른 분배의 확대와 노동 폐지, 즉 발전한 공산주의로 전진할 수 있기 때문이다.

2부

포스트자본주의
대안의 모색

| 4장 |

마르크스와 페미니즘의 연대[1]

1970년대 초 서구 마르크스주의와 여성해방운동 진영에서 전개된 가사노동(domestic labor) 논쟁은 마르크스 경제학 비판의 발전이라는 측면과 반자본주의 혁명운동 전략의 모색이라는 측면에서 매우 중요한 논쟁이었다. 그럼에도 불구하고 이 논쟁의 의의와 교훈은 그동안 제대로 음미되지 못했다. 가사노동 논쟁은 서구에서도 우리나라에서도 잊혀진 논쟁이 되었고, 간혹 언급되는 경우에도 1980년대 사회구성체 논쟁처럼 이제는 이론적으로도 정치적으로도 현실 적합성을 상실한 지나간 에피소드 정도로 치부되었다. 실제로 우리나라에서 가사노동 논쟁은 가치론 논쟁, 공황론 논쟁, 국가론 논쟁, 제국주의론 논

---

1   이 장은 정성진(2013)을 수정 보완한 것이다.

쟁 등과 같은 1970년대 초 서구 마르크스주의의 다른 논쟁들과는 달리 1980년대 말 '마르크스주의의 봄' 시기에도 거의 주목받지 못했다. 물론 뒤늦게 1990년대 말, 즉 'IMF 위기' 이후 신자유주의 국면에서 일부 급진 페미니스트들이 가사노동 논쟁에 주목했던 것은 사실이지만(이미경, 1999; 권현정, 2002), 이 역시 같은 시기 득세했던 포스트모더니즘, 포스트구조주의, 개혁주의 흐름에 흡수되거나 주변화되고 말았다. 하지만 2008년 글로벌 경제위기 이후 마르크스주의의 다양한 흐름들과 페미니즘, 생태주의 등의 연합 논의가 활발해지면서, 가사노동 논쟁도 재조명되고 있다(고정갑희, 2009; 이은숙, 2017).

이 장에서는 오늘날 좌파 연합 정치의 구현이라는 관점에서 1970년대 초 가사노동 논쟁을 비판적으로 재검토하고 이를 통해 마르크스주의와 페미니즘의 연대를 위한 이론적 지반을 탐색할 것이다.[2] 먼저 1970년대 초 가사노동 논쟁이 공유했던 '무급 가사노동 착취→자본의 잉여가치 증대' 명제나 이중체계론이 마르크스 가치론에서 논증될 수 없을 뿐만 아니라 자본주의 발전의 모순적 동학과도 상충된다는 점을 보일

2　2008년 글로벌 경제위기와 '마르크스 르네상스'라는 새로운 정세에서 1970년대 가사노동 논쟁을 재검토하면서 마르크스주의와 페미니즘의 연대를 모색하는 이론적 작업들이 다시 활성화되고 있다. 2012년 11월 런던에서 열린 9차 역사유물론 대회 전체회의 주제도 '위기 속에서 젠더, 노동 및 재생산'이었으며, 2019년 5월 제9회 맑스코뮤날레의 슬로건은 "전환기의 한국사회, 성장과 정체성의 정치를 넘어"였다.

것이다. 하지만 이러한 가사노동 논쟁의 난점들이, 그 후 페미니즘의 궤적에서 보듯이, 마르크스주의와의 분리로 귀결될 필연은 없었으며, 오히려 '19세기 페미니스트'였던 마르크스의 경제학 비판에 기초하여 정정될 수 있음을 보일 것이다.

1970년대 가사노동 논쟁의 재검토

가사노동과 생산/비생산노동 논쟁

1970년대 초 가사노동 논쟁은 1968년 혁명의 주요 흐름 중 하나였던 여성해방운동을 배경으로 하여 전개되었으며, 자본주의에서 여성억압과 종속, 차별의 근원이 가부장제 가족에서 여성이 수행하는 무급 가사노동에 있다는 인식에서 출발했다. 논쟁은 주로 가사노동의 가치와 잉여가치 생산과의 관련 및 여성해방운동에 대한 함의를 둘러싸고 전개되었다.[3]

먼저 가사노동의 가치와 잉여가치 생산 여부와 관련하여 상반된 두 입장이 제출되었다. 첫 번째 입장은 가사노동의 생산물은 사용가치와 교환가치를 갖는 노동력상품이라고 간주하고, 따라서 가사노동은 가치와 잉여가치를 생산하는 생산노동이며, 가사노동을 수행하는 여성은 착취당하고 있다고

---

3 1970년대 가사노동 논쟁에 대한 최근의 개관으로는 Fine(1992), Vogel(2008), Brown(2012) 등을 참조할 수 있다.

보았다(Dalla Costa, 1972; Seccombe, 1974 등). 이 입장에 따르면 성 모순은 분명한 물질적 근거를 가지며, 가정주부는 계급투쟁에서 공장노동자와 동등한 전략적 위치를 갖는다. 반면, 두 번째 입장은 가사노동은 자본주의 임금노동과 달리 가정 구성원의 직접적 소비를 위한 사용가치만을 생산하며, 노동자계급의 전반적 유지와 갱신에 기여하지만, 그 자체로는 생산적이지 않다고 보았다(Benston, 1969; Himmelweit and Mohun, 1977; Molyneux, 1979 등).

1970년대 초 가사노동 논쟁은 보통 1969년 발표된 벤스톤의 논문, "여성해방의 정치경제학"에서 촉발되었다고 이야기된다(Benston, 1969). 이 논문에서 벤스톤은 가사노동이 사회적으로 중요하지만 자본주의에서는 가치를 생산하지 않는다고 주장했다. 집안일(housework)과 육아는 사회적으로 필요한 노동이지만, 이들이 상품생산에 기초하고 있지 않기 때문에 자본주의에서는 무가치한 것으로 간주되며, 가정에서 여성 노동은 교환가치가 아니라 사용가치만을 생산한다는 점에서 전자본주의적이라는 것이다. 이로부터 벤스톤은 가정이라는 사적 영역에서 여성이 수행하는 가사노동을 공적 영역으로 끌어내어 공적 영역에서 수행되는 다른 노동과 같은 방식으로 평가해야 한다고 주장했다. 벤스톤은 "그와 같은 가사노동이 공적 부문으로 이동하면 여성에 대한 차별의 물적 기초는 사라질 것"이라고 주장했다(Benston, 1969: 22).

이에 대해 이탈리아 여성 자율주의자 달라 코스타는 가사노동은 "은폐된 형태의 생산노동"(Dalla Costa, 1972: 34)이며, 가정주부는 가치와 잉여가치를 생산한다는 의미에서 생산노동자라고 주장했다. 또 달라 코스타는 가사노동은 직접적 소비를 위한 사용가치를 생산할 뿐만 아니라, 자본주의에 필수불가결한 노동력상품을 생산하며, 남성 노동자를 가사노동 책임에서 해방시켜 자본가들의 이익을 위한 공적 영역에서의 노동에 집중할 수 있도록 해준다고 주장했다. 나아가 달라 코스타는 가족은 공황기에 공적 영역에서 주기적으로 축출되는 노동자들을 수용·보호함으로써 반체제 운동을 억제하고 이를 통해 자본주의 체제가 원활하게 기능할 수 있도록 한다고 주장했다. 세콤베도 가사노동이 사회적 사용가치를 생산할 뿐만 아니라 그 자체 가치를 갖는 노동력 상품을 생산하기 때문에 가치 생산적이라고 볼 수 있다고 주장했다: "그녀는 가치를 창조하는데, 이는 자본에 판매되는 노동력에 체화되며, 그녀 자신의 유지를 위해 그녀가 소비하는 가치와 동등하다"(Seccombe, 1975: 89).

그런데 위의 두 입장은 가사노동을 생산노동으로 간주하는지 여부에 대한 대립에도 불구하고, 여성의 무급 가사노동이 자본의 잉여가치 증대에 봉사한다고 보는 점에서는 공통적이며, 이는 당시 가사노동 논쟁 참여자 대부분이 공유했던 것으로 보인다. 예컨대 가디너와 해리슨 같은 이들은 가사노동이 가치 생산적이지 않다고 하면서도 가사노동이 자본주의에서 잉여가치 생산에 기여한다고 주장했다. "가사노동은 마르크스가 채택한 가치 정의에 따르면 가치를 창조하지 않는다. 하지만 가사노동은 필요노동, 혹은 노동력의 가치를 노동자계급의 실제 생존 수준으로 억누름으로써 잉여가치 생산에 기여한다"(Gardiner, 1975: 58). 해리슨도 가사노동이 제공하는 서비스는 만약 그것을 시장에서 구입했더라면 비용이 더 들었을 것이므로, 그만큼 노동자 임금을 억누르는 효과가 있다고 주장했다(Harrison, 1973). 즉 자본가는 이윤을 극대화하기 위해 자신이 고용한 남성 노동자에게 낮은 임금을 지불하는데, 이는 가정주부인 남성 노동자의 더 많은 무급 가사노동에 의해 보충될 수 있다는 것이다. 포겔에 따르면 마르크스에서 임금노동이 "필요노동의 사회적 구성요소"라면, 비임금노동은 "필요노동의 가내적 구성요소 혹은 가사노동"이며, 따라서 필요노동은 가치를 갖는 부분과 가치를 갖지 않는 부분으로 구성된다(Vogel, 2000: 161).

포겔에 따르면 임금노동으로는 노동자들이 노동력 재생산에 필요한 상품을 구매할 수 있게 할 뿐이며, 여기에 가사노동이라는 노동이 추가적으로 수행되어야 노동력 재생산을 위한 필요노동이 완결될 수 있다. 즉 식품이라는 상품은 준비되어야 하고, 의복도 손질되고 세탁되어야 하며, 아이들은 돌봐줘야 할 뿐 아니라 성인 노동자가 되기 위해 필요한 기능을 가르

쳐줘야 하며, 아프거나 장애자가 된 노동자 역시 돌봐줘야 한다는 것이다. 포겔에 따르면 가사노동은 가치를 생산하지 않음에도 불구하고 노동력 상품의 담지자와 노동자계급 전체의 일상적 및 장기적 재생산에 기여하기 때문에 필요노동의 사회적 구성요소와 마찬가지로 잉여가치 전유와 자본주의의 사회적 재생산에 필수적이다(Vogel, 2000: 162).

〈그림 4-1〉은 여성의 무급 가사노동이 자본의 잉여가치 증대에 봉사한다는 '무급 가사노동 착취→자본의 잉여가치 증대' 명제를 도시한 것으로서, 자본주의 부문에 고용된 노동자의 노동력 재생산비에 대응하는 필요노동이 자본주의 부문에서 수행하는 임금노동과 가부장제 가족에서 제공되는 가사노동으로 구성되어 있음을 보여준다. 이로부터 자본가는 자신이 고용한 노동자를 노동력의 재생산비, 즉 필요노동에 미치지 못하는 저임금만을 지불하고 '초과 착취'할 수 있는데, 그럼에도 불구하고 노동력 재생산이 가능한 까닭은 가부장제 가족에서 제공되는 무급 가사노동 덕분임을 알 수 있다. 〈그림 4-1〉은 또 '무급 가사노동 착취→자본의 잉여가치 증대' 명제가 자본주의 생산양식과 가부장제 가족의 '이중체계' 혹은 '접합(articulation)'을 전제하고 있음을 보여준다.

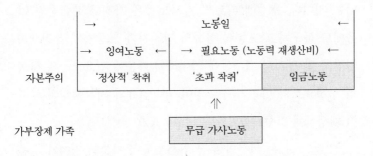

〈그림 4-1〉 자본주의와 가부장제의 '이중체계'와 가사노동의 '착취'

1970년대 가사노동 논쟁 참여자들 대부분이 공유했던 '무급 가사노동 착취→자본의 잉여가치 증대' 명제는 자본주의에서 여성억압의 근본 원인을 무급 가사노동에서 찾고, 달라 코스타처럼 가사노동에 대한 '경제적 보상(Wages for Housework)'을 당면과제로 요구했던 당시 여성해방운동의 이론적 기초를 제공했다. 가부장제 사회에서, 가사노동이 자본의 잉여가치 증대에 기여하는 측면이 있다는 점은 부정될 수 없다. 그러나 후술되듯이 필자는 가사노동이 자본축적의 진전에 장애로 작용하는 측면도 있다는 점을 동시에 고려해야 한다고 생각한다. 무엇보다 1970년대 가사노동 논쟁이 공유했던 '무급 가사노동 착취→자본의 잉여가치 증대' 명제는 마르크스 가치론의 용어를 빌려 주장되긴 했지만, 마르크스 가치론에서 논증될 수 없다는 점이 지적되어야 한다. 우선 파인이 언급했듯이, 이 명제는 (4-1) 식과 같은 스라파(P. Sraffa)의 생산가격 방정식으로 요

약될 수 있으며, 마르크스의 가치론을 전혀 필요로 하지 않는
다(Fine, 1992: 173-4).

(4-1)

$$pA(1+r)+w_1l_1+w_2l_2=p$$

(4-1) 식에서 p는 가격, A는 투입재 매트릭스 즉 기술, r은
이윤율, w_1과 w_2는 각각 남성과 여성의 소비수준, l_1과 l_2는 각
각 자본주의 생산과 가사 생산을 위한 노동 투입량을 가리킨
다. 이 식에서 가격 p와 기술 A 및 남성의 소비수준과 노동 투
입량, 즉 w_1과 l_1이 불변이라면, 이윤율 r이 증대하기 위해서는
여성의 소비수준, 즉 w_2가 감소해야 하며 이는 w_2가 0일 때 최
대로 된다. 즉 무급 가사노동이 자본의 이윤 극대화에 기여한다
는 점은 마르크스의 가치론이 아니라 (4-1) 식과 같은 스라파의
생산가격 방정식에서도 쉽게 보일 수 있다.

또 가사노동을 통해 가족 영역에서 자본주의 영역으로 잉
여노동이 이전된다는 주장은 구체적 유용노동인 가사노동 시
간을 상품의 가치의 실체인 추상적 인간노동 시간과 동일한
기준으로 비교될 수 있는 것으로 전제했다는 점에서 문제가
있다. 힘멜바이트와 모훈이 지적하듯이, "가사노동이 가치는
생산하지만 잉여는 생산하지 않는다는 세콤베의 주장과 가사

노동이 잉여는 생산하지만 가치는 생산하지 않는다는 해리슨의 주장은 모두 잘못된 전제, 즉 가사노동과 임금노동을 동일 단위로 정량화하려는 시도에 근거하고 있다"(Himmelweit and Mohun, 1977: 28). 또 임금노동 시간과 가사노동 시간은 비교될 수 없기 때문에, "가치법칙이 다시 정의되지 않는 한, 두 영역 간 잉여노동시간의 이전을 계산할 근거는 없다"(Molyneux, 1979: 9).[4]

나아가 가사노동이 노동력 재생산에 필요한 노동을 무상으로 제공함으로써 노동력 가치를 억압한다는 주장도 일면적이다. 우선 가사노동은 노동력의 가치를 구성하는 수많은 요인들(역사적, 도덕적 요소를 포함하여) 중 하나일 뿐이다. 또 "노동자들이 손수 가사노동으로 수행해야 하는 것이 시장에서 구입하는 것보다 비용이 덜 드는지를 보여줄 수 있는 경험적 증거" 역시 확실하지 않으며, 생활필수품을 시장에서 구입하지 않고 집에서 직접 만들면 노동력의 가치가 떨어지는지도 알 수 없다 (Molyneux, 1979, 10-11). 그리고 앞의 (4-1) 식은 여성의 무급 가

---

4 실제로 전업주부 여성을 부인으로 둔 남성 노동자의 임금이 풀타임으로 맞벌이하는 여성을 부인으로 둔 남성 노동자의 임금이나 독신 남성 노동자의 임금보다 낮아야 할 어떤 이유도 없다. 그 반대로 전업주부 여성을 부인으로 둔 남성 노동자에게는 부부 두 사람의 소비를 충당할 정도로 충분히 높은 임금이 지불되는 것이 보통이라고 생각할 수 있다(Vogel, 1983: 158). 한편 낮은 임금을 받는 남성과 결혼한 여성은 전업주부 역할을 선호하기보다 시장 임금노동 기회를 더 많이 찾으려 할 것이며 따라서 가사노동도 덜 할 것이라고 생각할 수도 있다(Armstrong and Armstrong, 1986: 220).

사노동이 자본의 이윤 극대화에 기여한다는 명제가 일반적으로 타당하지 않음을 보여준다. 즉 (4-1) 식에서 다른 모든 조건이 불변일 경우, 무급 가사노동 투입량 l_1의 증가는 이윤율 r을 상승시키는 것이 아니라 도리어 저하시킨다는 점, 즉 거꾸로 말해서, 무급 가사노동 투입량 l_1의 감소가 이윤율 r의 저하가 아니라 상승을 가져올 수 있다는 점이 분명하다.

실제로 어느 노동자가 자신의 시간 대부분을 가사노동에 바친다면 그는 생산을 위해서는 자신의 시간 중 적은 부분만을 쓸 수 있을 것이다. 이와 반대로 가사노동이 감축된다면, 추가 노동력이 노동시장에 투입될 수 있을 것이며, 자본이 전유할 수 있는 잉여노동, 즉 잉여가치는 증대할 것이다. 실제로 지난 세기 이후 냉동식품, 전자레인지, 빨래방, 파출부, 유치원, 학원 등이 보급되면서 무급 가사노동의 상당한 축소가 이루어졌다. 그런데 '무급 가사노동 착취→자본의 잉여가치 증대' 명제에 따르면, 이와 같은 무급 가사노동의 역사적 축소 경향은 이윤율의 저하와 자본주의의 위기를 초래했어야 맞다. 하지만 그 반대 역시 현실이다. 즉 무급 가사노동의 축소는 자본이 이용할 수 있는 잉여노동의 풀을 증대시킴으로써 자본주의에 고유한 이윤율의 저하 경향을 상쇄하는 요인으로 작용했다. 따라서 가사노동의 자본축적에 대한 효과는 모순적이며 이는 통

일적으로 고려할 필요가 있다.[5]

가사노동은 구체적으로 (1)집안일, (2)육아 등 돌봄노동, (3)임신·출산·수유 노동으로 구분될 수 있다.[6] 이 중 (1)집안일은 이미 20세기부터 광범위하게 사회화되었고, (2)육아 등 돌봄노동도 최근 확산되는 출퇴근 가사노동자, 상당수 복지국가에서 도입하고 있는 무상보육 등에서 보듯이 시장화, 사회화가 진전되고 있다.[7] 그럼에도 불구하고, 1970년대 초 가사노동 논쟁 참여자들 대부분은 가사노동의 시장화, 사회화의 곤란 때문에 자본주의는 가족, 국가와 같은 비자본주의 제도

---

5   이 점에서 다음과 같은 포겔의 지적은 타당하다: "실제로 가사노동은 자본주의의 사회적 재생산에서 매우 모순적인 역할을 한다. 한편에서 가사노동은 자본주의를 위한 본질적 조건을 형성한다. 자본주의 생산이 이루어지기 위해서는 노동력이 있어야 하며, 노동력을 이용할 수 있기 위해서는 가사노동이 수행되어야 한다. 다른 한편 가사노동은 자본주의의 이윤 추구를 방해하는데, 이는 가사노동이 노동력 이용가능성을 제한하기 때문이다. 자본의 관점에서 가사노동은 필수불가결한 동시에 축적에 대한 장애이다"(Vogel, 1983: 156).

6   1970년대 초 가사노동 논쟁은 이런 다양한 유형의 가사노동들을 무차별적으로 뭉뚱그렸다(Fine, 1992: 186). 우리나라 여성가족부는 가사노동을 돌봄노동과 구별하고 가사노동은 집안일로만 한정해서 정의하며, 그 10대 구성 요소를 다음과 같이 열거한다: (1)식사준비, (2)설거지, (3)세탁, (4)다림질, (5)집안청소, (6)음식물쓰레기버리기, (7)쓰레기분리수거, (8)시장보기, (9)가정경영, (10)인터넷쇼핑.

7   윤자영(2012: 191)에 따르면 가사기술의 발전에 따라 육체적 활동을 필요로 하는 집안일 시간은 감소하는 반면, 육아 등 돌봄노동 시간은 오히려 증대할 수 있으며, 실제로 1인당 GDP 수준이 높은 나라일수록 전체 부모의 무급 노동시간 가운데 돌봄노동 시간의 비중이 크다.

의 존재를 필수적으로 요청한다고 주장했다.[8] 이로부터 이들
은 1980년대 이후 신자유주의 세계화 속에서 가족, 국가와 같
은 비자본주의 제도들이 자본주의 논리에 포섭·상품화되자,
가족 제도의 위기, 출산율의 저하, 노동력 재생산의 위기, 자본
주의 체제의 위기가 초래되고 있다고 주장했다.[9] 하지만 1980
년대 이후 여성의 임금노동 진출, 가사노동의 시장화의 진전이
자본주의 위기의 요인이 되었다고 보는 것은 일면적이다. 다
음 쪽의 〈그림 4-2〉, 〈그림 4-3〉에서 보듯이, 1980년대 이후 세
계적 규모에서 여성의 임금노동 진출 및 가사노동의 시장화가
크게 진전되었음에도 불구하고, 또 출산율의 저하로 표현되는
가족 제도의 위기와 노동력 재생산의 위기에도 불구하고, 자본

---

8   이중체계론자인 하트만은 1979년에도 다음과 같이 주장했다: "우리는 가족
     제도가 현재 붕괴되고 있다는 어떤 증거도 볼 수 없다. … 전통적 가족 해체
     의 증거는 빈약하다. 이혼율은 그리 증가하지 않았으며, 모든 계급에 걸쳐
     균등해졌다. … 출생율은 다시 증가하고 있다"(Hartmann, 1979: 20). 이 예
     측은 빗나갔다.

9   페데리치는 다음과 같이 주장했다: 1970년대 이후 "자본주의 위기는 공장
     에서의 투쟁에 대한 대응일 뿐만 아니라 여성의 가사노동 거부에 대한 대응
     이기도 했다. … 가사 규율에 대한 여성의 보이지 않는 투쟁은 포드주의 협
     약의 중심축이었던 재생산 모델을 전복시켰다"(페데리치, 2013: 172). 코츠
     도 다음과 같이 주장했다: "전통적 가정의 성인 여성 가사노동자는 새로운
     임금노동자의 최후의 거대한 잠재적 예비군이었다. … 유자녀 기혼여성이
     유급 노동력에 진입하면 노동자계급 가족이 아동을 효과적으로 기를 수 있
     는 능력에 큰 압박을 받게 된다. … 새로운 가족 배열은 이동성이 높은 노동
     에 대한 자본의 필요와도 상충된다. 왜냐하면 이 경우 부부가 그들의 일자
     리와 관련되어 주거지 입지에 대한 선호가 서로 다르게 되기 쉽기 때문이다"
     (Kotz, 2007: 169-170).

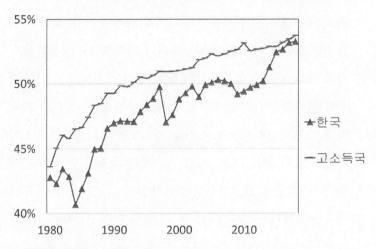

〈그림 4-2〉 15세 이상 여성의 노동력 참가율, 1980~2018

출처: The World Bank. World Development Indicators.
https://databank.worldbank.org

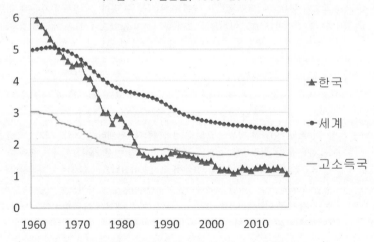

〈그림 4-3〉 출산율, 1960~2017

출처: The World Bank. World Development Indicators.
https://databank.worldbank.org

주의 발전은 지속되었다.

1970년대 초 가사노동 논쟁에서 페미니스트들은 대체로 가사노동을 생산노동으로 간주한 반면, 마르크스주의자들은 이를 비생산노동으로 보았다. 마르크스 자신의 생산노동 개념에 근거한다면 가사노동을 마르크스적 의미에서 생산노동으로 분류하기는 어렵다. 마르크스는 『잉여가치학설사』에서 다음과 같이 말했다:

> "여기에서 **생산노동자**는 매우 분명하게도 자본가를 위해서 자신의 임금에 포함된 생존수단의 **가치를 모두** 생산할 뿐만 아니라 그것을 자본가에게 '이윤과 함께' 재생산해주는 노동자이다. 자본을 생산하는 노동만이 생산노동이다. … 이것은 무엇이 **비생산노동**인지도 보여준다. 비생산노동은 자본과 교환되는 것이 아니라 **소득**, 즉 임금 혹은 이윤과 **직접** 교환되는 노동이다. … 이러한 정의는 따라서 노동의 물적 특징(그 생산물의 성격이나 구체적 노동으로서 노동의 특성)으로부터가 아니라 그 노동이 실현되는 특정한 사회적 형태, 생산의 사회적 관계로부터 도출되는 것이다"(마르크스, 1989: 169-171. 강조는 마르크스).

마르크스는 『자본론』 1권의 초고의 일부인 「직접적 생산과정의 제결과」에서도 다음과 같이 말했다:

> "자본주의 생산의 직접적 목적과 **진정한 결과물이 잉여가치이므로,**

노동이 생산적일 수 있는 것은, 또 노동력의 지출자가 **생산노동자**일 수 있는 것은, 오로지 그것이 혹은 그가 직접적으로 **잉여가치**를 창출하는 경우뿐이다. 다시 말해서 생산노동자만이 자본의 가치증식을 위한 생산과정에서 직접적으로 **소비된다**"(마르크스, 1988c: 106. 강조는 마르크스).

즉, 마르크스에 따르면 자본주의에서 생산노동은 무엇보다 사용가치가 아니라 시장에서의 판매와 이윤을 목적으로 가치와 잉여가치, 즉 이윤을 생산하는 노동인데, 가사노동은 교환가치가 아니라 사용가치를 생산하는 무급 노동이기 때문에, 가치 생산노동이 아니다. 나아가 마르크스의 상품의 가치 규정에서 핵심적인 것은 '그 상품을 생산하기 위해 사회적으로 필요한 노동시간'이라는 규정인데, 이 규정이 가사노동에 적용된다고 보기 힘들다:

"사회적으로 필요한 노동시간이란 주어진 사회의 정상적인 생산조건과 그 사회에서 지배적인 평균적 노동숙련도와 노동강도하에서 어떤 사용가치를 생산하는 데 소요되는 노동시간이다. … 이와 같이 어떤 물건의 가치량을 결정하는 것은 오직 사회적으로 필요한 노동량, 즉 그것의 생산에 사회적으로 필요한 노동시간이다"(마르크스, 2015a: 48-49).

실제로 가사노동에는 '사회적으로 필요한 노동시간' 개념
이 성립하기 위해 필수적인 경쟁으로부터의 압력에 기초한 '표
준화'와 '평균화' 과정이 작동한다고 보기 어렵다.[10] 또 파인이
지적하듯이, "노동과 여가 간의, 또 생산과 소비 간의 어떠한
엄밀한 구별도 존재하지 않"으며, "생산성을 증대시키고 비용
을 절감하려는 어떤 내재적 압력도 존재하지 않고, 생산과정에
대한 어떠한 직접적인 외적 통제도 존재하지 않"기 때문이다
(Fine, 1992: 178, 180).

나아가 가사노동은 노동력 재생산에 필수적임에도 불구하
고, 그 자체로는 가치를 생산하지 않기 때문에 노동력의 가치
에도 포함될 수 없다고 봐야 한다. 마르크스에 따르면 노동력
상품을 생산하기 위해 필요한 노동시간은 노동력 소유자의 생
활필수품을 생산하기 위해 사회적으로 필요한 노동시간이다.
『자본론』 1권 6장 '노동력의 구매와 판매'에서 마르크스는 노
동력의 가치를 다음과 같이 명확하게 정의했다.

"노동력의 가치는 다른 모든 상품의 가치와 마찬가지로 이 특수한 상
품의 생산과 재생산에 필요한 노동시간에 의해 규정된다. 노동력이
가치인 한, 노동력 그 자체는 거기에 대상화되어 있는 일정한 양의 사

---

10 하지만 폴브레는 가사노동에도 자본주의 임금노동과 마찬가지로 "효율성"
　　추구 논리가 작동하기 때문에 마르크스적 의미의 "사회적으로 필요한 노동
　　시간"이 성립하며, 따라서 가사노동 분석에 노동가치론이 적용될 수 있다고
　　주장한다(Folbre, 1982: 321).

회적 평균노동을 표현할 뿐이다. 노동력은 오직 살아 있는 개인의 능력으로서만 존재한다. 이 개인의 생존이 주어져 있다면, 노동력의 생산이란 이 개인 자신의 재생산, 즉 그의 생활의 유지다. 살아 있는 개인은 자기 생활을 유지하기 위해 일정한 양의 생활수단을 필요로 한다. 그러므로 노동력의 생산에 필요한 노동시간은 결국 이 생활수단의 생산에 필요한 노동시간으로 귀착된다. 다시 말하면 노동력의 가치는 노동력 소유자의 생활을 유지하는 데 필요한 생활수단의 가치다. … 노동력의 소유자가 오늘의 노동을 끝마쳤다면, 그는 내일에도 오늘과 동일한 힘과 건강을 가지고 동일한 과정을 반복할 수 있어야만 한다. 따라서 생활수단의 총량은 노동하는 개인을 정상적인 생활상태로 유지하는 데 충분해야 한다. 음식물, 의복, 난방, 주택 등과 같은 그의 자연적 욕구는 한 나라의 기후나 기타 자연적 특성에 따라 다르다. 이른바 필요 욕망의 범위나 그 충족의 방식도 그 자체가 하나의 역사적 산물이며, 따라서 대체로 한 나라의 문화수준에 따라 결정되는데, 특히 자유로운 노동자계급이 어떠한 조건하에서 또 어떠한 관습과 생활상 요구를 가지고 형성되었는가에 따라 결정된다. 그러므로 다른 상품들의 경우와는 달리 노동력의 가치규정에는 역사적 및 정신적 요소가 포함된다. … 노동력의 소유자는 죽음을 면치 못한다. … 소모와 사망의 결과 시장에서 빠져나가는 노동력은 적어도 같은 수의 새로운 노동력에 의해 끊임없이 보충되어야 한다. 그러므로 노동력의 생산에 필요한 생활수단의 총량에는 이러한 보충인원(다시 말하면 노동자의 자녀들)의 생활수단이 포함되며, 그리하여 이 독특한 상품소유자 종족은 상품시장에서 영구화되는 것이다. 일반적인 인간의 천성을 변화시켜 일정한 노동부문에서 기능과 숙련을 익혀 발달한 특수한 노동력이 되게 하기 위해서는 일정한 훈련 또는 교육이 필요한데, 거기에는 또 얼마간의 상품등가물이 소요된다. 이 비용은 노동력이 어느 정도로 복잡한 과정을 거쳐 발휘되느냐에 따라 달라진다. 이 교육비는 보통의 노동력에 대해서는 매우 소액에 지나지 않는다 하더라도, 노동력의 생산을 위해 지출되는 가치 속에 들어간다. 이와 같이 노동력의 가치는 일정한 양의 생활수단의 가치로 분해된다. 그러므로 노동력의 가치는 이 생활수단의 가치(즉 이 생활수단의 생산에 필요한 노동시간)에 따라 변동한다. … 노동력의 가치는 노동자의 재생산 [즉 노동자계급의 계속적인 존재]에 필요한 상품의 가치를 포함한다"(마르크스, 2015a: 225-7, 359).

위 인용문에서 보듯이 마르크스에 따르면 노동력의 가치는 노동력 소유자를 유지하기 위해 필요한 '생활수단의 가치', '상품의 가치'에 의해 결정된다. 또 '생활수단의 가치'는 그것의 생산에 사회적으로 필요한 노동시간에 의해 결정된다. 그런데 가족을 유지하기 위해 가정에서 생산되는 것들은 상품 형태를 취하지 않는 사용가치들이며, 이들을 생산하는 가사노동은 여성이 수행하든 남성이 수행하든 사회적으로 규정되는 평균노동, 즉 추상노동이 아니라 구체적 노동이다(Chattopadhyay, 1999: 74). 즉 이들은 일상적 소비를 위한 사용가치의 생산으로 이루어진 생존 노동이다. 이 때문에 가사노동은 마르크스가 말한 '진정한 노동(reale Arbeit)'(마르크스, 1988b: 40)이라 할지라도 노동력 상품의 가치 규정에는 정의상 포함되지 않는다. 유용 대상을 생산하는 특정량의 노동시간이 그 대상을 상품으로 만드는 것은 아니다. 마르크스는 1857~58년 『요강』에서도 다음과 같이 말했다:

> "밀은 그것이 노예에 의해 경작되었든, 농노에 의해 경작되었든, 아니면 자유로운 노동자에 의해서 경작되었든 동일한 사용가치를 갖는다. 밀이 하늘에서 떨어진다고 해서 자신의 사용가치를 잃는 것은 아닐 것이다. … 사용가치(는) … 교환가치의 담지자(가 되어야만) … 상품으로 전환(될 수 있다)"(마르크스, 2000, Ⅲ권: 189).

마르크스에 따르면 오직 "교환가치의 담지자"로서 사회적으로 필요한 노동시간에 의해 생산된 사용가치만이 노동력 상품의 가치에 포함될 수 있다. 이는 자본주의가 생산과 인간의 재생산에 결정적 기여를 하는 자연을 취급하는 방식과 마찬가지라고 할 수 있다(Chattopadhyay, 1999: 74).

마르크스 자신도 『자본론』 1권 15장 '기계와 대공업'에서 가사노동에 종사하는 여성을 비생산노동자로 분류했다. 마르크스는 자본주의적 의미에서 생산활동에 참여하는 사람들이 얼마나 적은 지를 보여주기 위해, 당시 영국 총인구에서 은

행가, 지주, 범죄자, 극빈자, 공무원, 목사, 변호사, 군인은 물론 "늙었거나 어려서 노동능력이 없는 자들, 모든 '**비생산적인**' 여성들, 청소년, 아동들"(마르크스, 2015a: 602. 강조는 마르크스)도 뺐다. 즉 가사노동은 자본주의 체제의 재생산과 영속을 위해 필수불가결하지만, 자본가를 위해 잉여가치를 생산하는 노동이 아니므로 비생산노동자로 간주되어야 한다. 마르크스의 생산/비생산노동 개념은 분석적 개념이지, 규범적 개념이 아니다. 마르크스에서 "**생산노동자가 되는 것은 결코 행운이 아니며 차라리 불운인 것이다**"(마르크스, 2015a: 688. 강조는 필자). 마르크스에 따르면 자본주의에서는 가치와 잉여가치, 즉 자본을 생산하는 노동만이 생산노동이기 때문에, '자유로운 생산자들의 어소시에이션'인 포스트자본주의 사회에서는 모든 인간노동은 비생산노동이 된다.

이로부터 던은 자본주의에서 가족, 국가와 같은 자본주의에 필수불가결한 비자본주의 제도를 설명하기 위해 마르크스의 가치론을 확장하여 가사노동은 가치를 생산하며 노동력 가치 형성에 기여한다고 주장했다(Dunn, 2011: 498):[11]

"노동력의 가치를 임금수준으로부터 거꾸로 도출하는 통상적인 마르

---

11 "자본주의 형태의 특수성을 교조적으로 고집하는 것은 불완전하게 상품화되는 세계를 연구할 수 없게 한다. … 자본주의에서 가치의 특수성을 덜 원칙적으로 주장하는 것이 필요한 것으로 보인다"(Dunn, 2011: 491, 494).

크스주의적 접근은 그 방법론에서 마르크스적이라기보다 스미드적이며, 이론적으로 순환논법이고(가사노동과 같은-필자) 결정적인 노동 형태를 현실 세계경제 분석에서 자의적으로 제외한다. … 이것은 스미드로 후퇴하는 것인데, 왜냐하면 그것의 재생산에 요구되는 총노동량이 아니라 지배노동량, 즉 노동이 구매할 수 있는 소비재에 따라 가치를 정의하기 때문이다. … 무급노동(가사노동-필자)은 임금노동에 유사한 사용가치를 제공할 수 있고, 사회적으로 유용한 노동을 소비재에 체화된 것에 추가할 수 있으며, 논리적으로 노동력 가치에 추가될 수 있어야만 한다. … 노동력은 임금노동과 무급노동의 변화하는 조합을 통해 재생산된다. 그중 일부만을 가치 생산적이라고 간주하는 것은 자의적이며 일관되지 않다"(Dunn, 2011: 498, 500-1).

하지만 던처럼 초역사적인 가치 개념, 즉 투하노동만으로 가치가 형성된다고 간주하는 것은 자본주의에서만 보편화되는 추상노동과 가치형태를 핵심으로 하는 마르크스 가치론과 다르며, 리카도의 투하노동가치론으로 역행하는 것이다. 던처럼 가사노동이라는 비자본주의적 노동을 설명하기 위해 마르크스 가치론을 리카도의 투하노동가치론과 동일시하기보다 가사노동의 시장화, 사회화가 진전되고 가사노동에서 해방된 여성의 임금노동 참여가 증가함에 따라 마르크스 가치론의 적용 범위가 확대된다고 보는 것이 타당하다.

물론 마르크스는 자본주의적 의미에서 생산노동이란 개념

외에 그 자체 생산노동이라는 개념도 제시한 적이 있다. 마르크스는 1859년 『경제학 비판』에서 사용가치를 생산하는 구체적 유용노동이 '유용한 생산활동'이며 따라서 '진정한 노동'이라고 말했다(마르크스, 1988b: 40). 즉 구체적 유용노동으로 새로운 사용가치를 생산하는 과정이야말로 진정한 노동과정이라는 것이다. 이처럼 생산노동을 초역사적 규범적으로 정의할 경우 가사노동도 생산노동으로 분류할 수 있지만, 이는 『자본론』에서 정식화된 자본주의에 고유한 생산/비생산노동의 구별 방식과는 다르다.

가사노동에서 재생산노동으로: 이중체계론 비판

1970년대 초 가사노동 논쟁은 여성해방과 사회주의에 대한 사회주의 페미니스트들의 이중적 헌신을 확인하는 것처럼 보였다. 하지만 처음에는 자명한 것 같았던 개념들이 애매한 것으로 드러났다. 예컨대 가사노동이라는 범주의 정의 자체가 동요했다. 가사노동은 단지 집안일만을 가리키는가, 혹은 보육도 포함하는가? 또한 순환논법의 오류도 나타났다. 가사노동은 흔히 여성노동과 동일시되었는데, 이는 설명하려 했던 성적 분업 및 여성차별과 억압을 전제하는 것이었다.[12] 또 가사노동

---

12 "가사노동 논쟁 참여자들은 남성과 여성 간의 분업을 당연시했다. 그들은 왜 가사노동을 여성이 수행해야 하는지, 혹은 왜 남성은 자신들을 위해 가사노동이 수행될 것을 요구하는지의 문제를 조금도 생각해본 적이 없었다"

논쟁이 거의 전적으로 무급 가사노동에만 초점을 맞춘 나머지, 유급 여성노동, 즉 여성 임금노동(가사도우미든 혹은 시장 임금노동자든)의 문제는 소홀히 다루어졌다.

또 가사노동 논쟁이 진행되면서 점차 쟁점은 가사노동에서 재생산노동 개념, 혹은 사회적 재생산론으로 이동했다. 몰리뉴는 가사노동 논쟁이 임금노동을 생산, 가사노동을 재생산과 동일시함으로써 임금노동과 가사노동이 동시에 현재와 미래 노동력을 재생산하는 사회적 재생산에 연결되어 있음을 간과했으며, 돌봄노동(care labor) 대신 가사노동 일반에, 세대 재생산이 아니라 성인 남자노동자의 유지에만 배타적으로 초점을 맞추어 가사노동이 사용가치를 생산하는 사회관계와 의미만 분석했다고 비판했다(Molyneux, 1979: 3-4). "가사노동 논쟁은 가사노동을 여성억압의 물질적 기초라고만 보았기 때문에 왜 사회적 재생산에서 가사노동, 특히 돌봄노동이 사라지지 않는 노동, 자발적으로 선택하는 노동인가에 대해 온전히 이해할 수 없었다"(윤자영, 2012: 190). '왜 가사노동을 수행하는 주체가 남성이 아니고 여성인가?'라는 질문에 대해 정작 가사노동 논쟁이 답하지 못했다는 평가와 함께 페미니스트들은 가사노동 논쟁에서 간과되었던 측면, 즉 인간의 재생산에서 여성이 담당하는 역할에 주목하기 시작했다(권현정, 2002: 19). 몰리뉴는 가

(Jackson, 1999: 16-17).

사노동 논쟁이 생산양식이라는 추상적 수준에 머물러 있었는데, 사회구성체와 재생산이라는 더 구체적인 수준으로 나아가야 한다고 제안하고, 여성억압은 경제적이나 물질적 요인만으로 환원될 수 없으므로, 분석 대상은 가사노동을 넘어서 더 확대되어야 한다고 주장했다(Molyneux, 1979).

한편 하트만은 1970년대 초 가사노동 논쟁에서 활용되었던 "마르크스주의 범주들은 성맹적(sex-blind)"이라고 주장하고, "마르크스주의 분석, 특히 그 역사유물론적 방법과 페미니즘 분석 특히 가부장제를 하나의 사회역사적 구조로 인식하는 것, 양자 모두 원용해야 한다"(Hartmann, 1979: 1-2)라는 이른바 이중체계론을 주장했다. 이중체계론은 프랑스의 페미니스트 델피(C. Delphy)의 가내 생산양식론(domestic mode of production)으로 체계화되었는데, 그녀에 따르면, 가내 생산양식에서 남성은 여성의 가사노동을 체계적으로 착취하는 착취자 계급이 된다(Delphy, 1977). 그런데 이중체계론은, 앞의 〈그림 4-1〉에서 보듯이, 1970년대 초 가사노동 논쟁이 암묵적으로 전제했던 문제설정이었다. 또 이중체계론에 엄밀하게 입각할 경우, 포겔이 지적하듯이, 자본주의와 가부장제라는 두 체계를 연결시키려 했던 가사노동 논쟁의 원래의 문제의식은 의미가 없게 된다(Vogel, 2008: 241). 이중체계론은 생산관계, 역사적 변화 및 자본주의 구조분석에 관한 전통적 마르크스주의의 입장을 그대로 유지하면서도, 여성억압의 문제를 마르크스주의의 주요 문제들에 별도로 추가되는 문제로 인식하기 때문이다(Jackson, 1999: 21).[13]

하지만 이중체계론에 특징적인 자본주의 부문과 비자본주의 부문, 즉 가부장제의 공존, '접합', 혹은 착근(embeddedness)이라는 관념[14]은 마르크스가 아니라 폴라니(K. Polanyi) 또는 우노고조(宇野弘藏)에 연유하는 것이며,[15] 자본주의의 현실 동학과 부합되지 않는다. 또 이중체계론은 대안을 반자본주의 정치가 아니라 자유시장(자본주의)에 대한 사회적 규제, 혹은 가족과 국가와 같은 공동체의 갱신에서 찾는 개혁주의, 공동체주의를

---

13 이중체계론은 『가족, 사유재산 및 국가의 기원』(1884)에서 다음과 같은 엥겔스의 언급으로 뒷받침되는 것으로 여겨졌다: "유물론적 개념에 따르면 역사에서 결정적 요인은 최종 심급에서는 생산과 직접적 생활의 재생산이다. 이것은 다시 이중적 성격을 갖는다: 한편에서 존재수단의 생산 … 다른 한편에서 인간 그 자체의 생산"(엥겔스, 1989a: 6). 하지만 마르크스 가치론의 관점에서 볼 때 이중체계론은 그 자체로 비판의 대상이며, 엥겔스가 그렇게 주장했다고 해서 정당화될 수 있는 것이 아니다.

14 이중체계론자들은 자본주의 발전에도 불구한 가부장제 가족의 강고한 온존을 강조한다. 예컨대 하트만은 다음과 같이 주장했다: "가부장제는 자본주의가 모든 사람들을 프롤레타리아트화할 필요에 직면하여 고사할 것이라는 19세기 마르크스주의자들의 예측은 실현되지 않았다. 이들은 가부장제의 힘과 유연성을 과소평가했을 뿐만 아니라, 자본의 힘을 과대평가했다"(Hartmann, 1979: 17).

15 자본주의의 기본모순을 상품화되어서는 안 될 노동력이 상품화되는 데서 찾는 우노고조의 기본 전제는 자유시장주의의 모순을 상품화되어서는 안 될 노동력, 화폐, 자연까지 상품화되는 데서 찾는 폴라니의 패러다임과 본질적으로 동일하다.

조장한다.[16] 실제로 이중체계론은 일부 페미니스트들에게 조직 노동자 운동과의 연대보다 독립적 여성운동 건설에 방점을 두는 전략을 정당화하는 근거를 제공했다.

한편 포겔은 이중체계에서 두 체계 간의 상호작용을 더 잘 설명할 수 있는 이론으로 사회적 재생산론을 제안했다(Vogel, 1983). 사회적 재생산론에 따르면 여성은 임신출산과 육아를 중심으로 한 돌봄노동의 수행 등 사회적 재생산에서 독특한 역할 때문에 남성과 매우 다른 지위에 놓이게 된다. 즉 재생산에서 여성의 생물학적 역할 때문에 여성은 덜 효율적인 노동자로 되어 가정에 머무르게 되는 경향이 있다는 것이다. 폴브레는 마르크스의 가치론이 아니라 제도주의 경제학의 입장에서 사회적 재생산론을 전개한다. 폴브레는 산업사회 이후에도 가족이 미래의 노동력 재생산 비용을 사적으로 담당하게 되었지만 가족이 생산한 노동력으로부터의 혜택은 전 사회가 공유하는 사회경제체제로 재편된 것이 사회적 재생산의 위기를 심화시키는 배경이 되었다고 주장한다(폴브레, 2007). 사회적 재생산론은 최근 페미니즘 정치경제학의 주요 패러다임으로 정착되었다(윤자영, 2012).

---

16 이는 이중체계론 혹은 '생산양식 접합론'의 스탈린주의 판본이라고 할 수 있는 '식민지 반봉건사회론=반제반봉건 민주주의 혁명론'이 반자본주의 정치가 아니라 (국가)자본주의 발전에 복무하는 것으로 귀결되었던 것과 마찬가지이다.

1970대 초 가사노동 논쟁의 쟁점이 마르크스의 가치론에서 이중체계론으로, 그리고 다시 사회적 재생산론으로 전화해간 과정은 가사노동 논쟁 국면에서 상호 결합과 연대를 시도했던 마르크스주의와 페미니즘이 다시 분리되고 소원해지는 과정이었다. 이와 같은 마르크스주의와 페미니즘의 분리에 대해 하트만은 이들의 결합은 원래 "불행한 결혼"이었기 때문에 파경을 맞이할 수밖에 없었다고 말한다(Hartmann, 1979: 1). 하지만 이런 분리는 필연적인 것도 바람직한 것도 아니다.

자본주의 발전과 가사노동 논쟁의 소멸 및 페미니즘의 체제내화

1970년대 초 가사노동 논쟁은 자본축적에 대한 가사노동의 기여 문제에 집중한 나머지, 노동자계급 내부에서 남성에 의한 여성억압의 문제를 비롯한 다른 중요한 여성해방의 과제들을 제대로 다루지 못했는데,[17] 이는 1970년대 초 가사노동 논쟁의 중요한 한계이다(Molyneux, 1979: 22). 게다가 가사노동 논

---

17 예컨대 하먼은 1984년 다음과 같이 주장했다: "노동자계급 남성이 여성억압으로부터 얻는 이득은 정말이지 사소하다"(Harman, 1984: 26). 하지만 이에 대해 같은 영국 사회주의노동자당 당원인 몰리뉴(Molyneux, 1984)는 다음과 같이 비판했다: "하먼/클리프/저먼의 문제점은 노동자계급 내부의 성적 분업의 물질적 근원을 최소화 혹은 부정함으로써 계급적 통일의 성취에 대한 장애를 과소평가하고 이러한 장애를 극복하기 위해 혁명정당에게 요구되는 의식적 개입을 과소평가한 것이다. … 하먼은 프티부르주아 페미니즘의 분리주의 경향과 투쟁하는 데 너무 열중한 나머지, 여성 노동자와 그들의 특수한 욕구에 대한 특수한 접근을 모두 배제해버렸다"(Molyneux, 1984: 121).

쟁의 추상성이 활동가들을 실망시켰다. 여성운동 활동가들에게 가사노동 논쟁은 현실세계와 관련 없는 개념들의 유희로 보였다. 게다가 1980년대 들어 신자유주의의 대두와 함께 정치 풍토가 보수화되고 급진적 사회운동이 패배·퇴조하면서 가사노동 논쟁은 거의 소멸했다. 1980년대에도 페미니스트들의 지적 작업은 계속되었지만 이전과 비교하여 여성해방운동과의 연계는 약해졌다(Vogel, 2000). 기메네즈가 지적하듯이, "운동이 소멸하자 학술적 페미니즘이 페미니스트 활동의 지배적 방식이 되었고, 이론화와 연구가 페미니스트 행동주의의 기능적 대안이 되었으며, 페미니스트 정치는 급진적이고 사회주의적 관심을 상실하고 개혁주의적이고 자유주의적인 경로에서, 로비 그룹에서, 전문적 코커스에서, 또 많은 제도적이고 국지화된 틀에서 계속되었다"(Gimenez, 2004: 89). 1970년대 초 가사노동 논쟁 이후 마르크스주의와 분리·절연한 급진 페미니즘(radical feminism)은 "문화적으로 선회"(Jackson, 1999: 24)하면서, 대부분 "차이, 해체, 탈중심화"(Mann and Huffman, 2005; 57)를 강조하는 포스트모더니즘, 포스트구조주의, 정체성의 정치(Ebert, 2005: 38), 교차성(Intersectionality) 접근(Crenshaw, 1989)으로 넘어갔으며, 자신들의 의도와 상관없이, 자본주의 발전에 복무했다. 여성의 가사노동으로부터의 해방과 유급 시장노동으로의 진출이 여성억압으로부터의 해방을 의미한다며, 이를 당면과제로 추구했던 여성해방운동의 일부 경향은 자본의 이해와 상충되는 것이 아니었다.[18] 하우크가 지적하듯이, "가사노동에 대한 보상을 지지하면서부터 여성운동의 다른 모든 투쟁 목표들, 즉 가족 형태와 성적 분업, 임금노동의 소외된 형태 및 자본주의 자체에 대한 비판이 대부분 포기되었다"(Haug, 2003). 또 기메네즈가 지적하듯이, "경제적, 정치적 및 시민적 권리를 쟁취하기 위한 투쟁에서 여성들의 성공은 이러한 투쟁을 야기한 문제들을 생겨나게 한 물질적 조건을 변화시키지 못했다. 그것은 단지 자본주의 사회에 완전한 자격을 갖춘 구성원이 되는 것을 의미할 뿐이었다"(Gimenez, 2005: 28). 1970년대 초 가사노동 논쟁 참여자들이 추구했던 가사노동으로부터 여성의 해방, 여성의 임금노동 진출은 자본주의의 발전을 저해하기는커녕 발전의 주요 요소로 되었다. 앞의 〈그림 4-2〉에서 보듯이, 1980년대 이후 대부분의 나라들에서 자본주의 발전은 여성의 노동력 참가율의 지속적 증가를 수반했다.

1980년대 이후 신자유주의가 대두하면서 자유주의 페미니즘뿐만 아니라 급진 페미니즘 일부도 신자유주의와 공명하거나 국가 페미니즘으로 전화되었다(김경희, 2009). 1990년대 이후 미국에서 자유주의 페미니즘은 기업 세계화의 이데올로기, 미국 제국주의의 군사적 침략을 정당화하는 이데올로기로 봉

---

18 예컨대 "미국식 페미니즘은 개인주의, 그리고 아내로서 혹은 어머니로서 자신의 역할과 분리하여 자기 자신의 이름의 노동자 혹은 기업인으로서 시장 경제에 참여할 수 있는 권리를 의미한다"(Eisenstein, 2005: 498).

사했다.[19] 1970년대 초 가사노동 논쟁 이후 페미니즘과 마르크스주의의 절연·분리는 마르크스주의에 대해서도 고립·주변화를 심화시켰을 뿐만 아니라, 페미니즘에 대해서도 체제내화, 즉 자본주의 지배 논리 속으로의 흡수·통합을 초래했다.[20] 하지만 다음 절에서 보듯이 가사노동 논쟁의 중요한 이론적 난점과 한계에도 불구하고 마르크스주의와 페미니즘의 분리는 어떤 예정된 필연은 아니었다.

마르크스의 경제학 비판과 페미니즘의 재결합

1970년대 초 가사노동 논쟁 이후 마르크스주의와 페미니즘의 관계는 소원해졌으며, 페미니즘은 전반적으로 포스트구조주의, 문화주의로 경도되었고, 일부는 자본주의 체제의 지배

---

19 "등식은 '근대(modern)'를 여성의 권리, 유대-기독교 유산, 민주주의와 등치하는 반면, '전통적인' 것을 여성의 권리에 대한 가부장제적 억압, 이슬람 유산, 테러리즘과 등치하는 것이다. 예컨대 여성의 권리는 부시 행정부가 벌인 테러와의 전쟁에서 중심적 역할을 했다. 아프가니스탄 전쟁은 부분적으로 탈레반으로부터 아프간 여성을 구출하는 노력으로 정당화되었다"(Eisenstein, 2005: 509).

20 1960년대 말 '페미니즘의 제2의 물결(second wave feminism)'과 1980년대 이후 신자유주의의 공명 및 전자의 후자로의 편입에 대한 비판적 검토로는 프레이저(Fraser, 2009; 2014)를 참조할 수 있다. 하지만 생스터와 럭스턴(Sangster and Luxton, 2013)은 이와 같은 프레이저의 비판은 자유주의 페미니즘에 한정되며 사회주의 페미니즘에는 해당되지 않는다고 반박했다.

논리로 편입되었다. 페미니즘 정치경제학처럼 사회경제적 측면을 중시하는 부분에서도 주된 패러다임은 마르크스 가치론에서 이중체계론, 사회적 재생산론으로 이동했다. 이 과정에서 일부 페미니스트들은 마르크스가 가부장제 이데올로기, 남성 중심주의의 한계에 갇혀 있으며 페미니즘에 적대적이라고 비판했다. 하지만 이는 후술되듯이 근거 없는 비난이다. 여기에서는 『자본론』 1권 15장 '기계와 대공업'을 중심으로 마르크스가 자본주의에서 여성차별과 여성억압의 문제를 얼마나 치열하게 고민하고 정밀하게 분석했는지를 살펴보겠다. 그리고 마르크스의 경제학 비판은 오늘날 마르크스주의와 페미니즘의 재결합을 위한 이론적 기초를 제공해준다고 주장할 것이다.

생산과 소비 및 재생산의 총체성의 변증법

포겔은 마르크스가 소비 분석에서 생산적 소비에 집중했으며 개인적 소비와 관련된 노동에 대해서는 거의 언급하지 않았다고 주장했다. 즉 개인적 소비와 관련된 노동은 자본주의 생산에서 필수불가결한 경제활동 영역임에도 불구하고 마르크스의 설명에는 누락되어 있으며, 마르크스는 생산 측면만을 강조하고 소비와 재생산은 부차적이거나 생산에 의해 규정되는 것으로 간주했다는 것이다(Vogel, 2000). 하지만 이와 같은 포겔의 비판은 근거가 없다. 『요강』 '서설'에 잘 정식화되어 있듯이, 마르크스의 방법론에 특징적인 것은 모든 것을 생산으로 환원하는 리카도 등 고전경제학과 같은 생산의 경제학과 달리, 자본주의 경제를 생산과 분배, 유통, 소비의 총체적 통일체로 파악하는 것이다. 마르크스는 생산과 재생산을 변증법적으로 연관된 하나의 전체로 보았다. 마르크스가 생산과정과 노동력의 재생산과정을 통일적으로 파악했음은 「직접적 생산과정의 제결과」의 다음과 같은 서술에서도 분명하게 드러난다:

> "**축적 과정**은 그 자체 자본주의적 생산과정의 내재적 양상이다. 그것은 **임금 노동자**, 즉 가용 자본량을 실현하고 증가시키는 수단의 **새로운 창출**을 수반한다. 그것은 이를 여성, 아동과 같은 이전에 자신에 복속되지 않았던 인구 부분들에 자신의 지배를 확장하거나, 혹은 인구의 자연 증가를 통해 증가한 노동 대중 부분을 복속시킴으로써 수행한다. 면밀히 살펴보면 자본 자체가 이러한 노동력 생산, 즉 자본이 자신의 욕구에 따라 착취하려 하는 인간 대중의 생산을 **규제한다**는 점이 명확해진다"(마르크스, 1988c: 129–130. 강조는 마르크스).

자본주의에서 생산과 재생산의 구별, 따라서 자본주의와 가족(가사노동)의 경계를 이분법적으로 절대화하는 것은 마르크스의 방법과 다르다. 따라서 "상품생산관계에서 자본가와 노동자의 관계로 생산관계를 나누는 기존 경제학과 마르크스주의는 모두 가부장적이다"(고정갑희, 2012: 53)라거나, 마르크스처럼 "자본주의를 주요 모순으로 보는 이론가들과 운동가들은 생산을 상품생산으로 제한하였고, 그렇게 함으로써 여성들의 노동과 성별/성애적 노동을 보지 못하게 되었다"(고정갑희, 2009: 37)는 비판은 마르크스의 방법에 고유한 총체성의 변증법, 추상과 구체의 변증법을 고려하지 않은 것이다.

이 점에서 힘멜바이트와 모훈이 자본주의에서 재생산노동의 시장화, 사회화의 한계를 근거로 하여, 생산과 재생산 영역의 구별이 계속 존속할 것이며, 이는 자본주의 생산의 유지에 대해 필수적이라고 주장한 것 역시 동의하기 어렵다. 이들은 다음과 같이 주장했다:

"가사노동의 완전한 사회화는 살아 있는 개인들의 재생산의 사회화를 요구한다. … 자본이 자신의 생산관계하에 살아 있는 개인들의 재생산을 포함시키게 되었다고 가정해보자. 만약 그 살아 있는 개인들이 상품이라면, 그들은 그 자체로 사유재산일 것이며 자본주의 생산에 필수적인 '자유로운' 임금노동자로 기능할 수 없을 것이다"(Himmelweit and Mohun, 1977: 25).

하지만 힘멜바이트와 모훈의 주장과는 달리, 전술했듯이, 자본주의 발전 과정에서 자본주의 경계 내에서 가사노동 혹은 재생산노동 일반의 상당한('완전한'은 아닐지라도) 시장화·사회화가 이미 이루어지고 있다.

마르크스의 방법에서 특징적인 것은 자본주의에서 생산과 재생산의 상호 연관, 상호 작용, 중층결정 관계를 중시하면서도,[21] 최종심에서 재생산에 대한 생산의 규정성을 승인하는 것이다. 마르크스는 자본주의에서 성적 불평등을 성별 생물학적 차이나 가부장제의 산물이 아니라, 자본주의 생산의 구조적 결과로 이해했다(Gimenez, 2005: 24). 최종심에서 재생산에 대한 생산의 규정성은 가사노동 논쟁이 공유했던 자본주의와 가부장제의 이중체계론 및 이것이 함축하는 반자본주의 노동자운동과 여성해방운동의 절대적 자율성 역시 부적절함을 보여준다.

기계제 대공업의 발전과 노동력의 가치 및 가사노동의 재구성

마르크스의 『자본론』 1권 15장 '기계와 대공업'은 그동안 주로 기술혁신론, 노동과정론의 관점에서 독해되었지만, 이 장은 페미니즘의 시각에서, 혹은 여성과 가족을 키워드로 해서 다시 읽을 필요가 있다(Weeks, 2011). 마르크스는 이 장에서 다음과 같이 말했다:

---

21 즉 이중체계론자들의 주장과는 달리, 자본주의적 관계와 가족 및 성적 관계는 독립적·자율적인 것이 아니라 복합적으로 상호작용한다. 하지만 프라드, 레즈닉, 울프와 같은 알튀세르주의 경제학자들처럼 자본주의에서 가족제도를 봉건적 생산양식이라고 규정하고, 남편=봉건영주, 여성 아내=농노로 유비하여 남편이 아내의 잉여노동을 착취한다고 주장하는 것(Fraad, Resnick and Wolff, 1994)은 동의하기 어렵다. 자본주의에서 가족은 자기지속적 생산양식이 될 수 없기 때문이다.

"기계는, 근육의 힘을 요구하지 않는 한, 근육의 힘이 약하거나 또는 육체적 발달은 아직 미숙하지만 팔과 다리는 더욱 유연한 노동자를 사용하는 수단이 된다. 그러므로 여성노동과 아동노동은 자본가에 의한 기계 사용의 첫 번째 결과였다! 노동과 노동자를 대신하는 이 강력한 수단 즉 기계는 즉시로 남녀노소의 구별없이 노동자 가족의 구성원 모두를 자본의 직접적 지배하에 편입시킴으로써 임금노동자의 수를 증가시키는 수단으로 되었다. 자본가를 위한 강제노동은 아동의 유희시간뿐만 아니라 가정 안에서의 가족을 위한 최소한의 자유노동까지 박탈하였다. 노동력의 가치는 개별 성인노동자를 유지하는 데 필요한 노동시간뿐만 아니라 노동자 가족을 유지하는 데 필요한 노동시간에 의해서도 규정된다. 기계는 노동자 가족의 전체 구성원들을 노동시장에 내던짐으로써 가장의 노동력의 가치를 그의 전체 가족구성원들에게로 분할한다. 그러므로 기계는 가장의 노동력의 가치를 저하시킨다. 예컨대 4명의 노동자들로 구성된 가족의 노동력을 구입하려면 종전에 가장의 노동력만을 구입할 때보다 아마도 비용이 더 들 것이다. 그러나 그 대신 4노동일이 1노동일을 대체하므로 4노동일의 잉여노동이 1노동일의 잉여노동을 초과하는 것에 비교하여 보면 그들 가족의 노동력의 가격은 하락하게 된다. 한 가족이 생활하기 위하여 이제는 4명이 자본가를 위하여 노동뿐만 아니라 잉여노동을 제공하지 않으면 안된다. 이와 같이 기계는 처음부터 자본의 가장 특징적인 착취 대상인 인간적 착취재료를 추가할 뿐만 아니라 착취의 정도도 증대시킨다"(마르크스, 2015a: 533-534).

위에서 인용된 『자본론』 1권 15장 '기계와 대공업' 부분에서 마르크스는 기계제 대공업의 발전이 여성노동에 미친 두 가지 상호 연관된 영향에 주목했다. 첫째는 기계제 대공업의 발전이 자본으로 하여금 여성노동을 대거 활용할 수 있게 했다는 점이며, 둘째는 이와 연관되어 성인 남성 노동력의 가치가 전 가족 구성원으로 분할되어 성인 남성 노동력의 가치가 저하했다는 점이다. 그런데 마르크스가 남성에 비해 여성이 연약하기 때문에 기계제 대공업이 발전한 다음에야 노동력에 참여할 수 있게 되었다고 서술한 것을 두고서, 리브 같은 이들은 마르크스가 성별 대립의 편견을 극복하지 못했다고 비판했다 (Leeb, 2007: 848). 하지만 마르크스가 여기에서 주목했던 것은 기계제 대공업의 발전이 여성의 노동력 참가의 증대를 위한 기술적 조건을 제공했다는 사실, 그리고 이와 동시에 기계제 대공업에 편입된 여성과 아동 노동력에 대한 착취가 차별적으로 이루어지며 이들이 사회 최하층의 가장 저급한 노동을 떠맡게 되었다는 사실이었다.

또 베넨슨은 마르크스가 위의 인용문에서 이른바 가족임금 (family wage)을 지지했다고 비판했다.[22] 하트만(Hartmann, 1979)

---

22 "마르크스의 주장은 임금 소득의 '가족 유지' 기준에 대한 남자 노동자들의 요구를 암묵적으로 지지한다. 이 기준은 자본을 위해 노동하는 노동자계급

도 마르크스가 위 인용문에서처럼 임금을 노동력의 세대간 재생산 비용으로 정의한 것이 노동자운동 내에서 가족임금 이데올로기가 득세하게 된 배경이 되었다고 주장했다. 즉 가부장적 특권을 유지하려는 남성 자본가들과 남성 노동자들이 공모하여 가족임금을 도입했고, 이러한 가족임금 메커니즘을 통해 자본주의와 가부장제가 공존하게 되었다는 것이다.[23] 하지만 위의 인용문을 근거로 마르크스가 가족임금 전략, 가족임금 이데올로기를 옹호했다고 비판하는 것은 견강부회이다. 마르크스가 위 인용문에서 노동력 가치를 노동자의 세대간 재생산, 즉 가족 생계 유지에 필요한 소비재의 가치로 정의한 것은 사실이지만, 이는 임금 결정에 대한 정책 처방이나 규범을 제시한 것이 아니라, 자본주의 현실에서 임금이 어떻게 결정되는지를 엄밀하게 보여준 것일 뿐이다.

가족 구성원의 수를 제한함으로써 착취를 제한할 것이기 때문이다. 마르크스는 노동일의 단축이 노동자계급 '정치경제학'의 원리를 체현하고 있다고 언명했다. 이로부터 남자 외벌이 패턴이 마르크스의 바람직한 '가족 경제' 개념을 정의하고 있다고 유추할 수 있다"(Benenson, 1984: 16).

23 노동자운동의 역사에서 가족임금 전략은 가족에서 남성에 대한 여성의 경제적 의존을 강화하고 노동시장에 참여하는 여성의 소득을 단지 가족임금을 보충하는 이차적 소득으로 보는 통념을 강화하여 노동시장에서 여성의 저임금과 직종 분리를 정당화했다. 가족임금 전략은 노동시장에서 개별 여성과 남성이 갈등하는 조건을 창출함으로써 노동자계급 전체의 전투성을 약화시키고, 비노동자를 국가가 아니라 노동자계급의 임금으로 지원해야 한다는 관념을 조장한다는 점에서 반자본주의 노동정치와 대립적이다(권현정, 2002: 23-25).

자본주의 발전과 가족의 해체

마르크스는 『자본론』 1권 15장 '기계와 대공업'에서 자본주의 발전에 따라 가부장제 가족의 해체를 전망했다:

"그러나 자본에 의한 미성숙 노동력의 직접적 또는 간접적 착취를 야기한 것은 친권의 남용이 아니다. 오히려 그와 반대로 자본주의적 착취방식이야말로 친권에 상응하는 경제적 토대를 제거함으로써 친권을 남용하게 만든 것이다. 그런데 자본주의 체제 안에서 종래의 가족제도의 해체가 아무리 무섭고 메스껍게 보일지라도 대공업은 가정의 영역 밖에 있는 사회적으로 조직된 생산과정에서 부인, 미성년자, 남녀 아동들에게 중요한 역할을 부여함으로써 가족과 양성관계의 보다 높은 형태를 위한 새로운 경제적 토대를 창조하고 있다. 기독교-게르만적 가족형태를 절대적이고 최종적이라고 생각하는 것은, 고대 로마적 또는 고대 그리스적 또는 동양적 형태—그런데 이 형태들은 하나의 역사적 발전 계열을 형성한다—를 절대적이라고 생각하는 것과 마찬가지로 비합리적이다. 또한 남녀노소 개인들로서 집단적 노동 그룹이 형성되어 있다는 사실은, 그것의 자연발생적이고 야만적인 자본주의적 형태(여기에서는 생산과정이 노동자를 위하여 존재하는 것이 아니라 노동자가 생산과정을 위하여 존재한다)에서는 부패와 노예상태의 원천이 되지만, 적당한 조건하에서는 이와 반대로 인간적인 발전의 원천으로 변하지 않을 수 없으리라는 것 또한 명백하다"(마르크스, 2015a: 660).

마르크스는 자본이 노동하는 여성을 타락시키고 물리적으로 파괴하면서 가족 자체를 해체시키는 작용을 하면서도, 이 과정을 통해서 고차적 형태의 가족을 사회 전체의 고차적 형태들과 함께 창출한다는 점에 주목했다. 마르크스는 자본이 여성과 노동을 가정이라는 굴레에서 밀어내어 저임금 노동자로 전환시킴으로써 구래의 가족을 해체하는 것이 '무섭고 메스꺼운' 과정이라고 묘사하면서도 여성과 아동이 조직화된 생산과정에 통합되고 집합적 노동에 참여하는 것이 가족의 '높은 형태를 위한 새로운 경제적 토대'를 창출하고 적당한 조건하에서는 '인간적인 발전의 원천으로' 전환될 것이라고 보았다.

마르크스는 『자본론』 1권 15장 '기계와 대공업'에서 자본주의 발전이 여성의 노동력 참가, 즉 가사노동으로부터의 해방을 위한 객관적 조건을 제공하면서도, 동시에 여성노동과 아동노동에 대한 초과 착취를 극대화하여 결국 가족제도 자체의 해체를 촉진하고 "가족과 양성관계의 보다 높은 형태를 위한 새로운 경제적 토대를 창조"한다는 점을 명확히 했다. 이 부분을 읽으면 마르크스가 가부장제 이데올로기나 남성중심주의의 편견에서 벗어나지 못했다는 비판이 아무런 근거가 없음을 알 수 있다. 오히려 필자는 이 부분에서 제시된 마르크스의 통찰에 기초하여 마르크스주의와 페미니즘이 다시 결합할 수 있다고 생각한다.

마르크스는 부르주아 가족형태를 가족형태의 최종적 형태가 아니라 역사적으로 존재한 많은 가족형태들 중의 하나로 보았다. 하지만 일부 페미니스트들은 마르크스가 여성이 노동시장에 참여·편입되는 것에 부정적이었다고 주장한다.[24] 마르크스가 가부장제적 시대적 편견에서 자유로웠던 것은 아니지만, 이런 편견을 이론화하지는 않았다. 브라운이 지적하듯이 여성의 노동시장 참여는 "한편에서 가족 구조를 봉건제에 기초한 형태로부터 이윤과 이기적 이해관계가 주요하게 되는 부르주아적 형태로 전환시켰다. 다른 한편에서 봉건제에 기초한 가부장제 가족의 이와 같은 해체는 여성의 열등성 가정에 기초하지 않는 새로운 가족형태의 발전을 위한 객관적 조건을 창출했다"(Brown, 2012: 97).

가족형태의 역사적 해체 전망과 관련하여 마르크스의 후기 저작, 특히 1879~82년 『민족학노트』가 중요하다(Dunayevskaya, 1991; Chattopadhyay, 1999, Smith, 2002). 엥겔스가 『가족, 사유재산 및 국가의 기원』에서 계급갈등과 "여성의 세계사적 패배"의 단초로서 사유재산의 도입에만 초점을 맞추었다면, 『민족학

---

24 예컨대 바레트는 다음과 같이 주장했다: "마르크스 자신은 그의 후기 저작에서도 계속 여성 임금노동이 내재적으로 문제가 있는 것으로 묘사했다. 예컨대 『자본론』에서 마르크스는 여성과 아동노동이 남성 노동자에 대한 위협일 뿐이라고 자주 언급했다. 여성노동과 아동노동은 항상 여성 노동자의 도덕적 타락이라는 맥락에서 혹은 이들이 남성 노동자의 저항에 미치는 부정적 영향이라는 맥락에서 언급되었다"(Barrett, 1983: 211).

노트』에서 마르크스는 초기 사회에 대한 훨씬 복합적인 관점을 보여주었다.[25] 인류의 계급사회로 향한 발전을 다소 단선적으로 묘사한 엥겔스와는 달리 마르크스는『민족학노트』에서 사유재산 제도가 발전하기 훨씬 전부터 공동체 사회 내부에서 계급적 성적 모순이 진행되고 있음에 주목했다. 만년의 마르크스는『민족학노트』에서 가족 내 성별 분업을 주어진 것이 아니라 역사적 현상으로 간주했으며 원시 사회 때 이루어진 모권제 사회에서 가부장제 사회로의 이행은 여성의 지위와 권리에 유해한 영향을 미쳤다고 말했다. 마르크스에게 가부장제는 정상적인 혹은 자연적인 제도가 아니라 그 이전 시대에는 알려져 있지 않은 역사적 제도였다.

마르크스가 빅토리아 시대의 제약, 여성 비하 편견에서 완전히 자유로웠던 것은 아니다.[26] 하지만 마르크스는 만년으로 가면서 여성억압과 여성해방 문제에 대한 근원적 역사적 고찰을 심화시켰다. 마르크스는 1871년 파리 코뮌 이후 여성을 역사 발전의 주체로 재인식했다(Dunayevskaya, 2000). 마르크스는 1871년 파리 코뮌 경험 이후 여성억압의 현실을 고발하는 데

---

25 따라서 엥겔스에 비하면 마르크스의 여성문제에 대한 인식이 부족하다는 바레트의 평가(Barrett, 1983: 214)는 일면적이다.

26 리브에 따르면, 마르크스는 부르주아 여성을 가리킬 때는 '숙녀(Dame)' 혹은 '여성(Frau)'이라는 단어를 사용했던 반면, 노동자계급 여성을 언급할 때는 언제나 '부인(Weib)'이라는 다소 비하적 어감을 갖는 단어를 사용했으며, 한 번도 '여성' 혹은 '숙녀'라는 단어를 사용하지 않았다(Leeb, 2007: 844).

역점을 두었으며, 여성을 반자본주의 저항의 중요한 주체로 간주했다. 마르크스는 여성과 남성은 동등한 지위에서 새로운 진정으로 인간적인 관계를 만들어가야 한다고 보았다. 1880년 마르크스는 「프랑스 노동자당 강령」에 "양성 노동자들의 동일 노동에 대한 동일 임금"(Marx, 1992: 377)을 추가할 것을 주장했다. 1879~82년 만년의 마르크스는 『민족학노트』에서 여성억압과 여성해방의 문제와의 관련 속에서 비서구·비자본주의 생산양식의 문제에 대한 본격적 분석에 착수했다. 마르크스의 1879~82년 『민족학노트』는 리야자노프(D. Ryazanov) 같은 이들이 억측하듯이, 『자본론』을 완성할 수 있었던 시간을 낭비한 "변명의 여지가 없는 현학"이기는커녕, 세계화하는 자본주의의 동학과 모순에 대한 역사적 분석, 즉 세계시장공황으로 총괄되는 마르크스의 경제학 비판 6부 플랜의 결정적 구체화로서, 즉 "『자본론』의 확장"으로서 재평가되어야 한다(Dunayevskaya, 1991: 177-178; Smith, 2002; 82).[27] 마르크스는 "자신의 시대(19세기-필자)의 페미니스트"였다(Carver, 1998: 224). 하트와 네그리가 말한대로, "우리는 페미니스트가 되지 않고서는 진정한 반자본주의자가 될 수 없다. 왜냐하면 자본과 가부장제는 상호 구성

---

27 실제로 마르크스는 1879~82년 『민족학노트』를 작성했던 시기 직전인 1877~78년 『자본론』 2권의 제1편 '자본의 순환' 초고를 집필했으며, 『민족학노트』의 작성 기간이었던 1879~80년에는 본격적인 경제학 비판으로서는 최후의 작품이자 『자본론』의 방어라고 할 수 있는 「바그너에 대한 평주」를 집필했다.

적이어서, 가부장제를 격퇴하지 않고서는 자본을 패배시킬 수 없기 때문이다"(Negri and Hardt, 2019: 90).

* * *

1970년대 초 가사노동 논쟁은 흔히 잊혀진 논쟁으로 간주되지만, 이 논쟁이 페미니즘을 비롯한 진보진영의 이론과 실천에 중요한 영향을 미쳤던 것은 분명하다. 가사노동 논쟁 이후 사적인 가정은 이제 단지 소비의 단위일 뿐만 아니라 생산의 단위로 재인식되고, 사적 가정에서 가족 구성원들이 수행하는 무급 가사노동이 노동과정으로 묘사되기 시작했는데, 이는 여성 문제 분석의 패러다임 자체를 전환시킨 것이었다. 또 가사노동 논쟁은 가치론을 비롯한 마르크스의 경제학 비판이 여성억압과 차별 및 가족제도의 비판과 대안 모색을 위해서도 확장될 수 있음을 보여주었다. 이 점에서 가사노동 논쟁은 1970년대 이후 본격화되기 시작했던 마르크스주의의 위기에 대한 선구적 대응이었으며, 많은 모호함과 중도반단에도 불구하고, 마르크스의 경제학 비판의 발전을 위한 미완의 결정적 시도였다(Vogel, 2008: 242). 하지만 1970년대 초 가사노동 논쟁은 소멸 혹은 실패한 잊혀진 논쟁이 되고 말았는데, 이는 무엇보다 이 논쟁이 공유했던 '가사노동 착취→자본의 잉여가치 증대' 명제와 이중체계론의 난점 때문이다. '가사노동 착취→자본의 잉여가치 증대' 명제는 마르크스의 가치론의 맥락에서는 논증될 수 없으며, 이중체계론 역시 자본주의 발전의 현실 자체에 의해 압도 · 논박되었다. 가사노동 논쟁의 소멸 혹은 실패 이후 페미니즘과 마르크스주의의 분리는 마르크스주의의 주변화와 페미니즘의 체제내화로 귀결되었다.

하지만 오늘날 진보좌파의 위기를 타개하기 위해서는 좌파 연합 정치가 구현되어야 하는데, 이를 위해 마르크스주의와 페미니즘의 재결합은 필수적이다.[28] 그리고 이를 위한 이론적 기초는 최근 유행하는 교차성 접근이 아니라, 1970년대 초 가사노동 논쟁의 프레임이었던 마르크스의 경제학 비판에서 재발견될 수 있다. 교차성 접근은 한물간 '인종, 젠더, 계급'의 더하기식(additive) 삼위일체(triology) 접근의 재판일 뿐이며, 정체성의 정치를 지지하고 정당화한다(Gimenez, 2018: 268).[29] 마르크스의 경제학 비판에서 핵심적인 착취와 억압의 구별에 기초한 계급분석의 문제설정(Foley, 2018: 272-3)에 근거하면서도, 여성 억압이 사회 전체의 재생산에서 중심적인 것이라고 간주했던

---

28 마르크스주의와 페미니즘의 재결합 시도에 관해서는 폰 베르호포(von Werlhof, 2007), 울프(Wolf, 2007) 등을 참조할 수 있다. 또 마르크스주의와 페미니즘을 비롯한 사회운동과의 연대의 방법론에 대한 논의로는 Webber(2019)를 참조할 수 있다.

29 교차성 접근 혹은 가산적 접근의 약점의 하나는 연대의 방식이 외적이라는 것이다. "요청되는 것은 연대의 **내적** 유대"(Hardt and Negri, 2019: 89. 강조는 하트와 네그리), 혹은 생산영역에서의 투쟁과 재생산영역에서의 투쟁의 단순한 '더하기'가 아니라 '융합'과 '종합'이다(Webber, 2019: 29).

1970년대 초 가사노동 논쟁의 인식은 21세기 자본주의 현실에서도 여전히 유효하다. 그 동안 자본주의 발전 과정에서 많은 여성들이 임금노동에 종사하게 되었고 가사노동의 시장화가 이루어졌지만, 가사노동의 비대칭적으로 많은 부분은 여전히 여성이 부담하고 있다.[30] 실제로 1980년대 신자유주의 세계화 이후 사회적 재생산 비용과 책임이 개인과 가족에게 전가·재사유화되고 있다. 또 "여성이 시장노동을 선택하면서 무급 가사노동과 돌봄노동에 대한 책임을 포기할 수 없거나 면제받을 수 없었기 때문에 이중 노동 부담에 시달"리고 있다(윤자영, 2012: 207). 또 가족 제도 역시 심각한 위기와 해체 징후에도 불구하고, 여전히 다음 세대 노동자를 재생산 양육하는 데 소요되는 비용을 부담케 하는 제도이자, 원자화되고 고립된 가족 이기주의 및 경쟁 메커니즘을 조장하는 제도로서, 자본주의 체제의 유지에 봉사하고 있다(Orr, 2010). 1970년대 초 가사노동 논쟁의 쟁점들을 재발견하고 확장하는 것은 이와 같은 21세기 여성 노동과 가족의 현실에 대한 마르크스주의적 비판과 대안을 모색하기 위해서도 시급하다.

---

30 예컨대『2012년 세계개발보고서』는 다음과 같이 보고하고 있다: "대부분의 나라들에서 여성은 소득 수준과 관계없이 가사노동과 돌봄노동에 대해 불비례적 책임을 지고 있는 반면, 남성은 대부분 시장노동에 책임을 지고 있다. … 모든 곳에서 여성은 남성 파트너에 비해 매일 더 많은 시간을 돌봄노동과 가사노동에 바치고 있다. … 심지어 여성이 시장노동의 더 많은 부분을 담당할 경우에도 여성은 여전히 돌봄노동과 가사노동을 더 많이 책임지고 있다"(World Bank, 2011: 17).

| 5장 |

생태사회주의와 도시 마르크스주의
대안[1]

최근 "자본주의의 종말을 상상하는 것보다 지구의 종말을 상상하는 것이 더 쉽다"(Jameson, 2016: 3)는 말이 나올 정도로 생태위기가 지구 혹성의 존속을 위협할 정도로 심화되고 있다. 생태위기에 대한 시장적 접근이 무력하고 오히려 위기를 더 격화시킬 뿐이라는 점이 분명해지면서 생태, 환경과 공간, 도시에 대한 급진적 마르크스주의적 연구가 크게 진전되고 있다. 이 장에서는 마르크스와 엥겔스의 환경론을 검토하고, 21세기 들어 새롭게 전개되고 있는 생태마르크스주의(ecological Marxism)를 자본주의에서 물질대사의 균열, 자본주의의 '2차적 모순', 자연의 상품화, 축적전략으로서 자연 등의 개념을 중심

---

1   이 장은 정성진(2015b)을 수정 보완한 것이다.

으로 검토한다. 또 마르크스와 엥겔스의 도시론과 함께 자본
주의에서 도시와 농촌의 분리, 도시화와 과잉축적 위기의 심화
등에 관한 최근 도시 마르크스주의(Metro Marxism)의 견해도 검
토한다. 이와 함께 옛 소련·동유럽을 비롯한 '역사적 사회주
의'가 도시와 환경 문제를 해결하는 데 실패한 이유를 살펴보
고, 도시와 환경 문제에 대한 마르크스적 대안을 도시권(right to
the city)과 도시 커먼스(urban commons)의 회복, 생태사회주의를
중심으로 검토한다.

자본주의와 환경 위기

마르크스의 자연관

흔히 마르크스에는 고유한 환경론이 결여되어 있다고 주장
된다. 또 마르크스는 프로메테우스적 생산력주의자로서 인간
과 자연 간의 불가피한 대립을 상정했다고 주장된다. 예컨대
마르크스의 자본주의 분석, 특히 노동가치론은 자연에 의한 생
산 제약을 경시했다고 비판되며, 자본주의의 모순에 관한 마르
크스의 논의 역시 생산의 자연적 조건을 고려하지 않았다고 지
적된다. 또 마르크스는 자본주의에서 생산력 발전은 생산의 자
연적 제약을 완전히 극복할 수 있게 하며, 인간의 완전한 자연
지배를 향한 자본주의의 발전에 기초하여 공산주의를 구상했

다고 이야기된다. 요컨대 마르크스는 생태문제에 대한 이해가 부족했다는 것이다. 하지만 이러한 주장은 마르크스의 다음 몇 문장만 봐도 의문시된다:

"인간이 자연에 의해 **살아간다**는 것은 다음을 말한다: 자연은 인간이 죽지 않기 위해서 끊임없는 과정 속에 있어야만 하는 인간의 **신체**인 것이다. 인간의 육체적 정신적 생활이 자연과 연관되어 있다는 것은 자연이 자연 자체와 연관되어 있다는 것 이외의 어떤 의미도 갖고 있지 않은데 이는 인간이 자연의 일부이기 때문이다"(마르크스, 2006: 92-3. 강조는 마르크스).

"형태를 변경하는 노동 자체에서도 인간은 끊임없이 자연력의 작용에 의지한다. 따라서 노동은 그것에 의하여 생산되는 사용가치, 곧 물질적 부의 유일한 원천은 아니다. 윌리엄 페티가 말한 바와 같이 노동은 부의 아버지이고 토지는 그 어머니이다"(마르크스, 2015a: 53-4).

"우리는 단지 하나의 과학, 역사과학만을 알고 있다. 우리는 역사를 두 측면에서 고찰해서 자연의 역사와 인간의 역사로 나눌 수 있다. 하지만 두 측면은 분리될 수 없다. 자연의 역사와 인간의 역사는 인간이 존재하는 한 상호의존한다"(마르크스 · 엥겔스, 2019: 44).

마르크스는 경제현상에 대한 분석을 자본주의적 생산관계

라는 좁은 틀이 아니라 자연과 인간의 관계에서 출발했다. 마르크스는 인간은 자연의 일부이며 자연은 노동과 더불어 모든 부의 필수적 원천이라고 보았다. 즉 인간이 자연과 교류하는 과정이 노동과정이며, 노동은 자연, 자연력과 밀접히 결부되어 있다는 것이다. 마르크스는 토지를 물질적 부의 '어머니'임과 동시에 생활의 직접적 원천으로 간주했다. 마르크스는 인간과 자연의 관계를 분석하기 위해 물질대사라는 개념을 도입했다. 마르크스는 인간의 생명은 자연과의 물질대사에 의해 보장된다는 점을 강조했다:

"노동은 무엇보다 먼저 인간과 자연 사이에서 이루어지는 하나의 과정이다. 이 과정에서 인간은 자신과 자연 사이의 물질대사를 자기 자신의 행위에 의해 매개하고 규제하고 통제한다. 인간은 자연 소재에 대하여 그 자신이 하나의 자연력으로서 대립한다. 인간은 자연 소재를 자기 자신의 생활에 적합한 어떤 형태로 획득하기 위해 그의 신체에 속하는 자연력인 팔과 다리, 머리와 손을 운동시킨다. 그는 이 운동을 통해 외부의 자연에 영향을 미치고 그것을 변화시키며, 그렇게 함으로써 동시에 자기 자신의 자연을 변화시킨다"(마르크스, 2015a: 237-8).

여기에서 물질대사는 생명체 내의 생물화학적 반응뿐만 아니라 유기체와 환경 간의 에너지 및 물질교환의 총체를 지칭한다(Swyngedouw, 2006: 23). 마르크스의 물질대사 개념은 인간과 자연의 관계를 자연으로부터 부과된 조건들과 인간이 이 과정에 미치는 영향이라는 두 측면에서 파악한다. 물질대사는 자연의 측면으로부터는 다양한 물리적 과정을 지배하는 자연법칙에 의해 규제되며, 사회의 측면으로부터는 분업과 부의 분배를 지배하는 제도화된 규범들에 의해 규제된다(Foster, 1999: 381). 마르크스는 자연과 사회는 서로 독립적인 것이 아니라 변증법적으로 공진화(co-evolution)한다고 보았다. 마르크스의 역사유물론을 '역사환경유물론' 혹은 '역사생태유물론'으로 부르기도 하는 것은, 그것이 자연과 인간 사회의 공진화라는 관점에 기초해 있기 때문이다(Foster, 1999: 373).

마르크스는 자본주의에서 노동은 생산조건과 자연으로부터 분리 소외되며, 이로부터 물리적·생물학적 균형이 파괴된다고 보았다. 자본주의에서 직접생산자인 임금노동자들은 생산수단을 비롯한 생산조건으로부터 분리되는데, 이는 생태 친화적이며 공동체에 유익한 방식으로 생산조건을 관리하는 것을 어렵게 한다(Burkett, 2011). 마르크스는 『요강』에서 자본주의의 무제한적 축적의 논리가 지배하면서 인간과 자연의 교류가 끊어지고 자연은 인간의 지배와 수탈의 대상으로 전락한다고 말했다:

"자본은 부르주아 사회를 창조하고, 사회 구성원들에 의한 자연 및 사회적 연관 자체의 보편적 취득을 창조한다. … 처음으로 자연은 순전히 인간을 위한 대상이 되고 순전히 유용성을 갖는 사물로 되며 독자적 위력을 갖는 것으로 인정되지 않게 된다. 또 자연의 자립적 법칙들에 대한 이론적 인식은 자연을 소비 대상으로서든 생산수단으로서든 인간의 욕구에 복종시키기 위한 간지(奸智)로서만 나타난다"(마르크스, 2000, II권: 20).

마르크스는 『자본론』 1권과 3권에서 자본주의에서 도시화에 따른 도시와 농촌의 분리가 인간과 자연 간의 물질대사에 '치유될 수 없는 균열'을 야기한다고 말했다:

"이윤에 대한 맹목적인 욕망이 한 경우에는 토지를 메마르게 했고 다른 경우에는 국민의 생명력을 뿌리째 파괴하고 말았다. … 자본주의적 생산은 인구를 대중심지로 집결시키며 도시 인구의 비중을 끊임없이 증가시킨다. 이것은 두 가지 결과를 가져온다. 한편으로는 사회의 역사적 동력을 집중시키며, 다른 한편으로는 인간과 토지 사이의 **물질대사를 교란**한다. 즉 인간이 의식 수단으로서 소비한 토지의 성분들을 토지로 복귀시키지 않고, 따라서 토지의 비옥도를 유지하는 데 필요한 조건을 침해한다. 그리하여 자본주의적 생산은 도시 노동자의 육체적 건강과 농촌 노동자의 정신생활을 다 같이 파괴한다. … 자본주의적 생산은 모든 부의 원천인 토지와 노동자를 파멸시킴으로써만 다른 한편에서 동시에 생산기술과 사회적 생산과정의 결합을 발전시킬 뿐이다"(마르크스, 2015a: 318-9, 682-4. 강조는 필자).

"자본주의 경제는 그 운용과 관련하여 엄청난 낭비를 자행한다. 예를 들어 런던에서는 450만 명분의 인분을, 엄청난 돈을 들여 템스강을 오염시키는 용도 이외에는 아무런 활용할 방도를 찾지 못하고 있다. … 대토지소유는 농업인구를 끊임없이 최소한의 수준으로 감소시키고, 이들을 대도시로 몰아냄으로써 공업인구를 지속적으로 증가시킨다. 그럼으로써 그것은 생명의 자연법칙에 의해 정해져 있는 사회적 **물질대사**의 구조에 **치유될 수 없는 균열**을 불러일으키는 조건을 만들어낸다. 그 결과 지력은 탕진되고 이런 탕진은 무역을 통해서 한 나라의 경계를 훨씬 넘어서까지 확대된다. … 대공업과 공업적으로 경영되는 대농업은 함께 협력한다. 원래 이들 양자가 전자는 더 많은 노동력(즉 인간의 자연력)을, 후자는 더 많은 토지의 자연력을 각각 황폐화하고 유린함으로써 갈라져 있었다면, 이제 나중에는 농촌에서도 공업체계가 노동자들을 무력화하고 공업과 상업은 또한 농업에 대해서 토지를 황폐화하는 수단을 제공해줌으로써, 양자는 점차 서로 손을 잡아나간다"(마르크스, 2015c: 124, 1030. 강조는 필자).

마르크스는 위 인용문에서 대공업과 도시가 식량과 섬유라는 형태로 영양분을 토지로부터 빼내고 인간의 분뇨는 템스강에 투기함으로써 환경을 오염시키면서 영양분을 토지에 반환하지 않는다는 것, 이로부터 토양의 영양 순환이 방해된다는 것, 즉 자본주의적 대공업과 대규모 농업이 인간과 자연의 물질대사를 교란시킨다는 것을 당시 농화학자 리비히(J. Liebig)를 인용하면서 강조했다.[2] 마르크스는 자본축적 과정에서 노동력과 토지의 피폐, 원주민의 생활환경 파괴, 산림 파괴, 토지소유로 인한 농지 개량의 저해, 합리적 농업의 배제, 농촌의 파괴, 도시 토지의 열악화, 즉 자본의 무제한적 축적욕구에서 비롯된 노동력과 자연의 파괴를 예리하게 고발했다. 마르크스는 이윤율 저하를 상쇄하기 위해 자본이 불변자본의 절약을 추구하는 것이 노동자의 건강과 생명을 위협하는 것에도 주목했다. 마르크스는 인간과 자연 간의 물질대사의 균열을 자본주의적 축적의 본질적 양상의 하나라고 보았다. 엥겔스도 자본주의가 축적을 위해 자연과 인간을 모두 무계획적으로 착취하고 파괴하지만, 이는 조만간 자연재해라는 형태로 복수를 당할 것이라고 주장했는데, 이것은 오늘날 생태위기를 한 세기 이상 앞서 내다본 것이다:

"우리 인간이 자연에게 이겨서 얻은 승리에 너무 득의양양해지지 말도록 하자. 그렇게 매번 승리할 때마다 자연은 우리에게 복수를 한다"(엥겔스, 1989b: 174).

---

2 만년의 마르크스는 최근 MEGA2로 출간된 발췌 노트에서 리비히의 약탈농업론을 중심으로 인간과 자연의 물질대사가 어떤 이유로 균열 왜곡되는가를 다각적이고 폭넓게 연구했다. 이에 대한 상세한 검토로는 Saito(2017)를 참조할 수 있다.

자본주의에서 물질대사의 균열은 '생태제국주의(ecological imperialism)', '불평등 생태교환(unequal ecological exchange)' 같은 현상에서 보듯이 일국 수준을 넘어 글로벌 차원으로 심화되고 있다(Foster and Holleman, 2014). 이미 19세기에 영국을 비롯한 선진국의 집약적 농업은 글로벌 물질대사의 균열을 야기했다. 이는 당시 선진국이 고갈된 토지의 지력을 보충하기 위해 페루와 칠레에서 수백만 톤의 구아노(guano)를 퍼 갔기 때문이다(Clark and Foster, 2010: 146).

자본주의와 생태위기

자본주의에서 축적은 이윤율이 유지되고 잉여가치의 생산, 즉 착취의 조건과 잉여가치의 실현의 조건이 모두 보증되어야 정상적으로 진행될 수 있다. 하지만 현실의 자본주의에서는 무제한적 경쟁적 자본축적과 기계화·자동화·정보화에 따라 자본의 유기적 구성이 고도화하여 이윤율이 저하하고, 잉여가치의 생산과 실현 조건이 충돌하여 과잉생산이 심화되면서 경제위기가 발발한다. 경제위기 국면에서 자본은 축적을 재개 지속하기 위해 환경에 대한 포섭을 확대하거나 재조직하는 이른바 환경적 조정(environmental fix)을 수행한다(Catree, 2008). 자본주의는 생태위기의 와중에서도 공해 처리 산업 등 녹색산업의 성장을 통해 이윤을 얻고 축적을 계속할 수 있다. 하지만 이처럼

'과잉축적 → 이윤율 저하 경제위기 → 환경적 조정'의 악순환
이 반복되면서 지구 환경은 회복 불가능한 지점까지 파괴된다.
자본주의에는 환경 파괴, 생태위기에 대처하는 조절 메커니즘
이 결여되어 있으며, 생태에는 경기순환 같은 기능을 하는 것
이 존재하지 않기 때문에, 환경 파괴와 생태위기는 통제할 수
없을 정도로 심화된다(포스터, 2006).

　오코너(J. O'Connor)에 따르면 자본축적의 모순으로부터 비
롯된 생태위기는 다시 경제위기를 야기하거나 격화시킬 수 있
다. 지구온난화와 산성비, 지하수의 염수화나 유해 폐기물, 토
양 침식 등은 인간과 삼림, 호수와 같은 자연뿐만 아니라 자본
의 이윤율도 위협한다. 또 착취적 비인간적 노사관계는 협동
능력을 약화시키고 커뮤니티와 가족생활을 파괴하고 사회 환
경의 적대성을 증대시켜 생산의 인간적 조건인 노동력도 손상
시킨다. 즉 자본축적은 자본 자신의 조건을 손상 파괴하고 이
윤과 생산 및 축적 능력을 약화시킨다. 아무 규제도 받지 않고
마구잡이로 진행되는 경쟁적 자본축적은 모든 생산형태를 지
탱하는 공유 자원인 노동력과 토지의 파괴를 위협한다. 역사적
으로 자본주의 공업화는 수만 년간 부존되어 있던 석탄, 석유
와 같은 화석연료(fossil fuels)를 불과 2백여 년 만에 집중적으로
꺼내 씀으로써만 가능했다(알트바터, 2007). 오코너는 전통적 마
르크스주의 공황론이 경제위기를 '자본주의의 1차적 모순', 즉
실현 악화, 과잉생산으로 설명하는 반면, 오늘날 경제위기는

생태위기가 초래한 '생산조건'[3]의 악화와 '과소생산', 즉 '자본주의의 2차적 모순'으로부터 비롯된다고 주장한다.[4] 여기에서 '1차적 모순'은 자본의 과잉생산 모순으로서 교환가치의 모순에서 비롯되는 것인 반면, '2차적 모순'은 자본의 '과소생산'의 모순으로서 사용가치의 제약과 관련되어 있다(O'Connor, 1998: 127).

자본주의 경제는 필연적으로 팽창적 성장지향적이며, 자본주의적 생산관계로의 자연의 확대된 포섭을 조건으로 한다. 환경을 가속적으로 변혁하는 것은 자본축적의 진행을 위해 불가피하다. 오늘날 자연은 자본의 축적 전략에서 매우 중요한 수단 또는 대상으로 간주되고 있다. 자연의 상품화, 시장화 및 금융화는 신자유주의 프로젝트의 일부이다(스미스, 2007). 생태상품 시장, 자연을 거래가능한 자본 조각들로 쪼개서 다시 혼합하는 환경 파생상품의 출현 등은 그 예이다. "자연 친화적인 것은 이윤 친화적이다"라는 말에서 보듯이 자연의 상품화, 시장화, 금융화는 자본에게 이데올로기적 승리일 뿐만 아니라 새

---

3 여기에서 오코너가 말하는 생산조건이란 "시장법칙(가치법칙)에 따라 상품으로 생산되지는 않지만 상품처럼 취급되는 것들"로서, 자본축적에 필수적인 다음 세 가지 전제조건이다: (1)토지(자연조건 혹은 외부의 물리적 조건); (2)노동력(생산의 개인적 조건); (3)사회적 생산의 공동적 일반적인 조건(커뮤니케이션과 운수 수단인 인프라스트럭처)(O'Connor, 1998: 144).
4 하지만 오코너는 생태위기를 자본축적의 맥락에서 다루고 있을 뿐이며, 생태위기가 독자적으로 갖는 위기로서의 의미는 충분히 음미하고 있지 않다(사이토, 2019: 99).

로운 자본축적의 영역을 열어준다. 자연의 상품화, 시장화, 금융화에 따라 자연은 자본의 순환에 체계적으로 편입되고 있다. 자연의 점증하는 사회적 재생산은 이제 얼마 남지 않은 외적 자연 영역까지 확대되고 있다. 실험실에서 유전자조작으로 생산되는 쥐(OncoMouseTM)에서 보듯이, 이제 '1차적 자연'이 '2차적 자연'의 일부로서 그 내부에서 생산되기 시작했다(스미스, 2007). 자본에 대한 자연의 종속은 이제 형식적 종속을 넘어 실질적 종속으로 심화되고 있다. 자본에 대한 자연의 실질적 종속은 특정한 생물학적 시스템이 공업화된 독자적 생산력으로 작동할 때 이루어진다. 자본을 통한 자연의 순환은 이제 하나의 전략적 과정이 되었다. '생산된 자연'은 상품 선물, 생태신용, 환경 파생상품 등에서 금융적으로 순환하고 있다(스미스, 2007). 하지만 자본주의에서 자본에 의한 자연의 생산, 생산된 자연, '2차적 자연'의 생산은 무한정 확대될 수 있는 것이 아니며, '1차적 자연', 즉 "토양이 회복되고, 대수층(帶水層, aquifers, 지하수를 함유하고 있는 지층)에 지하수가 다시 채워지고, 식물종의 다양성이 유지되고, 곤충과 그 포식자들에 영양분이 공급되고, 언덕이 침식으로부터 보호되는 과정을 규제하는 비상품화된 심층(non-commodified substratum)"에 의해 궁극적으로 규제된다(Wallis, 2008: 31).

1970년대 이전 자연의 조방적 생산은 1980년대 이후 자연의 집약적 생산으로 전환했으며, 자본으로의 자연의 수직적 통합이 진전되고 있다. 자본은 이제 이용가능한 자연을 단지 약탈하는 것, 인간 외부 자연(extrahuman nature)의 '불불노동(unpaid work)'을 전유하는 것(Moore, 2015: 17)에 만족하지 않고 점차 생산과 축적의 새로운 부문의 기초로서 사회적 자연을 생산하고 있다(스미스, 2007). 하지만 자연의 새로운 수직적 자본화에 따라 자본주의의 운명은 자연에 더 의존하게 되었다. 전에는 경제위기 이후 불황 국면에서 과잉생산이 정리되면서 자본의 자연 약탈이 일시적으로 둔화되기도 했다. 하지만 오늘날 자연이 자본의 축적전략에 전면적으로 편입된 결과, 경제위기와 불황 국면에서 자산가격 거품의 붕괴는 생태상품과 환경 파생상품의 가치도 함께 붕괴시켜 생태 환경을 더욱 가속적으로 파괴한다. 예컨대 습지 같은 생태계를 보호한다는 명분으로 만들어진 환경 파생상품은 경제위기와 불황 국면에서 신용시스템이 붕괴하면서 그 가치가 폭락하고, 이는 생태계 파괴, 즉 '1차적 자연'의 파괴를 더욱 가속하고 있다(스미스, 2007).

글로벌 자본축적에 따라 글로벌 생태위기가 심화되고 있다. 2013년 대기 중 이산화탄소 농도가 지구 역사상 처음으로 400피피엠을 돌파했으며, 글로벌 이산화탄소 방출량은 2011년 31.6기가톤에서 2035년 37.2기가톤으로 급증할 것으로 예상된다(Swyngedouw and Kaika, 2014: 462). 또 WWF가 발표하는 '지구 생물 종다양성 지수(Living Planet Index, LPI)'에 따르면 척추동물의 종다양성은 1970~2010년 사이에 무려 52퍼센트나 감소했다(WWF, 2014). 가속화되는 기후변화와 지구온난화에 따른 전 지구적 생태재앙은 실제 상황으로 다가오고 있다.

자본주의 도시화의 모순

도시화의 역사지리유물론

자본은 공간 의존적인 동시에 공간 형성적이며 계급투쟁도 공간에서 이루어진다. 비공간적 이론으로는 자본주의의 특수한 동학을 충분히 설명할 수 없다. 자본주의 사회는 이윤추구를 위한 생산, 교환 및 소비의 지리적으로 연계된 네트워크로 조직된 자본의 공간적 유통에 기초하고 있다. 자본주의에서 도시화는 과잉자본과 노동을 흡수하는 주요 수단으로서 자본축적의 모순의 시공간적 조정(spatio-temporal fix)이라는 특수한 기능을 한다(하비, 2014b: 230). 도시공간의 형성은 이윤을 추구하는 자본가가 끊임없이 생산하는 잉여생산물을 흡수하는 역할을 수행한다(하비, 2014a: 31). 도시화를 위한 건조환경(built environment) 투자는 대부분 노동기간, 회전기간, 내구기간이 길기 때문이다(하비, 2014a: 85). 자본축적은 자본주의 도시화라는 공간적·지리적 과정으로 표현된다. 자본 유통은 공간에서의 조직과 화폐, 상품 및 노동의 공간을 통한 운동에 기초하며, 이 과정에서 독특하고 불균등한 생산, 소비 및 교통의 지리학이 구성된다. 자본축적에 따른 도시 건조환경의 형성이나 아마존 열대우림의 남벌은 자연의 사회공간적 전유 과정 및 사회적 물질대사의 변형을 통해 작동한다. 2008년 글로벌 경제위기가 투기적인 도시 재개발 및 의제적 토지 자본과 금융시장의 특수한 결합에서 비롯된 데서 보듯이, 자본주의에서 경제위기는 항상 지리적으로 구성된다. 자본주의 도시화 과정의 모순과 환경에 대한 자본주의의 궤멸적 영향 및 계급투쟁의 공간지리학은 마르크스의 역사지리유물론(historical geographical materialism)의 시각에서 잘 이해될 수 있다(Swyngedouw, 2012: 149).

자본주의 도시화의 모순

마르크스는 자신의 생애의 대부분을 베를린, 파리, 런던과 같은 대도시에서 살았다(메리필드, 2005). '농촌 생활의 우매함'(마르크스·엥겔스, 2018: 22)을 말하곤 했던 마르크스는 '도시형 인간'이었다. 마르크스는 대도시에서 새로운 사상과 문화가 싹트고 자신에 동정적인 청중도 만날 수 있을 것이라고 생각했다. 마르크스는 이단아들과 급진적 망명자들에게 도시가 관용적인 환경을 제공한다는 것을 알고 있었다. 마르크스는 도심의 클럽과 선술집, 홀에서 자신의 동료들과 함께 논쟁하고 술 마시는 분위기를 좋아했다. 마르크스는 『공산당선언』에서 다음과 같이 말했다: "부르주아지는 농촌을 도시의 지배 아래 복속시켰다. 부르주아지는 거대한 도시들을 만들고, 도시 인구의 수를 농촌 인구에 비해 크게 증가시켰으며, 그리하여 인구의 현저한 부분을 농촌 생활의 우매함으로부터 떼어내었다"(마르크스 · 엥겔스, 2018: 22). 또 르페브르(H. Lefebvre, 1996), 하비(Harvey, 2014a) 등이 강조하듯이, 자본주의 도시화 과정에서 자본주의를 넘어서는 도시 커먼스, 공공 공간과 공공재가 생산된다.

하지만 마르크스는 도시가 자본주의 생산양식의 중추신경으로 기능하고 있다는 것을 잘 알고 있었다. 도시는 생산력을 팽창시키고 사회화하며 분업의 기초가 되며 통치하는 정부가 들어서 있으며 계급의 구별과 거주지역의 분단으로 특징지어진다. 자본주의는 도시화가 요구하는 잉여생산물을 영속적으로 생산한다. 자본주의는 자신이 영속적으로 생산하는 잉여생산물을 흡수하기 위해 도시화를 요청한다. 또 자본주의에서 도시 공간은 역동적인 자본순환 과정에 따라 생산되고 재생산된다(최병두, 1998: 118-9). 자본주의에서 도시 공간의 형성은 과잉자본 흡수에서 결정적 역할을 하면서 지리적 규모를 끊임없이 확대하여, '메가 시티', '글로벌 시티', '지구적 도시화(planetary urbanization)'를 낳고 있다. 하지만 이 과정에서 도시 대중에게서 일체의 도시권(right to the city)을 박탈하는 창조적 파괴 과정이 진행된다(하비, 2014a: 55).

자본주의에서 도시화의 모순은 19세기 파리의 건설 역사가 잘 보여준다. 1853년 프랑스에서 루이 보나파르트의 지시 하에 오스만(G. Haussmann)이 추진했던 새로운 파리 건설은 실은 적자 재정을 통해 과잉자본을 처리하기 위한 것이었다(하비, 2005; 209-212). 이를 통해 파리는 '빛의 도시', 소비와 관광, 쾌락의 거대한 중심이 되었다. 카페, 백화점, 패션산업 등은 도시의 생활 방식을 완전히 바꾸어 소비주의를 통해 방대한 잉여를 흡수할 수 있게 했다. 오스만은 시민생활 개선, 환경 회복, 도시 재생이라는 공공이익을 실현한다는 명목으로 토지수용권을 행사하여 파리의 빈민층 거주지를 철거했다. 오스만의 새로운 파리 건설은 1848년 혁명에 대한 대응이기도 했다. 오스만은 충분한 수준의 감시와 군사적 통제가 가능한 도시 형태를 만들면 적은 군사력으로도 대중 봉기를 쉽게 진압할 수 있을 것으로 믿었다. 1871년 파리 코뮌은 오스만이 파괴했던 도시 세계, 즉 '1848년 혁명의 세계'에 대한 향수와 이를 회복하려는 시도로도 해석될 수 있다(하비, 2014a: 34).

자본주의에서 도시화, 도시공간의 형성은 공공 공간, 공공재와 같은 도시 커먼스를 생산하는 과정인 동시에 사적 이익 집단이 이를 끊임없이 전유 파괴하는 과정이기도 하다(하비, 2014a: 57). 오늘날 도시는 점차 사적 이익집단의 수중에 들어가고 있다. 예를 들어 2002~13년 뉴욕 시장이었던 블룸버그(M. Bloomberg)는 개발업자와 월스트리트, 초국적자본가 계급에게 유리한 방향으로 뉴욕을 재편하고, 뉴욕을 고부가가치 산업이 들어설 최적의 입지, 최고의 관광 여행지로 포장했으며, 그 결과 오늘날 맨해튼은 부유층을 위해 높은 담장을 쌓아놓은 지역이 되어버렸다(하비, 2014a: 57).

엥겔스는『주택문제』(1872)에서 당시 도시에서 자본축적의 동학이 노동자계급의 상태를 악화시키고, 공업화와 시장 메커니즘, 이윤 동기가 도시를 황폐화화는 과정을 분석했다. 엥겔스는 도시 문제의 근원은 도시와 농촌의 분리인데, 이는 자본주의의 폐지를 통해서만 해결될 수 있다고 주장했다:

"주택문제에 대한 부르주아적 해법은 **도시와 농촌 간의 대립**으로 인해 실패했다. 그리고 이와 함께 우리는 문제의 핵심에 도달했다. 주택문제가 해결될 수 있는 것은 사회가 충분히 변혁되어 도시와 농촌 간의 대립을 폐지하기 시작할 수 있게 되었을 때 뿐이다. … 그런데 자본주의 사회는 이 대립을 폐지할 수 있기는커녕 더 격화시키고 있다"(엥겔스, 1995: 215. 강조는 엥겔스).[5]

5 엥겔스는『주택문제』에서 자본주의에서 주택문제를 해결하는 열쇠는 사적 소유의 폐지라고 주장했다. 엥겔스는 노동자들의 주택 소유의 '혁명적 잠재력' 운운하면서 이를 권장했던 프루동과 삭스(E. Sax)를 '부르주아 사회주의자들'이라고 비판했다. 엥겔스는 주택 소유는 노동자들을 해방시키기는커녕 자본주의적 도시 팽창을 위한 제도로서 "노동자들을 반봉건적 방식으로 자신의 자본가들에게 결박시킬 것"이라고 주장했다: "주택문제를 해결한다고 사회 문제가 해결되는 것은 아니다. 오히려 사회 문제의 해결에 의해서만 (즉 자본주의적 생산양식의 폐지에 의해서만), 주택문제를 해결할 수 있다. 근대적 대도시를 유지하기를 원하면서 주택문제를 해결하려는 것은 당치 않다. 근대적 대도시는 자본주의적 생산양식을 폐지함으로써만 폐지할 수 있다"(엥겔스, 1995: 215). 엥겔스의『주택문제』는 축적전략, 투기적인 토지 개발, 철거, 소유권 투쟁, 도시 토지와 주택에서 사용가치와 교환가치의 긴장 등의 문제 연구에서 중요한 시사를 준다. 예컨대 엥겔스가 당시 빈민굴

환경오염과 물질대사의 균열은 대도시에서 특히 심각하다. 오늘날 자본주의에서 '도시 물질대사(urban metabolism)'의 심각한 균열은 도시화의 모순과 환경문제가 불가분하게 결합되어 있으며, 도시 문제의 해결 없이 환경 문제 생태위기도 해결할 수 없음을 보여준다(Swyngedouw and Kaika, 2014).

'역사적 사회주의'의 도시 환경 문제

옛 소련에서 도시주의와 비도시주의의 대립

1917년 혁명 직후 레닌은 '가난한 사람들의 결핍 완화를 위한 부자의 주택 몰수'를 제안했는데, 이는 "주택의 **부족**은 유산 계급 소유의 호화 주택 일부를 즉시 몰수하여, 남는 부분을 강제 입주하는 방법으로 완화"(엥겔스, 1995: 215. 강조는 엥겔스)한다는 엥겔스의 『주택문제』의 제안을 구체화한 것이었다. 실제로 혁명 직후 소련에서는 "어떤 집이든지 간에, 방의 숫자가 그 집에서 계속 거주한 거주자의 머릿수와 같거나 초과하

을 자본가들이 강제 철거한 것에 대해 다음과 같이 언급한 것은 오늘날에도 여전히 타당하다: "자본주의 생산양식이 노동자를 밤마다 가둬두는 악명 높은 질병의 온상인 굴집과 벌집은 좀처럼 사라지지 않는다. **장소만 다른 곳으로 바뀔 뿐**이다! 이런 공간이 동일한 경제적 필요성에서 여기저기 등장한다"(엥겔스, 1995: 239. 강조는 엥겔스).

면 부자의 집으로 간주되었다"(기계형, 2013). 또 혁명 직후 소련의 도시 주택에서는 '코무날카'라는 공동주택이 특징적이었다. 코무날카는 혁명 정부가 부르주아지의 저택을 몰수하여 아무런 혈연관계가 없는 세대원들에게 한 세대에 방을 하나씩 배정하고, 적게는 둘에서 많으면 일곱 세대가 함께 거주하며 부엌, 화장실, 욕실, 현관, 복도 등을 공동으로 사용하는 다가구주택으로, 영화 『닥터 지바고』에 잘 묘사되어 있다. 1919년 소련 인민보건부는 주택면적 위생기준으로 1인당 18평방아르신(9평방미터)을 정했다. 1918년부터 1924년까지 모스크바에서만 50만명 이상의 노동자들과 그들의 가족이 그렇게 집을 받았다. 소련 전역에서 22,500개의 건물들이 노동자클럽으로 변형되었고, 543개의 궁전들과 시골 별장은 노동자들을 위한 휴식 장소로 사용되었다(기계형, 2012).

1920년대 소련 도시계획에서는 아나키스트인 크로포트킨(P. Kropotkin)의 영향을 받은 호워드(E. Howard)의 '정원 도시(garden city)' 개념이 중요한 역할을 했다. 호워드는 당시 산업자본주의 도시의 참상을 목격하면서 인간의 활동 범위(human scale)를 벗어난 크기의 도시 규모를 비판하고 농촌의 삶과 공장 건축이 결합된 도시로서 '정원 도시' 건설을 제안했다. 1920년대 소련에서 인기 있었던 공상과학소설은 당시 정치가들과 도시계획 당국자들이 구상했던 도시 계획과 많은 점에서 유사했다. 작가들은 공동생활, 성차별 철폐, 도시와 농촌의 통일,

도시의 재삼림화 등의 아이디어를 제시했다. 혁명정부는 예술가들과 디자이너들에게 혁명을 정당화하고 혁명의 가치를 대중에게 전달하기 위한 선전선동 기념물, 행진, 벽화, 연극 등의 제작을 지원했다. 이는 러시아의 민속 전통은 물론 유럽의 전위 예술로부터 영감을 받은 매우 실험적인 것이었다. 건축가들은 경쟁적으로 사회주의 이념에 기초한 기념물, 건물과 도시를 디자인했다. 이들의 제안은 새로운 기술, 공동생활, 공공보건, 녹색공간, 평등주의 사회를 지향한 것들이었다. 르꼬르뷔지에(Le Corbusier) 같은 당시 세계적으로 유명한 디자이너들이 1920년대와 1930년대 모스크바를 방문하거나 소련 도시계획 당국자들과 함께 작업했다.

1920년대 소련의 도시 계획은 도시주의(urbanism)와 탈도시주의(disurbanism) 지향을 동시에 보였다(Polis, 2009; 김흥순, 2007). 삽소비치(L. Sabsovich) 등이 주장한 도시주의 계획은 르꼬르뷔지에의 구상과 유사하게 녹색 공간의 바닷속에 조밀하게 세워진 고층 빌딩으로 특징지어졌다. 도시주의는 집단생활을 통해 부르주아적 개인주의와 이기주의의 근절, 인간 개조를 달성하는 것을 목표로 했다(김흥순, 2007). 도시주의에서 육아와 식사는 일관작업의 한 부분이 되며, 가정은 침상으로 축소되고, 그 자리를 집단농장 같은 공동체가 대신했다. 이는 사적 소유의 완전한 해체를 지향하는 것으로서 모든 개인은 방 하나만을 소유하며 파티션의 분할 결합에 따라 독신자, 부부, 이

혼자의 사적 공간이 결정되었다. 삽소비치는 소련 전역에 4~5만 명 규모의 인구를 갖는 완전히 집단화된 사회주의 도시를 건설하자고 제안했다. 모든 사람들이 거주하는 대규모 집합주택에서의 생활은 효율성을 높이기 위해 테일러리즘의 원리에 따라 분단위로 통제되었다.

반면, 오키토비치(M. Okhitovich), 긴즈버그(M. Ginzburg) 등이 주장한 탈도시주의 계획은 농촌 지역을 가로지르는 주요 도로를 따라 띄엄띄엄 세워진 조립 주택들로 이루어진 선형도시(linear city)로 상징된다. 이들은 모스크바와 같은 대도시로부터 인구 재배치와 공원 등과 같은 녹지로의 전환을 주장했다. 모스크바 외곽의 녹색 도시(green city) 설계 공모는, 실현되지는 못했지만, 탈도시주의 계획의 일단을 보여준다. 혁명 이후 토지 국유화 조치는 차르 시대 귀족의 영지에 '문화와 휴식 공원'을 건설할 수 있게 했는데, 1928년 세워진 고리키 공원(Gorky Park)은 그 대표적 예이다. 옥상의 정원과 고층 아파트를 에워싼 녹지는 당시 공상과학소설과 도시계획의 단골 메뉴였다. 건물들은 고속 교통수단으로 연결되었으며 녹지는 공업 지역을 완충하기 위한 것이었다. 공공 보건을 녹지로 보호한다는 구상은 1920년대 소련의 도시계획의 주요 요소였다.

하지만 옛 소련에서 사회주의 도시의 미래에 대한 이와 같은 논쟁은 1928년 스탈린의 국가자본주의 반혁명 이후 종식되었고, 도시화가 초고속으로 추진되었다. 1926~55년 소련의 도시 인구는 2,630만 명에서 8,630만 명으로(즉 인구의 18퍼센트에서 50퍼센트로) 급증했다. 이와 같은 급격한 도시화는 도시 주거와 인프라에 대한 투자를 긴급하게 요청했다. 1930년 스탈린 정부는 계획에서 유토피아주의를 금지하고, 실용적인 사회주의 리얼리즘을 천명했다. 1920년대 수많은 실험적 아이디어들을 낳았던 독립적 건축가 모임들은 소비에트 건축가 동맹(Union of Soviet Architects)으로 통합되어 국가의 직접 통제하에 놓였다(Polis, 2010).

스탈린은 마천루 개념을 전제적 토지 사용 시스템에 적용하여 바빌론 같은 대규모의 고층 호텔, 사무실, 호화 아파트들을 크렘린을 중심으로 원형으로 건축했다. 1932년 설계되어 착공되었으나 제2차 세계대전으로 건축이 중단 취소된 소비에트 궁전(Palace of the Soviets)은 스탈린주의 건축의 대표적 예이다. 스탈린이 직접 지시하여 총 높이 415미터로, 당시로는 세계 최고층으로 설계된 이 건물은 100미터 높이의 레닌 동상을 중심으로 건물과 계단, 광장이 둘러싼 거대한 제단의 형태를 취했다. 스탈린은 이 궁전을 짓기 위해, 1812년 나폴레옹 패전을 기념하기 위해 세워진 '구세주 그리스도 성당'을 파괴했다. 스탈린의 모스크바는 피터 대제를 거꾸로 세운 것이었다(Hatherley, 2014).

스탈린주의 시대 소련 동유럽의 도시계획은 도시의 완전한 재구조화를 시도했으며 중앙통제된 개발과 단순화된 건설 방법을 채택했다. 옛 소련·동유럽에서 도시계획은 나라들 간에 세부적 면에서 차이가 있었지만, 결과적으로 거의 똑같은 모습의 도시를 낳았다. 스탈린주의 도시 모델은 흔히 르꼬르뷔지에의 파리 도시 계획과 같은 모더니즘 건축으로 소급되는데, 도시 건물들은 표준화되고 대량생산된, 구조화된 판넬로 단기간에 세워졌다(Wikipedia, 2015). 스탈린주의 도시계획은 인프라스트럭처의 근대화, 공동주택, 주택에 근접한 일터와 편의시설, 대중교통, 녹색 공간과 같은 1920년대 소련의 도시계획 이념을 상당 부분 차용했다(Polis, 2010).[6] 소련에서 도시화는 상당한 비도시적 농촌적 요소를 포함했다. 실제로 소련의 도시 경계 내에는 넓은 녹지와 숲 또는 농촌지역이 포함되어 있었으며, 도시 내에 주거 및 업무 시설이 고르게 분포되어 있었고, 개인적인 연줄을 이용해 부족한 재화나 서비스를 구하는 '블라트'가

---

6   스탈린주의 도시계획의 원칙은 다음과 같았다(조성윤·정재용, 2007). (1)주거환경을 보호하기 위해 공업과 주거를 철저히 분리한다. 공업은 도시 일자리의 중요한 원천이므로 교통시간 절감을 위해 인접하게 위치하나 공해방지를 위해 완충 녹지를 설치한다. 1935년 모스크바 도시계획에서는 주택지의 30퍼센트를 녹지공간으로 확보하여 공원 도시를 건설하려 했으며 그린벨트를 계획했다; (2)공동생활을 위한 자족적 주거단위로서 직주근접(職住近接, 직장과 주거가 가까운 것)을 실현한다; (3)직주근접과 공간적 형평성 원칙의 제고를 위해 서비스 시설을 균등하게 배치한다; (4)도심부는 상업, 업무시설 대신이념 학습의 장소로서 공공시설과 기념광장 등으로 구성한다; (5)교통은 자가용보다 지하철, 무궤도 전차와 같은 대중교통에 의존한다; (6)도시 토지 이용 관련 결정은 이데올로기적 관점과 기술적 고려에 의해 이루어진다.

발달해 있었다(남영호, 2013).

이른바 '노동자 궁전'도 스탈린주의 도시에 특징적이었
는데, 이는 모스크바의 노동자 지구 혹은 니즈니노브고로드
(Nizhny Novgorod)의 공장 도시에서 보듯이, 높은 천정과 풍부
한 근린시설들, 학교, 클럽, 영화관 등을 갖추고 있었다. 하지
만 '노동자 궁전'은 운 좋은 소수의 노동자들—예컨대 '스타
하노프' 노동자들—에게 할당되었으며, 이는 도시의 과밀, 성
과급, 테러, 정치적 민주주의의 부재를 은폐 혹은 보상하는 것
이었다. 스탈린주의 시대 대부분의 노동자들은 비좁게 들어선
19세기 아파트 블록에서 살았으며 한 아파트에 몇 가족이 사
는 경우도 많았다. 스탈린주의 도시에서 인간의 기본적 필요는
공업화와 웅대함을 위해 희생되었다. 스탈린의 초오스만주의
(super-Haussmannism)는 주택문제를 극도로 심화시켰지만, 1954
년 이후 탈스탈린주의와 함께 건축에서의 과도함은 끝났다.
그 후 익숙한 '역사적 사회주의 도시'의 이미지에 따른 도시 건
축이 이루어졌다. 이는 바르샤바의 우르시노프(Ursynów)처럼
인구 10만 명이 넘게 거주하는 구역 전체를 똑같은 콘크리트
판넬로 건축하는 방식이었는데, 이는 바이마르 시기 독일의 기
계화 조립 건축을 모방한 것이다. 흐루시초프 시대 소련의 도
시는, 미크로라이온(mini-region)에서 보듯이, 대부분 인구 5천
명에서 1만 5천 명을 기준으로 일정 지역 안에 주거용 건물과
식당, 의료기관, 유치원과 도서관, 사교시설, 스포츠센터 등을

망라하도록 건설되었다. 이는 일상생활에서 필요한 일들은 대부분 걸어서 갈 수 있는 거리에서 해결하도록 하려는 의도였다 (남영호, 2012).

1917년 러시아혁명 후 사회주의 도시를 실험한 사례로는 옛 소련·동유럽의 도시 외에 1918~34년 오스트리아의 '붉은 비엔나(Red Vienna)', 1970년대 이탈리아의 '붉은 볼로냐(Red Bologna)', 1981~86년 런던, 1991~2004년 브라질의 포르투알레그레(Porto Alegre) 등이 있다. 1970년대 이탈리아 공산당이 집권한 볼로냐의 경우 지역 수준에서 사회주의 도시 건설이 시도되었다. 당시 볼로냐의 도시 개혁의 핵심은 도시의 중심 주거 및 상업 지구에서 자가용 통행을 금지한 것이다. 이는 러시아워 시간에 상대적으로 비용효율적인 무상 버스 서비스로의 전환과 해당 지구를 결정하기 위한 수차례의 지역 주민회의를 통해 성취되었다(Wallis, 2008: 37-8). 하지만 이와 같은 일 도시 사회주의(socialism in one city) 시도는 예외 없이 한 도시 수준을 넘어 전국적으로 확산되지 못했으며 오래 지속되지 못했다.

이상에서 보듯이 옛 소련을 비롯한 몇몇 나라들에서 사회주의 도시 실험은 실패했으며 자본주의 도시화의 모순을 해결하지 못했다. 하지만 기존의 사회주의 도시 실험들이 실패했다고 해서 마르크스의 포스트자본주의 도시의 가능성이 기각되는 것은 아니다. 옛 소련을 비롯한 '역사적 사회주의'는 마르크스의 포스트자본주의와 무관한 '위로부터의 사회주의', 노동자

계급에 대한 새로운 착취와 억압 체제로서 자본주의의 한 변종
이었기 때문이다(클리프, 2011).

옛 소련의 환경 문제

1917년 혁명 직후 소련은 다양한 형태의 생태적 환경 개혁
을 선구적으로 추구했다. 레닌은 토지와 자연자원을 공적 재
산으로 간주하여 이들에 대한 국유화와 국가 관리를 도입했
다. 자연보존 지구를 설정하기 위해 1921년 레닌이 공포한 '자
연, 정원 및 공원에 관하여'는 당시 세계에서 가장 선진적인 환
경보호법이었다(Weiner, 1988: 29). 지구와 자연의 합리적 사용
과 보존은 1920년대 소련에서 수행된 급진적 사회경제 개혁
중 가장 중요한 부분의 하나였다. 하지만 1928년 스탈린의 국
가자본주의 반혁명 이후 소련에서 환경은 생산 확대라는 단일
한 목표에 종속되었다. 인간과 자연의 변증법적 통일을 지향하
는 마르크스의 이념은 1930년대 스탈린의 소련에서 자연의 위
대한 변혁이라는 슬로건으로 대체되었다(Mirovitskaya and Soroos,
1995: 84).[7] 1930년대 이후 스탈린주의 소련은 자본주의 세계의
적들에 둘러싸인 전시동원 경제의 전형이었다. 노동, 자연자원,

---

7 1929년 스탈린은 당시 일부 자연보존주의자들의 우려에도 불구하고 농경
   이 처녀지로 급속히 확대되는 것을 찬양했다: "미개간 토지와 처녀지를 경
   작하는 문제는 우리의 농업에 대해 엄청나게 중요하다. 이전 시대에 … 많은
   이들은 토지 부족이 절대적인 문제라고 생각했다. … 하지만 이제 소련에서
   는 수천만 헥타르의 자유로운 토지가 이용 가능하다"(Stalin, 1978a: 161).

생산력의 강제 징발과 강력한 군산복합체의 건설이 스탈린주의 소련의 발전과정 전체를 규정했는데, 이는 아래로부터 참여계획경제를 핵심으로 하는 마르크스의 포스트자본주의 사회와는 아무런 공통점이 없는 위계적 명령체계였다.

1930년대 이후 소련의 급속한 공업화는 풍부한 에너지, 광물과 원료 및 거대한 노동력 풀의 활용에 기초했다. 하지만 노동과 원료 투입의 증가가 둔화되면서 조방적 공업화는 지속될 수 없게 되었다. 게다가 소련에서 투입 원료는 매우 낭비적 방식으로 사용되었다. 소련의 총산업생산 규모는 미국보다 훨씬 작았지만 미국보다 철강을 2배나 많이 생산했고 전력은 10퍼센트나 많이 소비했다. 또 옛 소련의 농업생산 역시 미국보다 훨씬 작았음에도 불구하고 미국보다 80퍼센트나 더 많은 무기질 비료를 사용했다(포스터, 2001: 211). 1970년대 말 1980년대 초 소련에서는 농업에서 살충제 사용이 증가했다. 1980년대 고르바초프의 글라스노스트를 통해 소련의 환경이 심각하게 오염되어 있다는 사실이 드러났다. 1988년 소련의 GNP당 이산화황 배출량은 미국의 2.5배였다(포스터, 2001: 114). 1987년 소련의 식물학자인 야블로코프(A. Yablokov)에 따르면 당시 소련의 모든 먹거리의 약 30퍼센트가 인간 건강에 유해한 농도의 살충제를 함유하고 있었다(포스터, 2001: 113-4). 또 중앙아시아에서 면화 생산이 살충제와 제초제의 집약적 사용 및 관개에 과다하게 의존한 결과 아랄해로 유입되는 강들이 오염되고 말

랐다. 소련에서 농업은 농약과 화학비료에 과다하게 의존했고, 토양은 보호되지 못했다. 1986년 4월 체르노빌의 핵 재앙은 히로시마, 나카사키 원폭 투하 때보다 훨씬 많은 방사능 물질을 대기에 쏟아냈다(포스터, 2001: 115).

옛 소련은 서방 자본주의로부터 기술과 생산의 기본 개념과 노동관리 시스템을 수입했으며, 경제성장을 우선하고, 자본주의 세계시장의 일부로 편입되어 있었기 때문에, 환경파괴의 원인과 귀결은 서방 자본주의와 대체로 동일했다(O'Connor, 1998: 257-8). 오히려 옛 소련은 서방 자본주의의 추격(catch-up)이 지상명령으로 되어 외연적 발전이 추구된 나머지, 생활의 질, 사용가치 중시 등의 사상이 서방 자본주의 경우보다 더 억압되었고, 그 결과 환경 파괴는 더 급속하게 진행되었다고 할 수 있다(O'Connor, 1998: 258-9).

물론 국유화와 중앙 계획경제는 원리적으로는 환경파괴를 감소시킬 수 있다(오스트롬, 2010). 시장경쟁의 강제하에서 이윤 극대화를 목표로 행동하는 서방 자본주의 기업과 달리 옛 소련에서 기업은 중앙계획에 따라 할당된 생산목표량을 달성하려 했기 때문에 환경파괴 경향이 억제될 수도 있었다. 실제로 옛 소련 계획당국은 바이칼호 정화를 위한 투자를 추진하기도 했으며, 생태 기술을 합리적이고 과학적이며 경제적인 계획의 기초라고 간주하기도 했다. 옛 소련이 표방했던 완전고용, 취업보장, 중앙계획도 제대로 시행되었다면, 자본의 과잉축적을 일부 억제하고, 이에 따라 환경 파괴도 제한할 수 있었다. 계획경제는 부와 생산능력의 지역적 불평등을 완화하여 환경 불평등도 개선할 수 있었다. 또 서방 자본주의와 같은 '수요부족' 경제에서는 광고, 선전, 포장, 스타일이나 모델 변경, 제품 차별화, 제품 진부화, 소비자 신용 등의 판매노력이 필연적이며, 이에 따라 폐기와 오염이 증가하지만, 옛 소련과 같은 '공급부족' 경제에서는 이런 문제가 크지 않을 수 있었다. 또 자본주의에서는 임금노동과 상품 형태로의 욕망충족이 지배적이지만, 옛 소련과 같은 나라들에서는 집합소비(대중교통, 아파트와 같은 공동주택, 집단적 레크리에이션 등)의 비중이 서방 자본주의 중 북유럽 복지국가 수준으로 높았으며, 이는 자원 낭비와 공해 발생을 억제하는 요인으로 작용할 수도 있었다. 실제로 1980년대 소련의 공해 수준이 미국보다 더 나빴던 것은 아니다(Mirovitskaya and Soroos, 1995: 92). 하지만 옛 소련 정부는 관료적 지령경제 방식으로 환경 파괴적 광산업 건설과 원자력 개발을 강행했으며, 체르노빌 원자력발전소의 방사능 누출과 같은 재앙은 그 결과였다. 서방 자본주의에서처럼 환경운동 조직이 성장해서 환경 파괴를 고발, 비판하고 정부에 압력을 가하는 것은 옛 소련과 같은 반민주적 억압 체제에서는 불가능했다. 옛 소련 동유럽 나라들에서는 노동자, 기술자, 경영자가 중앙계획 기구의 내부에서 권력을 갖지 못했으며, 시민들의 생태사회 의식의 발전도 저해되었다(O'Connor, 1998: 264-5).

생태위기, 도시 위기와 마르크스주의 대안

마르크스의 생태사상

마르크스에 따르면 포스트자본주의 사회는 자연과의 공생으로 특징지어진다(Harris-White, 2012: 106). 마르크스의 포스트자본주의 사회에서 물질대사 개념은 중심적 역할을 한다. "사회화된 인간, 연합한 생산자들이 맹목적인 힘과 같이 자신들과 자연의 물질대사에 지배되는 것이 아니라 이 **물질대사를 합리적인 방식으로 지배하고 자연을 자신들의 공동적 제어하에 두는 것**"[8]이 바로 마르크스의 포스트자본주의 대안사회이기 때문이다. 마르크스는 포스트자본주의 사회에서는 자유로운 개인들의 어소시에이션이 인간과 자연의 물질대사를 합리적으로 규제하고 도시와 농촌의 분단을 극복하고 지속가능한 인간과 자연의 관계를 구축할 것이라고 전망했다. 포스트자본주의 사회에서는 인간이 자연의 일부이며 자연에 규정되면서도 인간이 능동성을 발휘하여 자연과의 상호관계를 유지할 것이라는 것이다. 마르크스의 생태사회주의는 오늘날 일부 급진 생태주의자들처럼 생태중심주의로 인간중심주의를 대체하려는 접근(이는 결국 '인간의 자연 정복'을 '인간의 자연 숭배'로 대체하는 것이다)과도 구별된다. 엥겔스는 『자연변증법』에서 다음

---

8   1장 49-50쪽 인용문 참조.

과 같이 말했다:

"우리는 자연을 결코 정복자처럼 지배하지 않는다. … 우리는 … 자연에 속하며 자연 속에 존재한다. … 우리의 자연 지배는 우리가 다른 피조물과는 달리 자연의 법칙을 학습하고 그것을 정확하게 적용한다는 데 있다. 우리가 우리의 행동의 먼 장래의 **자연적** 효과를 계산하는 방법을 조금 배우는 데도 수천 년이 소요되었다. … 개별 자본가들은 자신들의 행동의 가장 직접적 효과들에만 … 관심을 가지며, 이조차도 뒷전에 밀려 유일한 인센티브는 … 이윤이 된다"(엥겔스, 1989b: 175-7. 강조는 엥겔스).

마르크스는 생산력(사용가치)과 생산관계(교환가치)의 대립과 통일의 시각에서 자본주의를 비판적으로 분석했다. 원래 자본주의는 제한 없는 인간의 발달과 새로운 소비 필요의 가능성을 창출하지만, 자본주의 내에서는 교환가치와 축적이 사용가치를 규제하기 때문에 본래적 욕망은 소외된다. 자본주의에서는 임금에 의한 소비의 제한, 자본가의 과소비와 노동자의 과소소비(underconsumption), 노동자의 자연적 필요의 악화, 노동자의 동물화, 노동자의 자연 상태로부터의 소외가 심화된다(Burkett, 1999: 167-170). 1장에서 논의했듯이 마르크스의 포스트자본주의 사회의 핵심은 교환가치가 지배하는 사회로부터 사용가치와 사회적 노동에 기초한 자유로운 개인들의 어소시에이션으로의 이행이다. 마르크스는『경제학·철학 수고』 (1844)에서 공산주의, 혹은 자유로운 개인들의 어소시에이션에서는 "합리적 방식으로, 더 이상 농노제, 지배 그리고 재산에 관한 어리석은 신화에 의해 매개되지 않는 방식으로, 토지에 대한 인간의 정서적 관계가 재건"되며 "인간의 존재와 자연의 통일"(마르크스, 2006: 79, 130)이 이루어진다고 전망했다. 마르크스는『자본론』3권에서 자연과 지구에 대한 세대에 걸친 책임 있는 관리를 위해서도 포스트자본주의가 필요하다고 주장했다:

"자본주의적 생산양식의 전체 정신이 직접적인 코앞의 화폐 수익만을 목적으로 한다는 점 등은, 면면히 이어져오는 인류의 모든 세대의 지속적인 삶의 조건을 영위해 나갈 농업과 서로 배치된다. 그 대표적인 예가 삼림으로서, 이것은 거의 전체의 이익에 맞추어 가꾸어지고 있으며, 사적 소유가 아닌 국가의 관리하에 놓여 있다. … 더 높은 경제적 사회구성체의 관점에서 본다면 **지구**(Erdball)에 대한 개인의 사적 소유는 한 인간의 다른 인간에 대한 사적 소유만큼이나 전적으로 황당무계한 것으로 보인다. 한 사회 전체나 한 나라, 또는 동시대의 모든 사회를 합친다 해서 이것들이 **지구**의 소유주(Eigentümer der Erde)는 아니다. 이것들은 지구의 점유자(Besitzer)이자 그것의 수익자에 지나지 않으며, 스스로 좋은 아버지로서 후손들에게 그 지구를 더 개량된 상태로 물려주어야 한다"(마르크스, 2015c: 793, 984. 강조는 필자).

마르크스의 포스트자본주의 사회는 어소시에이트한 생산자들이 자연과의 물질대사를 합리적으로 규제하는 사회이다 (마르크스, 2015c: 1041). 마르크스의 포스트자본주의 사회에서는 사용가치가 생산을 규제하며, 경제적 필요는 인간적이고 사회적이고 생태적인 방식으로 정의된다. 마르크스의 포스트자본주의 사회는 해방된 생태적으로 건전한 세계로서, 사용가치는 교환가치로부터 독립한 특성으로 되며 인간의 본성과 자연을 지배하는 것이 아니라, 그것들에 봉사한다. 아래로부터 민주적 참여계획을 핵심으로 하는 마르크스의 포스트자본주의 사회는 본질적으로 생태사회주의이다(뢰비, 2007). 마르크스에게 자연의 지배와 인간에 의한 인간의 지배를 극복하는 것은 동시적으로 성취되어야 할 과제였다.

마르크스는 『공산당선언』에서 도시 주민과 농촌 주민의 상호 소외를 극복하고 인간의 자연으로부터의 분리를 극복하기 위해 도시와 농촌의 분리의 폐지, "농경과 공업 경영의 결합, 도시와 농촌 간의 차이의 점차적 근절"(마르크스·엥겔스, 1990: 420)을 제안했다. 엥겔스도 『반듀링』에서 다음과 같이 말했다:

"도시와 농촌의 대립의 지양은 단순한 가능성 이상이다. 그것은 공업 생산 자체의 직접적 필요 요건이 되었으며, 마찬가지로 농업 생산의, 게다가 공공 위생의 필요 요건이 되었다. 도시와 농촌을 융합함에 의

해서만 오늘날의 공기, 물, 토양의 오염이 제거되며, 오직 이러한 융합에 의해서만 오늘날 도시에서의 쇠약해진 대중들의 건강 상태가 변화되어 그들의 분뇨가 질병을 낳는 대신에 식물을 키우는 비료로 사용될 수 있게 된다"(엥겔스, 1987: 316).

마르크스는 또 『자본론』 3권에서 합리적 농업 경영은 자본주의에서는 불가능하며, 이를 위해서도 자본주의는 지양되어야 한다고 주장했다:

"역사의 교훈은 자본주의 제도가 합리적인 농업과 서로 배치되며(혹은 합리적인 농업이 자본주의 제도와 공존할 수 없으며(비록 자본주의 제도가 기술진보를 촉진하기는 하지만)) 자영소농이나 어소시에트한 생산자들에 의한 통제가 필요하다는 것을 말해준다"(마르크스, 2015c: 148).

생태사회주의 대안

앞서 검토했듯이 마르크스는 탁월한 생태사회주의자였다. 하지만 마르크스는 20세기 이후 새로운 기술과 합성물질의 출현, 생태 문제의 글로벌화, 전 지구적 규모에서의 환경파괴, 기후변화 같은 문제를 알 수 없었으며, 생태사회주의를 체계적으로 이론화하지 않았다(Burkett, 1999: 129). 마르크스는 환경 재앙이 도래하기 전에 자본주의가 극복되고 공산주의가 도래할 것으로 낙관했지만, 21세기 오늘은 자본주의가 종언을 맞이하기 전에 기후변화와 환경 재앙으로 인해 지구가 먼저 종말을 맞이할 것이라는 우려가 현실화되고 있다. 이런 맥락에서 오코너는 마르크스가 자연에 의한 생산의 제한, 자본축적의 자연에 대한 파괴적 영향은 인식했지만, 자본주의에서 생산력 발전 전망에 대해 기본적으로 낙관했으며, 19세기 역사적 조건에 제약되어 환경파괴를 자본축적과 사회경제적 변화에 관한 이론의 중심에 두지 못했고, 자본주의적 생산력 자체를 체계적으로 문제시하지도 않았다고 비판한다(O'Connor, 1998: 3). 오코너에 따르면 마르크스는 자본주의 농업이 토양의 질을 파괴하고, 자본주의와 합리적 농업이 양립할 수 없다는 것을 강조했지만, 농업의 생태 파괴적 생산이 자본 비용을 상승시켜 특수한 형태의 경제위기, 즉 자본의 과소생산 위기를 초래할 가능성은 이론화하지 못했다.[9] 오코너는 마르크스가 자본주의가 토양과 삼림의 생산성에 미치는 영향, 슬럼의 주택 사정, 도시의 오염, 이것들이 노동자의 육체와 정신에 미치는 파괴적인 영향 등의 영향을 중시했음을 인정하면서도, 이로부터 발생하는 사회적 정치적 투쟁이나 사용가치를 쟁점으로 한 투쟁에 대해서는 거의 논의하지 않았으며, 자연을 사회 자신의 목표로 자리매김하는 생태사회는 구상하지 못했다고 비판한다(O'Connor, 1998:

---

9   이와 같은 맥락에서 마르크스가 토지를 비롯한 자연자원의 계급 간, 세대 간 배분과 낭비 문제를 주로 지대론의 관점에서 접근했다는 비판도 제기된다(Harris-White, 2012)

148, 329, 2-3).[10] 이로부터 오코너는 마르크스가 강조했던 자본 축적 영역을 중심으로 한 자본주의의 '1차적 모순'의 이론은 생산조건 그 자체의 모순에 관한 이른바 자본주의의 '2차적 모순'의 이론으로, 즉 생태사회주의론으로 보완되어야 한다고 주장한다.

오코너의 생태사회주의론은 사용가치 관점에 서서 생산조건의 생산과 재생산에 주목한다는 점에서 전통적 마르크스주의자들이 자본의 생산과 재생산을 주로 문제 삼았던 것과 구별된다. 생태사회주의는 교환가치와 이윤을 위한 생산은 사용가치와 필요를 위한 생산에 종속되어야 한다고 주장하며, 소비주의와 이윤이 아니라 사회적 필요와 사회적 환경적 고려를 우선한다. 생태사회주의는 자본주의적 생산을 대신할 대안적 기술, 노동관계, 운수방법, 육아방법 등에 근거하여 자본주의적 생산력을 수정 폐기하려 한다. 생태사회주의는 생산관계와 생산력의 모순보다 자본주의 생산과 생산조건 간의 모순을 중시하며, 자본주의적 생산력 그 자체도 비판한다. 생태사회주의는 자본주의가 노동력과 토지, 자연과 같은 본래 상품화할 수

---

10 프레이저도 유사한 맥락에서 다음과 같이 주장했다: "마르크스의 사상은 체계적 형태로 젠더, 생태, 정치적 권력을 자본주의 사회의 불평등의 구조 원리나 축으로 인정하지 않았으며, 사회적 투쟁의 쟁점이나 전제로 삼지 않았다"(Fraser, 2014: 56). 하지만 이러한 프레이저의 주장은 겹겹이 짜인 요소들이 어떻게 이론적 총체성을 구성하는지를 명백히 하지 않은 채, 단지 다른 복수의 영역들을 나열하는 것에 지나지 않는다(사이토, 2017: 99-100).

없는 것들까지 상품화하는 것, 즉 자본에 의해 생산, 재생산되지 않는 인간의 노동력, 공간을 포함한 외부 자연과 인프라까지 상품으로서 매매하는 것에 대항하며, 자본의 생산조건 이용을 규제하기 위해 국가와 사회운동이 개입해야 한다고 주장한다(O'Connor, 1998: 165). 생태사회주의는 자본주의 체제 내에서도 체제의 간극에서 실험되고 예시된다. 생활협동조합, 생태마을, 생태 공동체 등이 그 예인데, 이와 같은 생태사회주의 실험들에서 중요한 원칙은 자신이 창출하는 부를 점유하여 잉여 수익을 공동체에 지출한다는 것이다.[11] 생태사회주의는 축소된 풍요로움, 자급자족, 작은 규모의 생활, 지역화된 경제, 참여민주주의, 대안 기술 등을 핵심 요소로 하며, 궁극적으로 자본주의 국가의 소멸, 화폐의 폐지를 지향한다(페퍼, 2013). 생태사회주의는 원자력발전과 같은 산업을 전면 폐지하고 태양열 발전과 같은 산업에 대한 투자를 주장한다. 생태사회주의는 양적 성장이 아니라 발전의 질적 변혁을 추구하며, 무용하고 유해한

---

11 페퍼(2013)는 생태사회주의 정책을 다음과 같이 요약한다: (1)지역과 지방의 자립을 강화하여 중앙과 외국 경제에 종속되지 않게 한다; (2)지역에 필요한 물품을 지역에서 생산하여 지역 일자리를 지키고 상품유통 과정에서 환경에 미치는 피해를 줄인다; (3)생산수단을 공동체가 공동으로 소유한다; (4)공동체 은행과 금융을 지원한다; (5)생산에 대한 의사결정이 시장의 힘에 덜 좌우된다. 환경적으로 합리적인 결정을 내릴 수 있으려면 단기적인 금융 개발 이익보다 미래 세대의 이익을 우선해야 한다; (6)생활수준이 하락할 경우 이를 상쇄할 수 있는 사회적 안전망과 삶의 질을 중시한다; (7)자급자족이 아닌 자립을 추구하면서도 진취적 자세로 다른 지방이나 국가와 연합하고 상호부조한다.

제품(예컨대 무기)의 대규모 생산에 기초한 자본주의의 엄청난 자원 낭비를 종식시키려 한다(뢰비, 2007). 생태사회주의는 진정한 필요(물, 먹거리, 의복, 주택과 같은 생필품과 보건, 교육, 교통, 문화와 같은 기본 서비스 포함)의 충족을 위한 생산을 지향한다. 생태사회주의에서는 자본주의 체제가 조장하는 진정한 필요에 부응하지 않는 무용한 상품의 과소비가 종식된다. 생태사회주의는 생활수준의 의미를 다시 정의하여 덜 소비하면서도 실제로 더 풍요한 생활방식을 지향한다. 광고는 자본주의 시장 경제에 필수적이지만, 생태사회주의에서는 설 자리가 없다. 광고 기능은 소비자연합이 제공하는 재화와 서비스에 대한 정보로 대체될 것이기 때문이다. 생태사회주의에서는 무상 대중교통이 대폭 확대되는 반면 자가용은 급격히 감축될 것이며, 계급이 철폐되고 소외가 극복되며, 존재가 소유를 지배하고, 끝없는 제품 소유 갈망이 아니라, 문화, 스포츠, 쾌락, 과학, 성, 예술, 정치를 위한 자유시간이 지배할 것이다. 생태사회주의는 지구 온난화, 기후변화와 같은 전 지구적 생태적 문제들에 대처하기 위해 시장적 일국적 접근이 아니라 세계적 규모에서의 협동과 민주적 계획을 추구한다(뢰비, 2007).

하지만 오코너 등의 생태사회주의자들은 마르크스에서 생태사상의 결여를 과장한다. (1)자연의 사회적 이용, (2)어소시에이트한 생산자들에 의한 인간과 자연의 물질대사의 합리적 제어, (3)현재와 미래 세대의 공동적 필요의 충족 등으로 요약되는 생태사회주의의 기본 원리들을 정식화한 사람은 다름 아닌 마르크스 자신이기 때문이다(Clark and Foster, 2010: 152). 실제로 마르크스 사상의 정수인 경제학 비판 그 자체에 생태사상이 내재할 뿐만 아니라,[12] 즉, 가치의 논리와 소재의 논리의 괴리에서 빚어지는 모순으로 물질대사의 균열을 분석하는 것은 마르크스의 경제학 비판에 핵심적이다(사이토, 2017: 107). 마르크스는 자본이 축적 과정에서 소재적 계기를 철저하게 변화시켜 지속가능한 생산의 물질적 조건 자체를 왜곡하는 과정을 가치론을 축으로 해서 분석했다. 물질대사의 균열이 생기는 것은 추상적 노동의 대상화로서 가치가 인간과 자연의 관련에서 복합적인 요소를 사상한 채로 생산과정을 편성하기 때문이다. 마르크스는 가치를 생산하는 노동뿐만 아니라 가치와 사용가치의 모순에 주목했으며, 가치 생산에서 배제된 차원이 가치생산을 위해 어떻게 이용되는지도 분석했다(사이토, 2017: 101, 104). 오코너 등은 마르크스 사상에는 생태사상이 없다고 부당 전제한 다음 자신들의 생태사상을 마르크스 사상에 도입하여 생태사회주의를 표방했지만, 실제로는 마르크스의 가치론, 계급론, 사회주의론을 기각하고, 노동운동을 환경운동에 종속시켰다(사이토, 2017: 94). 오코너가 자본주의의 두 가지 모순, '1차적 모순'과 '2차적 모순'을 주장한 것은 자본축적에서 외적인 생

---

12 마르크스의 경제학 비판에 생태사상이 내재한다는 점을 엄밀하게 논증한 작업으로는 Burkett(1999), 포스터(2016), Saito(2017) 등이 있다.

산조건의 중요성을 환기한 것이지만, 인간과 자연, 인간중심주의와 생태중심주의를 기계적으로 대립시키고, 환경운동을 비롯한 대안세계화운동을 기존의 전통적 조직 노동운동으로부터 분리한다는 문제가 있다(Burkett, 1999). 하지만 마르크스에 따르면 지속가능한 인간과 자연의 물질대사를 구현하기 위해서는 자본주의에서 노동을 변혁하는 것이 필수적이다. 즉 생태사회주의로서 마르크스의 포스트자본주의 대안사회에 도달하기 위해서는 인간과 자연의 물질대사에서 가치 이외의 측면을 고려할 수 있도록 노동의 사회적 변혁이 필요하며, 이를 위해서는 물상화의 힘을 약화시키는 어소시에이션의 구축이 필수적이다(사이토, 2017: 109).

생태사회주의 외에 최근 진보좌파 진영에서는 생태 위기에 대한 대안으로 공유자원의 자치적 공동관리(E. Ostrom), 녹색자본주의, 그린 뉴딜(Green New Deal) 등을 제안한다. 오스트롬(2010)은 인간-생태계 상호작용의 다면성을 고려하면, 국가 또는 시장만이 공유자원(communal pool resources)인 환경 문제, 생태위기를 해결할 수 있는 만병통치약이라는 국가-시장의 이분법적 접근은 부적절하다고 지적하고, 자치(self-governance)를 포함한 다극적(polycentric) 거버넌스를 제안했다. 그런데 공유자원의 자치적 공동관리는 일정 범위 이상으로 확대되면 자본과 국가의 권력과 충돌할 것이므로, 자본주의 체제에 도전하지 않고서는, 생태적으로 불건전한 자본주의 체제 가운데 고립

될 것이다(Burkett, 2011). 또 신자유주의가 행정의 분권화와 지방자치의 극대화를 조장하기 때문에, 오스트롬의 제안은 다른 분권적 지방자치주의 대안들과 마찬가지로 신자유주의에 포획될 수 있다(하비, 2014a: 152). 따라서 오스트롬의 제안은 북친 (M. Bookchin)의 연방주의(confedralism), 자치체 회의의 연합 네트워크(confederal network of municipal assemblies) 등으로 보완되어야 한다(하비, 2014a: 154-5).

녹색자본주의는 생태위기에 대한 대표적인 개혁주의 대안으로서 에너지와 재생 에너지의 효율적 이용 기술, 온실가스 방출권 거래 제도의 도입 등을 추구한다. 그런데 온실가스 방출권 거래 제도처럼 공해를 시장에서 거래되는 상품으로 전환하는 것은 온실가스 방출에 대한 도덕적 책임을 면제해줄 뿐만 아니라 부유한 나라들이 돈으로 온실가스 감축 의무를 회피할 수 있게 한다는 점에서 문제가 있다(Burkett, 2011). 또 자본주의에서 축적과 물질대사의 균열의 필연성을 고려한다면, 이른바 녹색자본주의란 형용모순이며 실현불가능한 환상이다 (Wallis, 2008: 29). 하지만 생태위기에 대한 개혁 투쟁들이 모두 무의미한 개혁주의인 것은 아니다. 오존층을 파괴하는 프레온 가스 사용 금지, GMO 생산의 전면 중단, 수산업, 농공 생산에서 농약 사용에 대한 엄격한 규제, 공해 유발 차량에 대한 과세, 대중교통의 전면 확대, 트럭의 기차로의 대체, "선진국 경우 2018년 기준 6~12년 내 탄소 배출 전면 중단"[13] 등, 최근 그린 뉴딜로 총괄되고 있는 개혁 요구들은,[14] 세계사회포럼(World Social Forum)을 비롯한 대안세계화운동의 핵심 요구이기도 한데, 이는 생태사회주의로서 마르크스의 포스트자본주의로 나아가는 이행기강령(transitional programme), 즉 비개혁주의적 개혁(non-reformist reform) 요구가 될 수 있다.

도시 마르크스주의의 대안: 도시권과 도시 커먼스의 회복

마르크스는 자본주의 도시화에 매우 비판적이었다. 마르크스는 『독일 이데올로기』에서 "도시와 농촌의 모순을 지양하는 것은 공동체적 삶의 첫 번째 조건들 중의 하나"(마르크스·엥겔스, 2019: 109)라고 말했다. 하지만 이와 같은 언급이 마르크스의 사회주의가 농민적, 농촌적, 혹은 반도시적일 것임을 뜻하지 않는다. 마르크스는 매우 도시적 인간이었다(Merrifield, 2001). 마르크스는 아마도 중세 도시의 공기가 당시 사람들을 자유롭게 했듯이 오늘날도 "도시의 공기는 우리를 자유롭게 한다"는 하비(2014a: 254)의 말에 공감할 것이다. 도시는 자본주의가 발생·발전해온 환경일 뿐만 아니라 자본주의를 파괴하는 맹아도 포함하고 있다. 도시는 자본주의 사회 내부에서 자본주의를 넘어서는 포스트자본주의 사회를 출발시킨다

---

13 이는 기후변화 행동주의 활동가인 그레타 툰베리(G. Thunberg)의 주장이다.
14 그린 뉴딜에 대한 논의로는 Klein(2019)을 참고할 수 있다.

(Lefebvre, 1996). 사람들의 대규모 집적 자체가 우발적 만남을 증폭시키고 의미 있는 상호작용의 가능성을 증대시키기 때문이다. 이로부터 하비(2014a)는 도시권과 도시 커먼스의 회복을 중심으로 한 도시 마르크스주의 대안을 제시한다.

하비에 따르면 도시권이란 도시를 형성되고 개조하는 방식에 대한 권리를 의미한다(하비, 2014a: 26-28). 도시권은 도시 공간의 형성과 잉여의 생산 및 이용 사이의 내적 관계를 지배하는 자는 누구인가라는 물음을 제기한다. 신자유주의 시대에서 심화되는 양극화는 도시의 공간적 형태도 변모시켰다. 오늘날 세계 대부분의 도시는 요새화된 파편들, 게이트가 있는 커뮤니티와 항상적으로 감시되고 있는 공공 공간으로 재구성되고 있다. 이러한 조건에서 도시의 정체성, 시민권, 귀속감, 일관된 도시 정치의 이상은 지속되기 어려워졌다. 도시 투쟁과 도시 사회운동은 잉여의 생산 조건과 이용의 민주적 관리라는 목표로 수렴되고 있지 않다.

하비는 도시 사회운동을 생산과정에서 노동의 착취와 소외에 근거한 계급투쟁, 즉 반자본주의 투쟁과 구별되거나 그것에 종속된 것으로 간주하고, 도시 투쟁은 생산이 아니라 재생산에 관한 것, 혹은 계급이 아니라 권리, 시민권에 관한 것으로 치부하는 것에 동의하지 않는다(하비, 2014a: 209). 1871년 파리 코뮌의 처음 두 포고령도 빵 공장의 야간노동 철폐(노동문제)와 임대료 지불 정지 명령(도시문제)이었다. 1871년 파리 코뮌은 도시를 부르주아의 전유로부터 탈환하고 작업장에서 계급억압의 고통으로부터 해방되려는 노동자들의 열망으로 가득 찼다. 파리 코뮌은 노동자들이 모여 사는 곳에서 일어난 계급투쟁이자 시민권을 되찾기 위한 투쟁이었고, 도시를 생산한 프롤레타리아트가 자신들이 생산한 것을 소유하고 관리할 권리를 되찾기 위한 투쟁이었다. 실제로 착취는 일터에만 한정해서 일어나지 않는다. '착취의 2차적 형태'는 주로 상인, 지주, 건물주, 은행, 금융업자들이 자행하는데, 이는 공장뿐만 아니라 생활공간에서도 벌어진다. 예를 들어 노동자가 쟁취한 임금 인상분은 상인자본가, 지주, 건물주, 금융업자가 다시 도둑질해갈 수 있다. 건물 소유주가 부과하는 높은 임대료, 즉 도시지대는 노동자가 생산과정에서 창출한 가치를 건물 소유주가 빼앗아가는 것일 수 있다. 이는 노동자 투쟁에서 지역사회와 도시를 조직하는 것이 일터를 조직하는 것만큼 중요함을 의미한다. 상당수 선진자본주의 나라들에서 전통적 일자리가 다수 사라지고 있는 상황에서 노동조건뿐만 아니라 생활의 공간과 조건을 중심으로 조직화하고 양자를 연결할 필요가 있다.

이런 맥락에서 르페브르는 우리 시대의 혁명은 도시에서 일어나야 한다고 주장했으며, 네그리와 하트(M. Hardt)는 『공통체』(네그리·하트, 2014)에서 21세기 대도시는 커먼스를 생산하는 하나의 공장이며 반자본주의 정치의 입구라고 주장했다(하비, 2014a: 60, 128). 여기에서 공유재로 번역되기도 하는 커먼스는 공공 공간 혹은 공공재(public goods)와 구별되는 개념이다. 도시화의 역사에서 공공 공간과 공공재(예컨대 하수도 시설, 공중위생, 교육 등)의 공급은 사적 수단에 의한 것이든 공적 수단에 의한 것이든 자본주의 발전에서 중요한 역할을 했다. 공공 공간과 공공재는 커먼스의 질을 높이는 데 기여하지만 이것들이 커먼스 본래의 기능을 발휘하려면 시민과 민중의 정치활동이 필요하다. 아테네의 신타그마 광장, 카이로의 타흐리르 광장, 바르셀로나의 카탈루냐 광장 등은 공공 공간이지만, 사람들이 거기에 모여서 정치적 견해를 표명하고 요구의 목소리를 높임에 따라 도시 커먼스가 되었다. 즉 커먼스는 '커먼스를 만드는(commoning)' 사회적 실천을 요청한다. 여기에서 중요한 것은 사회집단과 환경의 커먼스적 측면 간의 관계는 집단적이고 비상품적인 것이어야 한다는 것, 즉 시장교환과 시장평가의 논리는 배제되어야 한다는 것이다(하비, 2014a: 138).

커먼스는 과거에 존재했지만 현재는 사라진 어떤 것이 아니라 도시 커먼스에서 보듯이 지속적으로 생산되고 있다(하비, 2014a: 144). 커먼스를 생산한 모든 사람들이 커먼스를 사용할 수 있어야 한다면, 도시를 만들어낸 노동자들이 도시권을 요구하는 것은 당연하다. 자본은 사람들이 생산한 커먼스를 종획·전유하며 거기에서 지대를 착취하기 때문에, 도시권을 획득하기 위한 투쟁은 자본을 겨냥한다. 모든 사람이 제대로 된 생활환경과 괜찮은 집에서 살아갈 권리인 도시권을 주장하는 것은 더 포괄적인 반자본주의 투쟁으로 향하는 첫걸음이 될 수 있다. 도시는 도시 공간의 사적 소유권자가 아니라 도시 공간에 거주하는 사람들에 속한다는 선언이 도시권이며, 이는 도시 공간을 '탈소외화'하고 사회적 관계 속에 다시 통합하는 투쟁이다(Purcell, 2013: 149). 도시권은 도시를 사회주의적 신체 정치(body-politic)로 재구성·재창조하는 권리이다(하비, 2014a: 235). 도시권이 실현된다면 영속적 자본축적과 이에 수반된 파괴적 도시 공간 형성은 더 이상 설 자리가 없을 것이다.

파업에서 공장 점거에 이르는 노동자 투쟁은 주변 민중 세력이 지역사회와 공동체 차원에서 대규모로 결집해 강력하고 활기차게 지원할 때 성공할 가능성이 높다(하비, 2014a: 235-6). 오늘날 노동 개념은 공업적 형태의 노동이라는 좁은 의미에서 점점 도시화하는 일상생활의 생산과 재생산에 꼭 필요한 노동이라는 넓은 의미로 바뀌고 있다. 생산과정에서 노동의 착취에 반대하는 운동이 반자본주의 운동의 중심이긴 하지만, 노동자의 생활공간을 파고들어 잉여가치를 수탈하는 자본의 행태에 반대하는 투쟁도 마찬가지로 중요하다. 즉 시민권과 권리의 세계는 신체 정치의 맥락에서는 계급과 투쟁의 세계와 양립할 수 있다(하비, 2014a: 257). 반자본주의 투쟁으로 나아가는 도시권 투쟁에서 비정규노동자를 전통적 노동조합 노선에 따라 조직하는 것, 지역 단체의 연합체를 결성하는 것, 도시와 농촌의 관계를 정치화하는 것, 문화와 집단적 기억의 힘을 동원하는 것은 특히 중요하다(하비, 2014a: 253).

하지만 도시권 투쟁만으로 자본주의 도시 문제를 해결하는 데는 한계가 있다. 엥겔스가 『주택문제』에서 강조했듯이 자본주의에서 도시와 환경 문제를 근본적으로 해결하기 위해서는 자본주의 사회를 폐지해야 한다. "사람을 정말 자유롭게 하는 것은 도시의 공기이다. 그러나 도시의 공기만으로는 부족하다. 반자본주의적 사고와 실천의 혁명도 필요하다"(하비, 2014a: 257). 또 일 도시 혹은 몇 도시 수준에서 도시권과 도시 커먼스를 쟁취하는 것으로는 오늘날 전국적 · 전지구적 수준에서 심화되고 있는 도시 환경 문제를 해결하기에 역부족이다.

이와 관련하여 1918~34년 오스트리아 사회민주당 집권하의 '붉은 비엔나'와 1960~70년대 이탈리아 공산당 집권하의 '붉은 볼로냐', 1981~86년 영국 노동당의 리빙스톤(K. Livingstone)이 주도했던 광역런던시의회(Greater London Council, GLC)의 대중교통 확대를 비롯한 도시 '민중 계획',[15] 그리고

---

15 런던의 GLC는 '일 도시 사회주의' 실험의 대표적 사례이다(서영표, 2010). 1981년 노동당 후보로 GLC 시장으로 선출된 리빙스톤은 먼저 '공정 요금(Fares Fair)' 정책을 통해 런던 지하철 요금을 비롯한 대중교통 요금을 32퍼센트 인하하고 이로부터 발생하는 적자를 벌충하기 위해 재산세를 인상했다. GLC는 대중교통, 주택, 의료 등의 공적 영역에서 보통사람들의 필요충족과 '사회적으로 유용한 생산'을 정책수립과 집행의 기준으로 삼았다. GLC는 다양한 사회운동 단체의 캠페인과 지역개발과 관련한 지역주민의 자발적 계획, 즉 '민중계획(Popular Planning)'을 지원했다. GLC가 내세운 '사회적으로 유용한 생산'이라는 원칙은 시장주의에 대한 비판을 내포한 것이었다. GLC는 노동에 대한 협소한 노동자주의적 접근을 지양하고, 탁아 시

1991~2004년 브라질 노동자당 집권하 포르투알레그레시의 참여예산(participatory budgeting) 실험은 중요한 교훈이 될 수 있다. 이 역사적 경험들은 도시 외부가 자본주의로 둘러싸인 조건에서도 한 도시 범위에서 공공성을 확대하고 포스트자본주의 맹아를 육성하는 것이 가능하다는 사실과 함께 자본주의 국가권력과 정면 대결을 회피해서는, 또 글로벌 자본주의의 압력과 제약을 돌파하지 않고서는, 일 도시 사회주의 혹은 지방자치 사회주의(municipal socialism)가 예시적(prefigurative) 모범 사례를 넘어 전사회 시스템으로 확장되는 데 근본적 장애가 있음을 보여준다. 오늘날 도시 환경 문제는 지구적 도시화, 글로벌 시티, 지구적 생태 재앙이 주요 화두가 되는 데서 보듯이, 말 그대로 글로벌한 수준으로 확대 심화되고 있다. 이는 도시 환경 문제에 대한 대안은 몇몇 도시나 지역 차원이 아니라 글로벌 수준에서 모색되어야 함을 보여준다. 또 오늘날 자본주의에서 도시 문제와 환경 문제는 도시 환경 문제로 불가분하게 결합되어 심화되고 있는데, 이는 도시 문제와 환경 문제에 대

설 확대, 가사 서비스와 여성 창업과의 연결 등 혁신적 사회정책을 도입하려 했다. GLC는 국가기구로서의 구매력을 통해 사적 경제영역에 개입하려 했다. GLC와 계약을 체결하려는 기업들은 인종적, 성적 차별금지, 건강과 안전, 장애인 고용 의무 등을 준수할 것이 요구되었다. GLC의 '민중계획'은 선착장 주변에 비어 있는 공간에 협동조합 산업 지구를 건설하여 지역 일자리를 제공하고 정원이 있는 공공주택과 보육시설, 전국규모의 어린이 극장과 '어린이 왕국'을 건설하려는 계획이었다. 그러나 이와 같은 GLC의 '사회주의적' 도시 계획은 대처 정부에 의해 좌절되었다(서영표, 2010).

한 대안도 동시적·총체적으로 추구되어야 함을 시사한다. 급진 도시정치생태학(urban political ecology)은 그 하나의 모색이다 (Swyngedouw and Kaika, 2014).

6장

포스트자본주의 참여계획경제 구상[1]

참여계획경제론의 새로운 전개

참여계획경제 모델은 진보좌파의 대안사회경제 모델로 널리 받아들여지고 있다. 특히 2008년 글로벌 경제위기 이후 자본주의 시스템의 총체적 실패가 분명해지면서 포스트자본주의 대안에 대한 관심이 고조되었다. 이와 함께 참여계획경제론 연구도 더욱 활발하게 전개되고 있다. 참여계획경제론은 21세기 자본주의의 비판과 극복 프로젝트에서 필수적 부분이다. 자본주의가 오늘날처럼 심각한 위기에 처해 있음에도 불구하고 끈질기게 존속하고 있는 이유 중의 하나는 1991년 옛 소련·동유럽 체제 붕괴 이후 득세한 '자본주의 이외 대안부재' 이데올로

---

1   이 장은 정성진(2016)을 수정 보완한 것이다.

기의 위력 때문이다. 오늘날 최강의 지배이데올로기라고 할 수 있는 '자본주의 이외 대안부재' 이데올로기를 분쇄하기 위해서는 포스트자본주의 대안사회가 형평, 민주주의, 자율, 연대, 번영, 자기실현 등의 인간적 가치의 기준에서 자본주의에 비해 더 나은 사회일 뿐만 아니라, 실현가능한 사회임을 입증하는 것이 필수적이다. 참여계획경제론은 바로 이를 과제로 한다. 따라서 참여계획경제론처럼 포스트자본주의 대안사회의 작동원리와 실행가능성을 그 자체로 연구하는 것은, 일부 진보좌파들이 주장하듯, 19세기 유토피아 사회주의의 재판이기는커녕, 반자본주의 운동에서 긴급하고 현실적인 프로젝트이다. 마르크스가 자본주의의 운동법칙만을 자신의 연구대상으로 삼았으며, 자본주의 이후 포스트자본주의 대안사회에 대해서는 구체적으로 연구하지 않았다는 일부 진보좌파 진영의 통념은 사실과 다르다. 마르크스의 경제학 비판이 자본주의의 운동법칙 분석으로 총괄되는 것은 사실이지만, 마르크스는 자본주의의 운동법칙을 분석할 때 항상 그것을 그 자체로 분석한 것이 아니라, 항상 그것의 변증법적 지양, 즉 해체라는 관점에서, 다시 말해서 자본주의 이후 대안사회상을 염두에 두면서 분석했다.[2] 오

---

2 마르크스는 『요강』에서 자신의 방법에 대해 다음과 같이 말했다: "올바른 고찰은 생산관계들의 현재 형태의 지양―그러므로 미래의 **전조**, 형성되는 운동이 암시되는 지점들에 도달한다. 한편에서 전(前)부르주아적 국면들이 **단지 역사적인** 전제, 즉 지양된 전제들로 나타난다면, 생산의 현재조건들은 **스스로 지양되는** 것, 따라서 새로운 사회 상태를 위한 **역사적 전제들**을 정립하는 것으로

타니[3]가 말했듯이 마르크스의 자본주의 이후 포스트자본주의 대안사회 분석은 별도로 있는 것이 아니라, 자본주의 분석이 동시에 자본주의 이후 포스트자본주의 대안사회 분석인 것이다.

참여계획경제 모델은 마르크스의 사회주의, 자유로운 개인들의 어소시에이션의 구체화 시도임에도 불구하고, 지난 세기 옛 소련·동유럽 나라들에서 그 이론과 실천은 주변화되고 억압되었다. 옛 소련·동유럽 나라들은 자유로운 개인들의 어소시에이션, 아래로부터 노동자 민중의 참여계획경제가 아니라, 위로부터 관료적 명령경제(bureaucratic command economy)로서 관료적 국가자본주의였다. 따라서 1991년 옛 소련·동유럽 체제의 붕괴는 마르크스 자신의 사회주의 이념 및 그 구체화 시도로서 참여계획경제론의 오류를 입증하는 것으로 간주될 수 없다. 실제로 1991년 옛 소련·동유럽 체제 붕괴 이후 참여계획경제론은 새롭게 주목을 받으면서, 파레콘 모델, 협상조절 모델, 노동시간 계산 모델 등으로 다양하게 발전되어왔다.[4] 2008년 글로벌 경제위기 이후 포스트자본주의 대안에 대한 관심이 고조되는 것을 배경으로 참여계획경제론 연구도 기존 모델의 업데이트와 확장 등을 중심으로 활발하게 이루어지고 있

나타난다"(마르크스, 2000, II권: 84. 강조는 마르크스).

3 大谷禎之介(2011). 이와 관련한 논의는 이 책 1장을 참조할 수 있다.

4 각 모델의 대표적 논의로는 앨버트(2003), Devine(1988), Cockshott and Cottrell(1993) 참조. 이 모델들을 비교 평가한 논의로는 정성진(2006: 15장)을 참조할 수 있다.

다. 하넬(Hahnel, 2005; 2012), 드바인(Devine, 2009), 칵샷·자크리아(Cockshott and Zachriah, 2012) 등이 그것들이다. 이와 함께 최근에는 기존의 참여계획경제 모델들 상호 간의 쟁점 부각, 새로운 사회주의 모델의 제안, 기존 모델과 새로운 모델 간의 논쟁 등도 진행되었다. 2012년 캄벨이 편한 『과학과 사회』(Science and Society) 특집호 지상 심포지엄(Campbell ed. 2012)은 하넬, 드바인, 칵샷 등 기존의 참여계획경제 모델의 대표 논자들을 모두 초청하여 다섯 가지 공통 질문, 즉 (1)사회주의란 무엇인가? (2)실행가능성과 조절, (3)유인(incentives)과 의식, (4)단계와 생산력, (5)사회적 계획 및 장기적 계획 등에 대한 답변을 통해 기존 모델들의 상호간의 공통점과 쟁점을 분명하게 확인했다.

최근 새롭게 제출된 사회주의 모델로는 라이브만의 다층민주반복조절(Multi-level Democratic Iterative Coordination, MDIC) 모델(Laibman, 2014a; 2015a)과 라이트의 리얼유토피아 모델(라이트, 2012), 뢰비의 생태사회주의 계획모델(Löwy, 2015) 등이 있다. 이 중 라이트의 리얼유토피아 모델은 "사회적 권력(social power)" 강화의 7가지 경로, 즉 (1)국가사회주의, (2)사회민주주의적 국가 규제, (3)연합민주주의(associational democracy), (4)사회적 자본주의, (5)협동조합적 시장경제, (6)사회적 경제, (7)참여사회주의를 종합한 것이다. 하지만, 라이트의 리얼유토피아 모델은 파레콘과 같은 비시장적 참여계획경제 모델에 대해, 바람직하지 않고 실행가능하지도 않다고 비판하며, 경제조절에서 시장의 역할을 광범위하게 인정한다. 따라서 라이트의 리얼유토피아 모델은 참여계획경제 모델이 아니라 조절된 자본주의 모델, 혹은 시장사회주의(market socialism) 모델의 일종으로 분류되는 것이 적절하다.[5] 또 뢰비의 생태사회주의론은 새로운 참여계획경제 모델이라기보다 기존의 민주적 참여계획경제 모델이 생태 문제 해결에서 우수함을 논증한 것이다.

새로운 대안사회경제 모델들이 제안되면서 기존의 참여계획경제론과의 논쟁도 진행되고 있다. 하넬·라이트에서 진행된 파레콘 모델(하넬)과 리얼유토피아 모델(라이트) 간의 논쟁(Hahnel and Wright, 2014), 2014년 『과학과 사회』 지상에서 전개된 파레콘 모델(하넬)과 MDIC 모델(라이브만) 간의 논쟁(Hahnel, 2014; Laibman, 2014a; 2014c), 2014~2015년 『과학과 사회』 지상에서 전개된 라이브만과 레보비츠 간의 마르크스의 『고타강령 비판』 해석을 둘러싼 논쟁(Laibman, 2014c; 2015b; Lebowitz, 2015b) 등은 그 대표적인 것들이다. 이 장에서는 2008년 글로벌 경제위기 이후 국내외에서 진행된 참여계획경제론 관련 논의들을 개관하고, 무엇이 주된 쟁점이며, 향후 과제는 무엇인지를 검토할 것이다.

---

5   라이트는 반자본주의 모델을 '자본주의 분쇄하기(smashing capitalism)', '자본주의 순치하기(taming capitalism)', '자본주의로부터 탈주하기(escaping capitalism)', '자본주의 부식하기(eroding capitalism)' 등 네 가지로 분류하고, 이 중 '자본주의 순치하기(사회민주주의)'와 '자본주의 부식하기(협동조합)'를 결합한 것이 자신의 리얼유토피아 모델이라고 말했다(Wright, 2015).

참여계획경제론의 주요 쟁점

참여계획경제와 시장의 양립 가능성

하넬(파레콘 모델)과 라이트(리얼유토피아 모델) 논쟁에서 주된 쟁점은 참여계획경제와 시장의 양립 가능성이다. 라이트 (2012)는 대안사회를 다양한 경제조절 방식들이 공생할 수 있는 하나의 '생태계(ecology)'로 간주한다. 라이트는 또 시장과 자본주의, 혹은 시장 그 자체와 자본주의적 시장은 구별되어야 한다면서, 문제가 되는 것은 자본주의 혹은 자본주의적 시장이지 시장 그 자체는 아니라고 주장한다. 라이트는 자본주의 이후 포스트자본주의 대안사회에서도 어느 정도의 '위험 감수(risk-taking)'는 사회가 활력을 유지하는 데서, 특히 기술혁신을 활성화하는 데서 도움이 될 것이므로, 최소한의 위험 감수를 장려하기 위해서는 시장을 유지·활용할 필요가 있다고 주장한다(Hahnel and Wright, 2014). 반면 하넬은 대안사회는 하나의 유기체이기 때문에 시장과 이윤 추구 경쟁을 부분적으로라도 허용하면, 이는 암세포처럼 증식되어 대안사회를 침식·지배하게 될 것이라고 우려한다(Hahnel and Wright, 2014).

협상조절 모델 논자인 드바인은 일찍이 시장교환(market exchange)과 시장강제(market forces)를 구별하고 시장강제는 협상조절(negotiated coordination)로 대체되어야 하지만, 시장교환은 '암묵지(tacit knowledge)'를 획득하기 위한 수단으로서 자본주의 이후 대안사회에서도 활용해야 한다고 주장한 바 있다(Devine, 1988). 드바인은 2012년 『과학과 사회』 지상 심포지엄에서 이와 같은 자신의 기존 입장을 고수하면서 파레콘 모델과 노동시장 계산 모델을 비판한다: "복잡한 현대경제에서 경제 전체에 대해 상세한 사전적(ex ante) 반복 조절이 가능하다고 상상하는 것은 잘못이다. … 지식의 암묵적 성격 때문에 모든 관련 지식을 집중하거나 발라적 경매인(Walrasian auctioneer) 또는 그에 해당하는 컴퓨터를 통해 일련의 사전적 반복을 수행하는 것은 불가능하다"(Campbell ed, 2012: 176).

참여계획경제와 시장의 수렴?

파레콘 모델처럼 시장 메커니즘을 배제하는 것이 바람직하고 가능한 것인지가 쟁점이 되었던 하넬과 라이트의 논쟁과는 반대로 하넬과 라이브만(MDIC 모델) 간의 논쟁에서는 양자의 유사성, 즉 파레콘 모델과 신고전파 경제학의 시장 메커니즘의 친화성 혹은 수렴이 쟁점이 되었다. 라이브만은 시장을 근본적으로 거부하는 파레콘 모델이 실제로는 자신의 거시경제 조절 메커니즘에서 신고전파 경제학자 발라(L. Walras)가 말한 일반균형이론의 모색 과정(tatonnement process, groping)을 모방 혹은 시뮬레이션하고 있다고 지적한다(Laibman, 2014a). 라이브만에 따르면 파레콘에서는 계획촉진위원회(Iterative Facilitation Board)를 통한 소비자평의회의 소비 제안과 노동자평의회의 생산 제안의 반복 조절을 실제로 수행하는 것은 컴퓨터이기 때문에, "사회주의 계획에서 노동자 참여의 실질적 내용은 상실된다"(Laibman, 2014a: 229). 라이브만은 파레콘 모델은 "비율이 자동적으로 주도하는 비참여 모델"이며, "자생적 시장주도 조절과정을 복제"하는 것으로 귀결된다고 주장한다(Laibman, 2014c: 516). 파레콘 모델은 "고전적 수요공급 일반균형에 대한 자생적 접근과 강한 친화성을 갖는다"는 것이다(Laibman, 2015a: 335). 라이브만은 〈그림 6-1〉에서 보듯이, 파레콘 모델을 극단적인 분권적 모델의 한 유형으로 분류한다.

파레콘 모델은 초과수요, 초과공급이 소멸하기까지는 어떤 생산과 소비 결정도 최종적인 것이 아니기 때문에, 발라의 모색 과정과 유사하다고 할 수 있다. 하지만, 파레콘이 발라의 모색 과정을 원용했다고 해서, 파레콘을 시장과 동일시할 수는 없다.

발라의 모색과정은 초과수요와 초과공급이 경매인을 통한 지시가격 조정을 통해 사전적으로 조정되기 때문에 이들이 사후적으로 조정되는 시장과 다르다. 라이브만은 또 파레콘의 조절 메커니즘을 통해 도달되는 균형가격은 시장 메커니즘을 통해 성립하는 가격과 같을 것이기 때문에 파레콘은 결국 "사회주의라는 양의 옷을 입은 발라라는 늑대"일 뿐이라고 폄하한다(Laibman, 2014a). 하지만 이에 대해 하넬은 파레콘의 조절 메커니즘과 시장 메커니즘은 행위자들과 제약들이 다르기 때

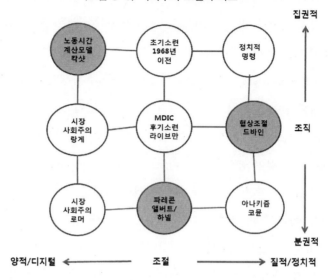

〈그림 6-1〉 사회주의 모델의 비교

주: (1) 짙은 색으로 표시된 모델은 참여계획경제 모델의 세 가지 유형임
　　(2) MDIC는 다층 민주반복조절 모델
출처: Laibman (2015a: 329)

문에, 양자에서 성립하는 균형가격은 당연히 같지 않을 것이라
고 반박한다(Hahnel, 2014).

참여계획경제에서 '정보 과부하' 혹은 '너무 많은 회의'?

　라이브만은 파레콘의 "경제적 민주주의는 정보 과부하의
바다에 빠질 것"이라고 주장한다(Laibman, 2014a). 왜냐하면 파
레콘에서는 소비자평의회와 노동자평의회가 수천만 가지 재화
에 대한 세세한 소비 제안과 생산 제안을 제출해야 하며, 또 이

들이 사전적 균형에 도달할 때까지 반복해서 상호 조정되어야 하기 때문이다. 라이트(2012)도 파레콘에서는 '너무 많은 회의'로 인해 "회의가 잡혀 있지 않은 자유로운 저녁이 없는 삶(not enough free evening)"을 살아야 하고, 개인들의 사생활이 과도한 간섭을 받아 자율적 행동의 여지가 축소될 것이라고 우려한다. 라이브만도 사회주의에서 참여는 최적화되어야 할 것이지, 극대화하는 것이 능사는 아니라고 지적한다(Laibman, 2014a). 그런데 참여계획경제 모델에 대한 이러한 비판은 새로운 것은 아니며, 이에 대한 반론은 이미 앨버트(2003)에 상세하게 제시되어 있다. 하넬도 각 노동자평의회는 다른 노동자평의회에 대해 다음 장의 (6-1) 식과 같은 그들의 '사회적 편익/사회적 비용' 비율 정도만 아는 것으로 충분하며, 오늘날 정보 처리 기술을 감안할 때 '정보 과부하'는 문제가 되지 않는다고 주장한다(Hahnel, 2014).

참여계획경제에서 노동시간 계산의 의의

기존의 참여계획경제에서 거시경제조절의 계산 단위는 파레콘의 경우 지시가격(indicative price), 협상조절 모델의 경우 스라파(P. Sraffa)의 생산가격임에 비해, 노동시간 계산 모델은 재화와 서비스의 생산에 투하된 노동시간을 투입산출표의 역행렬을 이용하여 계산한 것을 기준으로 한다. 이 중 마르크스의 『고타강령 비판』의 정신에 부합되는 것은 참여계획경제 모델의 노동시간 계산 모델이라고 할 수 있다. 따라서 기존의 참여계획경제 모델들이 모두 신고전파 경제학의 가격이론의 문제설정에 의거하고 있으며, 마르크스의 노동가치론에 기초하고 있지 않다는 웨스트라(Westra, 2014)의 비판은 타당하지 않다.[6]

후디스(Hudis, 2012)는 마르크스의 공산주의에서는 사회적 필요노동시간으로 정의되는 마르크스의 가치 범주가 폐기되므로 사회적 필요노동시간이 아니라 '개별적' 노동시간' 혹은 '실제적' 노동시간이 거시경제 조절원리가 된다고 주장했다.[7] 풍요와 개성이 만개하는 마르크스의 발전한 공산주의 국면에서는 노동이 활동으로 전화되고 사회적 필요노동시간도 소멸하며, 노동은 '실제적', '개별적' 의의만을 가질 것이다. 하지만 그럼에도 불구하고 마르크스의 초기 공산주의에 해당되는 참여계획경제에서 경제적 조절을 위한 계산 단위가 '개별적' 혹은 '실제적' 노동시간이 될 것이라고 보기는 어렵다. 아직 '시간의 경제'가 작동하고, 결핍을 완전히 극복하지 못한 초기 공산주의 국면에서는 마르크스의 노동시간 전표 구상에서 보듯

---

6 여기에서 노동시간 계산 모델이 마르크스의 노동가치론에 의거하고 있다는 것은 노동시간 계산 모델에 기초한 참여계획경제 모델에서 마르크스의 가치법칙이 작동한다는 것이 아니라, 이 모델에서 재화와 서비스의 생산과 교환 및 분배가 이들의 생산에 직·간접적으로 투하된 노동시간을 기준으로 한다는 의미이다.

7 하태규(2014)도 후디스를 따라 '개별적 노동시간'에 기초한 참여계획경제 모델을 수치예로 제시했다.

이 노동시간 계산에 기초한 계획이 불가피하다. 초기 공산주의 국면에서 경제 조절, 즉 계획의 주된 과제는 사회적 개인들에 의해 수행되는 재화와 서비스의 사회적 생산과 이들에 대한 사회적 필요를 고차적 수준에서 사전적으로 균형시키고 자연과 인간 간의 물질대사의 균형을 회복하는 것이다. 따라서 초기 공산주의 국면에서는 경제 조절을 위해 노동시간을 계산 단위로 활용하는 것은 불가피하며, 이때 경제 조절, 즉 계획의 계산 단위로서 노동시간은 평균적 필요노동시간이라는 의미에서 사회적 필요노동시간이 될 수밖에 없다. 실제로 기존의 참여계획경제 모델들에서 계산 단위는 그것이 지시가격이든, 생산가격이든, 혹은 노동시간이든, 모두 평균 개념이다. 예컨대 파레콘 모델에서는 다음의 (6-1), (6-2) 식처럼 사회적, 평균적 편익과 비용의 비교에 근거하여 생산과 소비가 조절된다.

(6-1)

$$\text{노동자평의회: } \frac{\text{사회적 편익}}{\text{사회적 비용}} < 1 \rightarrow \text{생산제안 거부(효율성 원칙)}$$

(6-2)

$$\text{소비자평의회: } \frac{\text{노력 등급}}{\text{사회적 비용}} < 1 \rightarrow \text{소비제안 거부(공정성 원칙)}$$

하넬에 따르면 파레콘 모델에서 소비자들과 노동자들은 자신들이 제출한 소비 제안과 생산 제안이 "사회적으로 책임 있는 것(socially responsible)"인지 알 필요가 있고, "사회적으로 무책임한" 제안들을 거부할 수 있다.[8] 칵샷·코트렐의 노동시간 계산 모델에서도 재화의 생산에 직간접으로 투하된 노동시간(λ_j)은 3장의 (3-5), (3-6) 식처럼 역행렬을 계산하여 산출되는데,[9] 이 때 재화 j의 단위 물량 생산을 위해 사용된 생산수단 i의 양을 나타내는 a_{ij}(=A_{ij}/X_j)와 재화 j의 단위 물량 생산을 위해 직접 투하된 노동시간 l_j는 반복 조절 과정을 통해 사회적으로 필요한 양으로 수렴된다.

라이브만(Laibman, 2015a)의 MDIC 모델도 아래 (6-3) 식과 같은 MDIC 기업의 성과 지표 (x)의 계산식에서 MDIC 기업의 수익률을 비교하는 기준이 되는 r_0를 '산업 평균(industry norm)' 수익률로 설정했다.

---

8 "노동자평의회의 사회적 비용에 대한 사회적 편익 비율이 표현하는 것은 계획의 효율성 여부이다. 소비자평의회의 **평균적** 노력에 대한 **평균적** 사회적 비용에 대한 평균적 노력의 비교가 표현하는 것은 계획의 공정성 여부이다. … 기회비용과 사회적 비용에 대한 신빙성 있는 추정치 없이는 노동자들과 소비자들이 자신들의 생산 제안과 소비 제안이 **사회적으로 책임 있는 것**인지를 알 수 없다"(Hahnel, 2014: 381, 386. 강조는 필자).

9 이 책 152쪽 참조.

(6-3)

$$x=100[100+\alpha(r-r_0)]+\beta[\Pi_i z_i^{\Upsilon_i}-1]$$

주: 1) x는 MDIC 기업의 경제성과. 첫 번째 항은 기본 척도, 두 번째 항은 사회
   적 성과 척도
   2) α와 β는 민감도 계수
   3) r은 기업의 수익률(=순소득/생산수단의 가치), r_0는 산업의 평균 역사적
   수익률
   4) z_i는 여러 영역에서 기업의 질적 성과 지표 (0.5에서 1.5 사이의 값으로 평
   가). 지수 Υ_i는 각 z_i에 대해 부여한 가중치. Π_i는 '곱셈기'(product operator),
   즉 $\Pi_i z_i^{\Upsilon_i}=z_1^{\Upsilon_1} z_2^{\Upsilon_2} z_3^{\Upsilon_3} \cdots$
출처: Laibman(2015a: 318).

참여계획경제의 생태사회주의로의 확장

2012년 『과학과 사회』 지상 논쟁에서 하넬은 생산과 소비
에서 사회적 비용과 사회적 편익의 비교를 핵심으로 하는 자신
의 파레콘 모델이 생태 문제와 같은 외부효과를 고려하는 데
서 특히 우수하다고 주장했다. 반면, 하넬에 따르면, 칵샷·코
트렐의 노동시간 계산 모델과 드바인의 협상조절 모델은 생태
문제와 같은 외부효과를 적절하게 고려하지 못한다:

"칵샷·코트렐의 모델은 기술적으로 결함이 있는데, 이는 현명하지
못하게도 또 불필요하게도 모든 재화와 서비스의 가격을 그 생산에
직간접적으로 투하된 노동량에 따라 책정하길 고집하기 때문이다. 이

렇게 하면 희소한 자연자원과 제한된 공해 처리 능력을 사용하는 기회비용을 고려할 수 없다"(Campbell ed, 2012: 181).

즉 노동시간 계산 모델에서는 자연자원 사용에 제로의 기회비용을 부여하기 때문에, 자연환경의 과도한 착취가 초래된다는 것이다. 또 드바인의 협상조절 모델처럼 "가격을 임금비용에 기초하면, 재화를 생산하는 데서 사회가 얼마나 진정으로 비용을 지불해야 하는지에 대해 잘못된 신호를 보낼 수 있다"(Campbell ed, 2012: 186). 하지만 투입산출표를 이용하여 자연자원의 기회비용을 노동시간으로 계산하여 재화와 서비스의 노동시간 단위 가격에 반영하는 것은 기술적으로 불가능하지 않기 때문에,[10] 이와 같은 하넬의 비판은 타당하지 않다.

다층 민주반복조절 모델(MDIC): 옛 소련 모델의 복권?

라이브만(Laibman, 2015a)은 참여계획경제 논쟁에 개입하면서 이른바 MDIC 모델을 제안하고, MDIC 모델을 기준으로 기존의 사회주의 모델들의 종합을 시도했다. 앞의 〈그림 6-1〉에서 보듯이 라이브만은 자신의 MDIC 모델은 조직(집권적 조직 ↔ 분권적 조직)과 조절(양적 · 디지털 조절 ↔ 질적 · 정치적 조절)의 기준에서 모두 중간에 위치하며, 파레콘, 협상조절 모델, 노동

---

10 이에 대한 시도로는 Odum and Scienceman(2005)을 참조할 수 있다.

시간 계산 모델 등 기존의 다양한 참여계획경제 모델들을 비판적으로 종합할 수 있다고 주장한다:

"MDIC 모델은 대규모이고 복잡한 현대경제에서 필연적인 경제 조절의 양적 성격을 인정하면서도 질적·정치적 과정을 특히 기업 계획과 성과의 평가에서 고려한다. 이해당사자들 간에 '협상 조절'이 이루어지며(드바인), 노동자평의회와 소비자평의회의 구성원들이 점차 실질적인 참여 과정의 일부로 되며(앨버트·하넬), 최신의 양적 계획 기술을 구현한 민주적 중앙 계획구조에 의한 조절과 개선이 수행된다(칵샷·코트렐)"(Laibman, 2015a: 336-7).

라이브만은 기존의 참여계획경제 모델들은 자신의 MDIC 모델에 비해 조직 및 조절이란 기준에서 볼 때 종합성을 결여하고 있다고 비판한다. 먼저 칵샷·코트렐의 노동시간 계산 모델에 대해서는 국지적 지식(local knowledge), 혹은 '암묵적 지식'의 중요성을 고려하지 못했으며, 대중에게 의사결정을 위임하는 것을 두려워한 나머지 미시적 수준에서 대중 참여를 허용하는 데 실패했다고 비판한다. 또 드바인의 협상조절 모델에 대해서는 복잡한 대규모 현대 경제에서 필수적인 조절과 계획의 양적 차원을 인식하지 못했다고 비판한다. 또 앨버트·하넬의 파레콘에 대해서는 모든 위계적 중앙의 권위는 아무리 민주적으로 통제된다 할지라도 억압적 폭력으로 전화된다는 아나키즘의 도그마, 이른바 '권위에 대한 공포'를 공유하고 있다고 비판한다.

그러나 라이브만의 참여계획경제 모델 비판은 과도하고 부당하다. 우선 최종심에서 의사결정을 고대 아테네 민주주의를 참조한 추첨식 직접민주주의 방식으로 할 것을 제안하는 칵샷·코트렐의 노동시간 계산 모델에 대해 대중 참여와 대중 위임을 회피하고 있다고 비판하는 것은 과도하다.[11] 또 생산량과 가동률의 조절이 기대 수익률과 실제 수익률의 비교를 중심으로 이루어지고 있는 드바인의 협상조절 모델에 대해 조절과 계획의 양적 차원을 인식하지 못했다고 비판하는 것 역시 부당하다. 또 계획촉진위원회라는 일종의 계획 중심이 지시가격을 반복적으로 수정 제시하는 것을 통해 소비자평의회의 소비 제안과 노동자평의회의 생산 제안을 조절 수렴하는 앨버트·하넬의 파레콘에 대해 모든 종류의 위계적 권위를 거부하는 아나키즘이라고 비판하는 것은 부당하다. 또 파레콘, 협상조절 모델, 노동시간 계산 모델 등 참여계획경제 모델들이 상호간의 차이에도 불구하고 자신들의 모델에서 시장 메커니즘을 공통적으

11 칵샷·코트렐은 자신들의 노동시간 계산 모델을 참여계획경제 모델이 아니라 '새로운 사회주의' 모델로 부른다. 하지만 이들의 노동시간 계산 모델은 시장 메커니즘을 전면 배제한다는 점에서 파레콘, 협상조절 모델과 같은 참여계획 경제 모델의 문제의식을 공유한다. 그럼에도 불구하고 칵샷·코트렐의 노동시간 계산 모델은 중앙 계획의 중요성을 강조한다는 점에서, 또 이와 관련하여 옛 소련의 경험을 긍정적으로 참조한다는 점에서, 참여계획경제 모델 중에서 라이브만의 MDIC 모델에 가장 가까운 것으로 보인다.

로 배제하고 있으며, 모든 유형의 시장사회주의론을 거부하고 있음을 고려하면, 라이브만이 〈그림 6-1〉(p.269 참조)처럼 참여계획경제 모델들과 시장사회주의 모델을 동일한 스펙트럼에 놓고 대안사회주의 모델의 후보들로 비교 평가하는 것도 자의적이다.

라이브만의 MDIC 모델은 반복조절의 과정을 중시하면서도, 계획 센터에 조절의 중심 역할을 부여한다는 점에서, 또 기업의 수익률을 조절의 중심 지표로 활용할 뿐만 아니라 시장 혹은 시장사회주의 모델을 용인한다는 점에서,[12] 참여계획경제 모델보다는 옛 소련의 중앙집권적 계획경제 모델과 친화적이다. 실제로 라이브만은 옛 소련의 계획경제 경험도 21세기 사회주의 논자들처럼 전면 기각할 것이 아니라, 산 것과 죽은 것을 가려서 재활용할 필요가 있다고 주장한다:

"1920년대 말부터 붕괴에 이르기까지 소련의 프로젝트 전체는 사회주의 갱신을 위한 이론적·경험적 기초에 대한 독특하고 생동적인 기여를 포함하고 있다. 예컨대 1950년대 체제 전체 규모에서의 물적 밸런스(material balances)의 도입, 1979년 브레즈네프하에서 시작되었지만 고르바초프의 '페레스트로이카'라고 알려진 근본적인 개혁 등이

---

12 이와 관련하여 라이브만은 소비에서 개인의 자율성 자체는 나쁜 것이 아니며 자본주의의 성취로서 사회주의에서도 수용되어야 한다고 주장한다(Laibman, 2014a: 221).

특히 그렇다"(Laibman, 2015a: 338).

라이브만은 나아가 자신의 MDIC 모델은 '후기 소련의 잠재적 가능성(late Soviet potential)'을 반영한 것이라고 주장한다. 라이브만은 "1970년대 소련, 그리고 1980년대 소련은 확실하게 세계에서 가장 참여적인 경제였다"라고까지 주장한다(Laibman, 2015b: 462). 따라서 "라이브만의 '계획 센터'는 전통적인 중앙계획위원회와 구별되지 않는다"는 하넬의 지적은 적절하다(Hahnel, 2014).[13] 게다가 라이브만은 참여계획경제 모델들이 공유하는 21세기 사회주의 슬로건에 강한 거부감을 보인다. 왜냐하면 라이브만에 따르면, 21세기 사회주의는 냉전 시대의 '반소 감정', 20세기 소련의 경험에 대한 '거부'의 산물이기 때문이다. 라이브만은 "19세기로부터 21세기로 나아가는 길은 단 하나만 있는데, 이것은 20세기를 통과하는 길이다"라고 주장한다(Laibman, 2015a: 339). 하지만 이와 같은 라이브만의 옛 소련 모델에 대한 향수와 21세기 사회주의에 대한 교조적 폄하는 오늘날 다양한 형태로 전개되고 있는 반자본주의 운동의 발전에 도움이 되지 않을 것이다.

---

13 하지만 라이브만은 이와 같은 하넬의 지적에 대해 MDIC 모델에서도 계획을 주도하는 것은 평의회이며, 계획 센터는 이들을 단지 조정할 뿐이라고 반박한다(Laibman, 2014c).

참여계획경제를 넘어서

2008년 글로벌 경제위기 이후 자본주의를 넘어선 새로운 대안사회에 대한 관심이 다시 부활하는 가운데, 국내에서도 기존의 참여계획경제 모델을 개방모델이나 생태사회주의론으로 확장하거나 정보사회론으로 보충하려는 노력들이 이루어지고 있다.[14] 참여계획경제 모델이 자본주의 시스템에 비해 우수할 뿐만 아니라 실행가능함을 시뮬레이션 등을 통해 입증하는 작업은 '자본주의 이외 대안부재' 이데올로기를 분쇄하고 반자본주의 운동을 진전시키는 데서 필수적이다. 하지만 참여계획경제 모델을 대안사회의 완결된 모델로 특권화하는 것은 노동의 폐지 경향을 핵심으로 하는 마르크스의 공산주의 이념과 상충된다. 참여계획경제론은 마르크스 공산주의의 핵심인 자유로운 개인들의 어소시에이션의 조절 메커니즘을 구체화하고 제도화한 성과이다. 하지만, 이를 완결된 닫힌 모델로 정식화·절대화하는 것은 마르크스의 공산주의 이념과 부합되지 않는다. 참여계획경제는 기본적으로 '시간의 경제' 모델로서 마르크스가 『고타강령 비판』에서 '자본주의로부터 갓 빠져나온', 즉 초기 공산주의라고 묘사한 국면의 경제 모델이며, 노동의

---

14 예컨대 경상대학교 사회과학연구원 엮음(2015), 하태규(2014), 심광현 (2014), 오병헌(2015) 등을 참조할 수 있다.

폐지를 핵심으로 하는 발전한 공산주의와 동일시될 수 없다. 따라서 노동시간 계산에 기초한 참여계획경제를 매개 경유하지 않고서도 정보기술의 비약적 발전과 네트워크 경제, 공유경제와 기본소득의 확산을 통해 노동의 종언과 포스트자본주의를 구현할 수 있다는 메이슨(2017)이나 Hardt and Negri(2017), Srnicek and Williams(2016) 등의 '가속주의(accelerationism)'는 비현실적이며 실제로는 포스트자본주의 대안이라기보다 시장주의적 대안이다.[15] 그리고 참여계획경제의 경계를 마르크스의 초기 공산주의 국면에 한정하고, 초기 공산주의 국면에서 이미 현재화되기 시작한 노동의 폐지 경향을 확장하는 것을 통해, 발전한 공산주의로의 연속혁명적 이행을 전망해야 한다. 마르크스의 『고타강령 비판』에서 초기 공산주의와 발전한 공산주의 국면은 레닌의 『국가와 혁명』 이후 기존의 주류 마르크스주의에서는 각각 상이한 경제법칙이 작동하는 공산주의의 상이한 두 단계, 즉 사회주의 단계와 '진정한' 공산주의 단계를 뜻하는 것으로 이해되어 왔지만, 마르크스에 따르면 이는 동일한 공산주의의 두 국면으로 이해되어야 한다.[16] 그렇다면 발전한 공산주의 국면에서 필요에 따른 분배와 노동의 폐지는 먼 훗

---

15 기본소득론에 대한 최근의 마르크스주의적 비판으로는 Pitts(2018)을 참조할 수 있다.

16 『고타강령 비판』의 단계론적 독해에 대한 마르크스주의적 비판으로는 Chattopadhyay(2014a; 2014b)와 Lebowitz(2015a)를 참조할 수 있다.

날의 과제가 아니라 반자본주의 혁명과 동시에 '처음부터' 시도되고 달성할 과제로 설정되어야 한다. 즉 초기 공산주의 국면에서 노동시간에 따른 분배, 노동시간 전표를 활용한 이른바 등노동량 교환은 그 자체 지속적으로 재생산되고 준수되어야 할 새로운 사회의 원리가 아니라, 자본주의의 유제, 즉 '결함'으로서 '처음부터' 극복되어야 할 과제이다.[17] 실제로 마르크스는 『고타강령 비판』에서 초기 공산주의 국면에서도 '처음부터' 사회적 총생산물 중 상당 부분은 노동시간에 따라 개인들에게 분배되는 것이 아니라, 공동의 필요에 따른 분배를 위해 미리 공제된다고 보았다"(마르크스, 1995c: 375). 참여계획경제 모델에서 시장가격 단위 조절을 노동시간 단위 계산으로 대체한다고 해서 시장가격에 고유한 '결함'을 극복할 수 없는 이유는 시장가격이 다름 아닌 노동시간의 전화형태임을 고려하면 분명하다.[18] 그럼에도 불구하고 참여계획경제 모델에서 노동시간

---

17 마르크스(1995c: 377). 3장 156-7쪽 인용문 참조. 이 인용문에서 마르크스가 '이러한 결함'이라고 지칭한 것은 '주어진 한 형태의 노동량이 다른 형태의 동등한 노동량과 교환'되는 '등노동량 교환'의 원리, 혹은 '동등한 권리'의 원리이다. 이에 대한 상세한 논의는 Lebowitz(2015a)를 참조할 수 있다. 하지만 라이브만(Laibman, 2014b)은 이와 같은 레보비츠의 『고타강령 비판』의 연속혁명론적 독해에 대해 마르크스를 아나키스트로 둔갑시키는 '유아적 무질서'라고 비판하면서, 기존의 단계론적 해석을 고수한다.

18 샤이크와 토낙(Shaikh and Tonak, 1994) 등에 따르면 주요 자본주의 경제에서 가치/가격 비율, 잉여가치/이윤 비율, 가치 이윤율/가격 이윤율 비율이 대부분의 경우 '1'에 수렴한다. 즉 자본주의에서도 가격은 가치, 즉 사회적 필요노동시간에 비례하기 때문에 가격을 노동시간 단위로 역전형한다고 해서, 가격 단

을 경제 조절의 계산 단위로 잠정적으로 활용하는 까닭은 역설적으로 이를 통해서만 필요에 따른 분배의 확대 및 노동시간의 급진적 단축과 자유시간의 획기적 확대, 나아가 노동 폐지, 즉 발전한 공산주의를 기획할 수 있기 때문이다. 최근 정보통신 기술, 네트워크 기술이 눈부시게 발전하면서 참여계획경제 모델의 실행가능성은 더욱 높아졌다.[19] 이와 관련하여 3D 프린팅, 사물 인터넷(internet of things) 등의 발전에 따른 '한계비용 제로 경향', 동료생산(peer production)과 '사이버네틱 공산주의' 논의[20] 등을 참여계획경제 모델과 결합하여, 마르크스의 포스트자본주의 구상을 구체화할 필요가 있다.

위 계산에서는 인식할 수 없었던 어떤 근본적으로 새로운 사실이 밝혀지는 것은 아니다.

19 2012년 『과학과 사회』 지상 심포지엄에서 칵샷 · 코트렐도 다음과 같이 말했다: "컴퓨터와 정보기술이 발전하면서 우리는 내장된 반복과 조절을 필수적 장치로 하는 경제 전체를 포괄하는 유연적이고 반응적인 계획 시스템을 전망할 수 있게 되었다"(Campbell ed, 2012: 198).

20 이에 대한 검토로는 Smith(2012) 등을 참조할 수 있다.

참고문헌

경상대학교 사회과학연구원 엮음. 2015. 『자본주의를 넘어선 대안사회경제』. 한울.

고정갑희. 2009. 「페미니즘 관점에서 본 한국의 진보와 패러다임의 전환」. 《진보평론》 40호.

고정갑희. 2012. 『성이론』. 도서출판 여이연.

권정임. 2009. 「생태적 재생산이론의 전망과 과제: 마르크스의 정치경제학 비판을 중심으로」. 《마르크스주의 연구》 6(1).

권현정. 2002. 『마르크스주의 페미니즘의 현재성』. 공감.

기계형. 2013. 「사회주의 도시 연구: 1917~1941년 소비에트 러시아의 주택정책과 건축실험에 대한 논의」. 《동북아문화연구》 34.

김경희. 2009. 「신자유주의와 국가페미니즘」. 《진보평론》 40.

김민정. 2009. 「자본 관계에서 고찰한 환경 불평등」. 《마르크스주의 연구》 6(1).

김수행. 2012. 『마르크스가 예측한 미래 사회』. 한울.

김홍순. 2007. 「사회주의 도시는 어떻게 만들어졌는가? 소련 건국 초기 도시주의 대 비도시주의 논쟁을 중심으로」. 《국토계획》 42(6).

남영호. 2012. 「사적인 것, 개인적인 것, 사회적인 것: 사회주의 도시의 경험」. 《슬라브학보》 27(3).

남영호. 2013. 「사회주의 도시의 '농촌적' 요소들: 소련 도시화의 몇가지 특징에 대하여」. 《슬라브학보》 28(3).

네그리, 안토니오 · 하트, 마이클. 2014. 『공통체』. 정남영 · 윤영광 옮김. 사월의 책.

노브, 알렉. 1998.『소련경제사』. 김남섭 옮김. 창작과 비평사.

데사이, 메그나드. 2003.『마르크스의 복수』. 김종원 옮김. 아침이슬.

라이트, 에릭 올린. 2012.『리얼 유토피아』. 권화현 옮김. 들녘.

레닌, V. 1988.「좌익유아성과 소부르조아적 심리」. 이민희 편역.『좌우익 기회주의 연구』. 아침.

레닌, V. 1989.『공산주의에서의 "좌익" 소아병』. 김남섭 옮김. 돌베개.

레닌, V. 1990a.「임시혁명정부에 관하여」. 레닌출판위원회.『레닌저작집』 3-2. 전진.

레닌, V. 1990b.「소비에트 정부의 당면 임무」. 백승욱 편.『민중민주주의 경제론』. 새길.

레닌, V. 1990c.「소비에트 정부의 당면 임무에 관한 여섯가지 테제」. 백승 욱 편.『민중민주주의 경제론』. 새길.

레닌, V. 1990d.「신경제정책 하에서의 노동조합의 역할과 임무에 관한 테 제 초안」. 백승욱 편.『민중민주주의 경제론』. 새길.

레닌, V. 1990e.『임박한 파국, 그것에 어떻게 대처할 것인가』. 이창휘 옮김. 새길.

레닌, V. 1991a.「R.S.D.L.P. 5차 대회를 위한 결의 초안」. 레닌출판위원회. 『레닌저작집』4-2. 전진.

레닌, V. 1991b.「현물세」. 백승욱 편.『신경제정책(NEP)론』. 새길.

레닌, V. 1991c.「신경제정책과 정치교육부의 임무」. 백승욱 편.『신경제정 책(NEP)론』. 새길.

레닌, V. 1991d.「코민테른 제4차 대회: 2. 러시아혁명 5년과 세계혁명의 전망」. 백승욱 편.『신경제정책(NEP)론』. 새길.

레닌, V. 1991e.「협동조합에 관하여」. 윤수종 편.『농업협동화론』. 새길.

레닌, V. 1992.『국가와 혁명』. 문성원 · 안규남 옮김. 돌베개.

레닌, V. 1999.『무엇을 할 것인가?』. 최호정 옮김. 박종철 출판사.

레닌, V. 2017a.『마르크스』. 양효식 옮김. AGORA.

레닌, V. 2017b. 「유럽합중국 슬로건에 대하여」. 『사회주의와 전쟁』. 양효식 옮김. AGORA.

레닌, V. 2018. 『인민의 벗들은 누구이며 그들은 사회민주주의자들과 어떻게 싸우는가』. 최재훈 옮김. AGORA.

뢰비, 미셸. 2007. 「생태사회주의와 민주적 계획」. 리오 패니치·콜린 레이스 엮음. 『자연과 타협하기』. 허남혁 외 옮김. 필맥.

리브만, 마르셀. 1985. 『레닌주의 연구』. 안택원 옮김. 미래사.

마르크스, 칼. 1988a. 『철학의 빈곤』. 강민철·김진영 옮김. 아침.

마르크스, 칼. 1988b. 『정치경제학 비판을 위하여』. 김호균 옮김. 도서출판 중원문화.

마르크스, 칼. 1988c. 「직접적 생산과정의 제결과」. 『경제학 노트』. 김호균 옮김. 이론과 실천.

마르크스, 칼. 1989. 『잉여가치학설사』 1. 편집부 옮김. 아침.

마르크스, 칼. 1993a. 「국제노동자협회 발기문」. 『칼 맑스 프리드리히 엥겔스 저작선집』 3. 최인호 외 옮김. 박종철출판사.

마르크스, 칼. 1993c. 「임시 중앙평의회 대의원들을 위한 개별 문제들에 대한 지시들」. 『칼 맑스 프리드리히 엥겔스 저작선집』 3. 최인호 외 옮김. 박종철출판사.

마르크스, 칼. 1995a. 「『프랑스에서의 내전』 첫 번째 초고」. 『칼 맑스 프리드리히 엥겔스 저작선집』 4. 최인호 외 옮김. 박종철출판사.

마르크스, 칼. 1995b. 「토지 국유화에 관하여」. 『칼 맑스 프리드리히 엥겔스 저작선집』 4. 최인호 외 옮김. 박종철출판사.

마르크스, 칼. 1995c. 「고타강령비판 초안」. 『칼 맑스 프리드리히 엥겔스 저작선집』 4. 최인호 외 옮김. 박종철출판사.

마르크스, 칼. 2000. 『정치경제학 비판 요강』 I, II, III. 김호균 옮김. 백의.

마르크스, 칼. 2003. 『프랑스 내전』. 안효상 옮김. 박종철출판사.

마르크스, 칼. 2015a. 『자본론』 I. 김수행 옮김. 비봉출판사.

마르크스, 칼. 2015b. 『자본론』 II. 김수행 옮김. 비봉출판사.

마르크스, 칼. 2015c.『자본론』III. 김수행 옮김. 비봉출판사.

마르크스, 칼. 2006.『경제학 철학 수고』. 강유원 옮김. 이론과 실천.

마르크스, 칼. 2014.『자본과 노동 – 마르크스의 숨겨진 자본론 입문』. 정연소 옮김. 한울.

마르크스, 칼·엥겔스, 프리드리히. 2018.『공산당선언』. 이진우 옮김. 책세상.

마르크스, 칼·엥겔스, 프리드리히. 2019.『독일 이데올로기』. 이병창 옮김. 먼빛으로.

메리필드, 앤디. 2005.『매혹의 도시, 맑스주의를 만나다』. 남청수 외 옮김. 시울.

메이슨, 폴. 2017.『포스트자본주의: 새로운 시작』. 안진이 옮김. 더퀘스트.

무스토, 마르셀로. 2018.『마르크스의 마지막 투쟁: 1881–1883년의 지적 여정』. 강성훈·문혜림 옮김. 산지니.

박지웅. 2013.「자유로운 개인들의 연합에서 자유, 개인 및 연합: '마르크스가 예측한 미래사회'」.《마르크스주의 연구》10(1).

사사키, 류지. 2019.「물상화와『자본론』I 의 이론 구조」.《마르크스주의 연구》16(4).

사이토, 코헤이. 2017.「마르크스 에콜로지의 새로운 전개: 물질대사의 균열과 비데카르트적 이원론」.《마르크스주의 연구》14(4).

사이토, 코헤이. 2019.「소련 붕괴 후 마르크스의 에콜로지의 재발견」.《마르크스주의 연구》16(2).

서영표. 2010.「사회주의적 도시정치의 경험: 런던 광역시의회의 지역사회주의 실험」.《마르크스주의 연구》7(1).

스미스, 닐. 2007.「축적 전략으로서의 자연」. 리오 패니치·콜린 레이스 엮음. 허남혁 외 옮김.『자연과 타협하기』. 필맥.

스탈린, J. 1990.「U.S.S.R. 헌법 초안에 관하여」.『스탈린 선집』2. 서중건 옮김. 전진.

심광현. 2014.『맑스와 마음의 정치학: 생산양식과 주체양식의 변증법』. 문화과학사.

알트바터, 엘마르. 2007. 「화석 자본주의의 사회적 자연적 배경」. 리오 패
니치 · 콜린 레이스 엮음. 『자연과 타협하기』. 허남혁 외 옮김. 필맥.

앨버트, 마이클. 2003, 『파레콘』. 김익희 옮김. 북로드.

엥겔스, 프리드리히. 1987. 『반듀링론』. 김민석 옮김. 새길.

엥겔스, 프리드리히. 1989a. 『가족, 사유재산, 국가의 기원』. 김대웅 옮김.
아침.

엥겔스, 프리드리히. 1989b. 『자연변증법』. 윤형식 · 한승완 · 이재영 옮김.
중원문화사.

엥겔스, 프리드리히. 1995. 「주택문제에 대하여」. 『칼 맑스 프리드리히 엥
겔스 저작선집』 4. 최인호 외 옮김. 박종철출판사.

오병헌. 2015. 「참여계획경제의 기술혁신」. 경상대 대학원 정치경제학과
석사학위논문.

오스트롬, 엘리너. 2010. 『공유의 비극을 넘어』. 윤홍근 옮김. 랜덤하우스
코리아.

윤자영. 2012. 「사회재생산과 신자유주의적 세계화: 여성주의 정치경제학
이론적 검토」. 《마르크스주의 연구》 9(3).

이득재. 2018. 「마르크스와 어소시에이션」. 《마르크스주의 연구》 15(4).

이미경. 1999. 『신자유주의 '반격' 하에서 핵가족과 '가족의 위기': 페미니
즘적 비판의 쟁점들』. 공감.

이은숙. 2017. 『페미니즘 자본축적론』. 액티비즘.

이재현. 2014. 「맑스의 어소시에이션과 개인적 소유」. 제1회 맑스코뮤날레
리딩맑스 콜로키움, 9.19.

정성진. 2006. 『마르크스와 트로츠키』. 한울.

정성진. 2013. 「가사노동 논쟁의 재발견: 마르크스의 경제학 비판과 페미
니즘의 결합 발전을 위하여」. 《마르크스주의 연구》 10(1).

정성진. 2014. 「제1차 세계대전과 트로츠키의 대안: 평화강령과 유럽합중
국 슬로건을 중심으로」. 《마르크스주의 연구》 11(3).

정성진. 2015a. 「마르크스 공산주의론의 재조명」. 《마르크스주의 연구》 12(1).

정성진. 2015b. 「사회주의 도시와 환경」. 권용우 외. 『도시와 환경』. 박영사.

정성진. 2016. 「참여계획경제 대안의 쟁점과 과제」. 심광현 외. 『좌파가 미래를 설계하는 방법』, 문화과학사.

정성진. 2017a. 「레닌의 사회주의론 재검토」. 제8회 맑스코뮤날레 엮음. 『혁명과 이행』. 한울.

정성진. 2017b. 「노동시간 계산 계획모델의 평가: 소련의 경험을 중심으로」. 정성진 외. 『대안사회경제모델의 구축』. 한울.

정성진. 2019. 「1990년대 이후 마르크스 대안사회론 연구의 혁신」. 《마르크스주의 연구》 16(2).

조성윤·정재용, 2007. 「사회주의 사상과 자본주의 사상 내에서 자연관의 차이에 따른 도시계획의 비교에 관한 연구」. 대한건축학회 학술발표대회 논문집 27(1).

최병두. 1998. 「도시의 정치경제학」. 권용우 외. 『도시의 이해』. 박영사.

클리프, 토니. 2011. 『소련은 과연 사회주의였는가』. 정성진 옮김. 책갈피.

트로츠키, L. 1989. 『영구혁명 및 평가와 전망』. 정성진 옮김. 신평론.

트로츠키, L. 1995. 『배반당한 혁명』. 김성훈 옮김. 갈무리.

트로츠키, L. 2009. 『테러리즘과 공산주의』. 노승영 옮김. 프레시안북.

트로츠키, L. 2017. 『러시아혁명사』. 볼셰비키그룹 옮김. 아고라.

페데리치, 실비아. 2013. 『혁명의 영점』. 황성원 옮김. 갈무리.

페퍼, 데이비드. 2013. 「생태사회주의의 현주소」. 《창작과 비평》 41(3).

포스터, 존 벨라미. 2001. 『환경과 경제의 작은 역사』. 김현구 옮김. 현실문화연구.

포스터, 존 벨라미. 2006. 「자본주의와 생태: 모순의 성격」. 제이슨 무어 외. 『역사적 자본주의 분석과 생태론』. 과천연구실 옮김. 공감.

포스터, 존 벨라미. 2016. 『마르크스의 생태학』. 김민정·황정규 옮김. 인간

　　사랑.

폴라니, 칼. 2009.『거대한 전환』. 홍기빈 옮김. 길.

폴브레, 낸시. 2007.『보이지 않는 가슴: 돌봄 경제학』. 윤자영 옮김. 또하
　　나의 문화.

하비, 데이비드. 2005.『모더니티의 수도: 파리』. 김병화 옮김. 생각의 나무.

하비, 데이비드. 2014a.『반란의 도시』. 한상연 옮김. 에이도스.

하비, 데이비드. 2014b.『자본의 17가지 모순』. 황성원 옮김. 동녘.

하태규. 2014.「참여계획경제의 대외경제관계」. 경상대 대학원 정치경제학
　　과 박사학위논문.

宮田和保. 2012.「マルクスのアソシエーション論」.《季刊 經濟理論》
　　49(2).

大谷槙之介. 2011.『マルクスのアソシエーション論』. 櫻井書店.

大谷禎之介. 2017.「『資本論』とアソシエーション」.《季刊 經濟理論》
　　53(4).

大藪龍介. 1997.「マルクスのアソシエーション論をめぐって」.《季報 唯物
　　論研究》61.

小松善雄. 2012.「マルクスの協同組合社會主義像」.《季刊 經濟理論》
　　49(3).

小松善雄. 2015.「ヨハン・モスト原著マルクス加筆改訂『資本と勞動』
　　(『マルクス自身の手による資本論入門』)社會主義=協同組合的生産樣
　　式論」. 東京農業大学産業経営学会.《オホーツク産業経営論集》24(1).

松尾匡. 2001.『近代の復権: マルクスの近代観から見た現代資本主義とア
　　ソシエーション』. 晃洋書房.

田畑稔. 2001.「アソシエーショナルな變革と新しい世界觀」. 社會主義理論
　　學會編.『21世紀社會主義への挑戰』. 社會評論社.

田畑稔. 2015.『マルクスとアソシエーション』. 増補新版. 新泉社.

齊藤幸平 編. 2019.『未来への大分岐: 資本主義の終わりか゛人間の終焉
　　か？』. 集英社.

Akhabbar, A. 2014. "Statistical Balances in Unbalanced Times. The Balance of the National Economy of the USSR, 1923-24: Pavel Illich Popov's Contribution". *Research in the History of Economic Thought and Methodology* 32.

Anderson, K. 1995. *Lenin, Hegel, and Western Marxism: A Critical Study*. University of Illinois Press.

Anderson, K. 2010. *Marx at the Margins: On Nationalism, Ethnicity, and Non-Western Societies*. University of Chicago Press.

Araujo, C. 2018. "On the Misappropriation of Marx's Late Writings on Russia: A Critique of Marx at the Margin". *Science and Society* 82(1).

Armstrong, P. and Armstrong, H. 1986. "Beyond Sexless Class and Classless Sex: Towards Feminism Marxism". R. Hamilton and M. Barrett eds. *The Politics of Diversity: Feminism, Marxism and Nationalism*. Verso.

Barnett, V. 2004. *The Revolutionary Russian Economy, 1890-1940: Ideas, Debates and Alternatives*. Routledge.

Barrett, M. 1983. "Marxist-Feminism and the Works of Karl Marx". B. Matthews ed. *Marx 100 Years On*. Lawrence & Wishart.

Becker, A. 1967. "Comments". J. Hardt ed. *Mathematics and computers in Soviet economic planning*. Yale University Press.

Benenson, H. 1984. "Victorian Sexual Ideology and Marx's Theory of the Working Class". *International Labor and Working Class History* 25.

Benston, M. 1969. "The Political Economy of Women's Liberation". *Monthly Review* 21(4).

Bohrer, A. 2018. "Intersectionality and Marxism: A Critical Historiography". *Historical Materialism* 26(2).

Brown, H. 2012. *Marx on Gender and the Family: A Critical Study*. Brill.

Bukharin, N. and Preobrazhensky, E. 1966. *The ABC of Communism*. The University of Michigan Press.

Burkett, P. 1999. *Marx and Nature*. St.Martin's Press.

Burkett, P. 2011. "Ecology and Marx's Vision of Communism". *Socialism and Democracy* 17(2).

Campbell, A. ed. 2012. Special Issue: Designing Socialism: Visions, Projections, Models, *Science and Society* 76(2).

Carr, E. 1952. *The Bolshevik Revolution 1917-1923 2*. The Macmillan Press.

Carver, T. 1998. *Postmodern Marx*. Penn State University Press.

Catree, N. 2008. "Neoliberalising Nature: The Logics of Deregulation and Reregulation". *Environment and Planning A 40*.

Chattopadhyay, P. 1999. "Review Essay: Women's Labor under Capitalism and Marx". *Bulletin of Concerned Asian Scholars* 31(4).

Chattopadhyay, P. 2014a. "Karl Marx and Frederick Engels on Communism". S. Smith ed. *The Oxford Handbook of the History of Communism*. Oxford University Press.

Chattopadhyay, P. 2014b. "Socialism and Human Individual in Marx's Work". S. Brincat ed. *Communism in the 21st Century 1*. Praeger.

Chattopadhyay, P. 2016. *Marx's Associated Mode of Production: A Critique of Marxism*. Palgrave.

Chattopadhyay, P. 2018. *Socialism and Commodity Production: Essay in Marx Revival*. Palgrave.

Clark, B. and Foster, J. 2010. "Marx's Ecology in the 21st Century". *World Review of Political Economy* 1(1).

Cliff, T. 1989. *Trotsky: Towards October, 1879-1917*. Bookmarks.

Cockshott, W. and Cottrell, A. 1993. *Towards a New Socialism*. Spokesman.

Cockshott, W. and Zachriah, D. 2012. *Arguments for Socialism*. http://eprints.gla.ac.uk/58987/

Cottrell, A. and Cockshott, W. 1993a. "Calculation, Complexity and Planning:

The Socialist Calculation Debate Once again". *Review of Political Economy* 5(1).

Cottrell, A. and Cockshott, W. 1993b. "Socialist Planning after the Collapse of the Soviet Union". *Revue européene des sciences sociales* 31(96).

Crenshaw, K. 1989. "Demarginalizing the Intersection of Race and Sex: A Black Feminist Critique of Discrimination Doctrine, Feminism Theory, and Antiracist Practice". *University of Chicago Legal Forum* 89.

Dalla Costa, M. 1972. "Women and the Subversion of the Community". M. Dalla Costa and S. James. *The Power of Women and the Subversion of the Community*. Bristol.

Davies, R. 1960. "Some Soviet Economic Controllers I". *Soviet Studies* 11(3).

Day, R. 1973. *Leon Trotsky and the Politics of Economic Isolation*. Cambridge University Press.

Delphy, C. 1977. *The Main Enemy*. Women's Research and Resources Center.

Desai, M. ed. 1989. *Lenin's Economic Writings*. Lawrence and Wishhart.

Devine, P. 1988. *Democracy and Economic Planning*. Polity Press.

Devine, P. 2009. "Continuing Relevance of Marxism". S. Moog and R. Stones eds. *Nature, Social Relations and Human Needs*. Palgrave.

Dmitriev, V. 1974. *Economic Essays on Value, Competition and Utility*. Cambridge University Press.

Dunayevskaya, R. 1991. *Rosa Luxemburg, Women's Liberation, and Marx's Philosophy of Revolution*. University of Illinois Press.

Dunayevskaya, R. 2000. *Marxism and Freedom: From 1776 until Today*. Humanity Books.

Dunn, B. 2011. "Value Theory in an Incomplete Capitalist System: Reprioritizing the Centrality of Social Labor in Marxist Political

Economy". *Review of Radical Political Economics* 43(4).

Ebert, T. 2005. "Rematerializing Feminism". *Science and Society* 69(1).

Eisenstein, H. 2005. "A Dangerous Liason? Feminism and Corporate Globalization". *Science and Society* 69(3).

Ellman, M. 1973. *Planning Problems in the USSR*. Cambridge University Press.

Ellman, M. 2014. *Socialist Planning*. 3rd edition. Cambridge University Press.

Fine, B. 1992. *Women's Employment and the Capitalist Family*. Routledge.

Folbre, N. 1982. "Exploitation Comes Home: A Critique of the Marxian Theory of Family Labour". *Cambridge Journal of Economics* 6(4).

Foley, B. 2018. "Intersectionality: A Marxist Critique". *Science and Society* 82(2).

Foley, D. 1998. "An Interview with Wassily Leontief". *Macroeconomic Dynamics* 2.

Foster, J. 1999. "Marx's Theory of Metabolic Rift: Classical Foundations for Environmental Sociology". *American Journal of Sociology* 105(2).

Foster, J. and Clark, B. 2018. "The Expropriation of Nature". *Monthly Review* 69(10).

Foster, J. and Holleman, H. 2014. "The Theory of Unequal Ecological Exchange: A Marx-Odum Dialectic". *The Journal of Peasant Studies* 41(2).

Fraad, H., Resnick, S. and Wolff, R. 1994. *Bringing It All Back Home: Class, Gender and Power in the Modern Household*. Pluto Press.

Fraser, N. 2009. "Feminism, Capitalism and the Cunning of History". *New Left Review* 56.

Fraser, N. 2014. "Behind Marx's Hidden Abode: For an Expanded Conception of Capitalism". *New Left Review* 86.

Gardiner, J. 1975. "Women's domestic labour". *New Left Review* 89.

Gimenez, M. 2004. "Connecting Marx and Feminism in the Era of Globalization: A Preliminary Investigation". *Socialism and Democracy* 18(1).

Gimenez, M. 2005. "Capitalism and the Oppression of Women: Marx Revisited". *Science and Society* 69(1).

Gimenez, M. 2018. "Intersectionality: Marxist Critical Observations". *Science and Society* 82(2).

Gramsci, A. 1917. "The Revolution Against Capital". https://www.marxists. org/archive/gramsci/1917/12/revolution-against-capital.htm

Green, J. 2000. "Labor-money and socialist planning". *Communist Voice*. 25-27. http://www.communistvoice.org

Gregory, P. 2004. *The Political Economy of Stalinism: Evidence from the Soviet Secret Archives*. Cambridge University Press.

Gregory, P. and Stuart, R. 2014. *The Global Economy and its Economic Systems*. South-Western Cengage Learning.

Hahnel, R. 2005. *Economic Justice and Democracy: From Competition to Cooperation*. Routledge.

Hahnel, R. 2012. *Of the People, By the People: The Case for a Participatory Economy*. SOAP BOX.

Hahnel, R. 2014. "Response to David Laibman's 'Appraisal of the Participatory Economy'". *Science and Society* 78(3).

Hahnel, R. and Wright, E. 2014. *Alternatives to Capitalism: Proposals for a Democratic Economy*. Verso.

Hardt, M. and Negri, A. 2017. *Assembly*. Oxford University Press.

Hardt, M. and Negri, A. 2019. "Empire, Twenty Years On". *New Left Review* 120.

Harman, C. 1984. "Women's Liberation and Revolutionary Socialism". *International Socialism* 23.

Harrison, J. 1973. "The Political Economy of Housework". *Bulletin of the Conference of Socialist Economists*. Winter.

Harris-White, B. 2012. "Ecology and the Environment," Ben Fine and Alfredo Saad-Filho eds. *The Elgar Companion to Marxist Economics*. Edward Elgar.

Hartmann, H. 1979. "The Unhappy Marriage of Marxism and Feminism: Toward a More Progressive Union". *Capital and Class* 8.

Hatanaka, M. 1967. "Comments". J. Hardt ed. *Mathematics and computers in Soviet economic planning*. Yale University Press.

Hatherley, O. 2014. "Imagining the Socialist City". *Jacobin* 15-16.

Haug, F. 2003. "Marx within Feminism". http://www.friggahaug.inkrit.de/documents/marxinfem.pdf

Haug, W. 2010. "General Intellect". *Historical Materialism* 18(2).

Himmelweit, S. and Mohun, S. 1977. "Domestic Labor and Capital". *Cambridge Journal of Economics* 1(1).

Hudis, P. 2012. *Marx's Concept of the Alternative to Capitalism*. Brill.

Jackson, S. 1999. "Marxism and Feminism". A. Gamble, D. Marsh and T. Tant eds. *Marxism and Social Science*. University of Illinois Press.

Jameson, F. 2016. "An American Utopia". S. Zizek ed. *An American Utopia: Dual Power and the Universal Army*. Verso.

Jasny, N. 1972. *Soviet Economists of the Twenties: Names to be Remembered*. Cambridge University Press.

Jossa, B. 2005. "Marx, Marxism and the Cooperative Movement". *Cambridge Journal of Economics* 29(1).

Jossa, B. 2014. "Marx, Lenin and the Cooperative Movement". *Review of Political Economy* 26(2).

Klein, N. 2019. *On Fire: The (Burning) Case for a Green New Deal*. Simon & Schuster.

Kliman, A. 2007. *Reclaiming Marx's 'Capital'*. Lexington Books.

Kotz, D. 2007. "The Erosion of Non-Capitalist Institutions and the Reproduction of Capitalism". R. Albritton, R. Jessop and R. Westra eds. *Political Economy and Global Capitalism: The 21st Century, Present and Future*. Anthem Press.

Kozlov, G. et al. 1977. *Political Economy: Socialism*. Progress Publishers.

Krausz, T. 2015. *Reconstructing Lenin: An Intellectual Biography*. Monthly Review Press.

Laibman, D. 2014a. "Horizontalism and Idealism in Socialist Imagination: An Appraisal of the Participatory Economy". *Science and Society* 78(2).

Laibman, D. 2014b. "Quotology, Stages, and the Posthumous Anarchization of Marx". *Science and Society* 78(3).

Laibman, D. 2014c. "The Participatory Economy – A Preliminary Rejoinder". *Science and Society* 78(4).

Laibman, D. 2015a. "Multilevel Democratic Iterative Coordination: An Entry in the 'Envisioning Socialism' Models Competition". *Marxism 21* 12(1).

Laibman, D. 2015b, "Socialism, Stages, Objectivity, Idealism: Reply to Lebowitz". *Science and Society* 79(3).

Lebowitz, M. 2015a, *The Socialist Imperative: From Gotha to Now*. Monthly Review Press.

Lebowitz, M. 2015b, "'Build It from the Outset': An Infantile Disorder?" *Science and Society* 79(3).

Leeb, C. 2007. "Marx and the Gendered Structure of Capitalism". *Philosophy and Social Criticism* 33(7).

Lefebvre, H. 1996, *Writings on Cities*. Blackwell.

Lenin, V. 1917. "Can the Bolsheviks Retain State Power?". *Collected Works* 26.

Lenin, V. 1918a. "Third All-Russia Congress of Soviets of Workers', Soldiers' and Peasants' Deputies". *Collected Works* 26.

Lenin, V. 1918b. "Session of the All-Russia C.E.C.". *Collected Works* 27.

Lenin, V. 1919a. "Draft Programme of the R.C.P.(B.)". *Collected Works* 29.

Lenin, V. 1919b. "Speech at the First All-Russia Congress of Workers in Education and Socialist Culture". *Collected Works* 29.

Lenin, V. 1920a. "Speech Delivered at the Third All-Russia Trade Union Congress". *Collected Works* 30.

Lenin, V. 1920b. "Speech Delivered at the Second All-Russia Conference of Organisers Responsible for Rural Work". *Collected Works* 31.

Lenin, V. 1920c. "The Tasks of the Youth League". *Collected Works* 31.

Lenin, V. 1920d. "Our Foreign and Domestic Position and the Tasks of the Party". *Collected Works* 31.

Lenin, V. 1920e. "The Eighth All-Russia Congress of Soviets". *Collected Works* 31.

Lenin, V. 1920f. "The Trade Unions, the Present Situation and Trotsky's Mistakes". *Collected Works* 32.

Lenin, V. 1921a. "The Party Crisis". *Collected Works* 32.

Lenin, V. 1921b. "Integrated Economic Plan". *Collected Works* 32.

Lenin, V. 1921c. "Tenth Congress of the R.C.P.(B.)". *Collected Works* 32.

Lenin, V. 1921d. "Tenth All-Russia Conference of the R.C.P.(B.)". *Collected Works* 32.

Levine, N. 2015. *Marx's Rebellion Against Lenin*. Palgrave.

Lih, L. 2006. *Rediscovered Lenin*. Brill.

Lih, L. 2009. "Lenin's Aggressive Unoriginality, 1914-1916". *Socialist Studies: the Journal of the Society for Socialist Studies* 5(2).

Mann, S. and Huffman, D. 2005. "The Decentering of Second Wave Feminism and the Rise of the Third Wave". *Science and Society* 69(1).

Marx, K. 1975. "Draft of an Article on Friedrich List's Book Das nationale

System der politischen Ökonomie". *MECW* 4.

Marx, K. 1981. "Exzerpte und Notizen. (Kreuznacher Hefte u. a.)" (1843 bis Januar 1845). *MEGA* IV/2.

Marx, K. 1988. Economic Manuscripts of 1861–63. *MECW* 30.

Marx, K. 1989a. "Notes on Bakunin's Book Statehood and Anarchy". *MECW* 24.

Marx, K. 1989b. Economic Manuscripts of 1861–63. *MECW* 32.

Marx, K. 1989c. Le Capital. *MEGA* II/7.

Marx, K. 1989d. "Drafts of the Letter to Vera Zasulich". *MECW* 24.

Marx, K. 1991. Economic Manuscripts of 1861–63. *MECW* 33.

Marx, K. 1992. *The First International and After, Political Writings* 3. Penguin Books.

Marx, K. 1994. Economic Manuscripts of 1861–64. *MECW* 34.

Marx, K. 2015. *Marx's Economic Manuscripts of 1864–1865*. Brill.

Merrifield, Andy, 2001. "Metro Marxism, or Old and Young Marx in the City". *Socialism and Democracy* 15(2).

MHI. 2013. "Marx's Critique of Socialist Labor–Money Schemes and the Myth of Council Communism's Proudhonism". *With Sober Senses*. http://www.marxisthumanistinitiative.org/alternatives-to-capital/marx%E2%80%99s-critique-of-socialist-labor-money-schemes-and-the-myth-of-council-communism%E2%80%99s-proudhonism.html

Mirovitskaya, N. and Soroos, M. 1995. "Socialism and the Tragedy of the Commons: Reflections on Environmental Practice in the Soviet Union and Russia". *Journal of Environment and Development* 4(1).

Molyneux, J. 1984. "Do Working Class Men Benefit from Women's Oppression", *International Socialism* 25.

Molyneux, M. 1979. "Beyond the Domestic Labour Debate". *New Left Review* 116.

Moore, J. 2015. *Capitalism in the Web of Life*. Verso.

Nove, A. 1986. *Socialism, Economics and Development*. Allen & Unwin.

O'Connor, J. 1998. *Natural Causes: Essays in Ecological Marxism*. The Guilford Press.

Odum, H. and Scienceman, D. 2005. "An Energy Systems View of Karl Marx's Concepts of Production and Labor Value". *EMERGY SYNTHESIS 3: Theory and Applications of the Emergy Methodology*. The Center for Environmental Policy.

Orr, J. 2010. "Marxism and Feminism Today". *International Socialism* 127.

Pitts, F. 2018. "A Crisis of Measurability? Critiquing Post-operaismo on Labour, Value and the Basic Income". *Capital & Class* 42(1).

Polis. 2009. "Imagining the Socialist City". http://www.thepolisblog. org/2009/12/imagining-socialist-city.html

Polis. 2010. "Stalinist Urbanism". http://www.thepolisblog.org/2010/01/ urbanism-under-stalin.html

Postone, M. 1993. *Time, Labor and Social Domination*. Cambridge University Press.

Purcell, M. 2013. "Possible Worlds: Henri Lefebvre and the Right to the City". *Journal of Urban Affairs* 36(1).

Remington, T. 1982. "Varga and the Foundation of Soviet Planning". *Soviet Studies* 34(4).

Rogers, N. 2018. "Lenin's Misreading of Marx's Critique of the Gotha Programme". *Journal of Global Faultlines* 4(2).

Saito, K. 2017. *Karl Marx's Ecosocialism: Capital, Nature, and the Unfinished Critique of Political Economy*. Monthly Review Press.

Sangster, J. and Luxton, M. 2013. "Feminism, Co-optation and the Problems of Amnesia: A Response to Nancy Fraser". *Socialist Register*.

Sapir, J. 1997. "The Economics of War in the Soviet Union during

World War II". I. Kershaw, and M. Lewin, eds. *Stalinism and Nazism:*
Dictatorships in Comparison, Cambridge University Press.

Seccombe, W. 1974. "The Housewife and Her Labour under Capitalism".
New Left Review 83.

Seccombe, W. 1975. "Domestic Labour: Reply to Critics". *New Left Review*
94.

Shaikh, A. and Tonak, E. 1994. *Measuring the Wealth of Nations*. Cambridge
University Press.

Sharzer, G. 2017. "Cooperatives as Transitional Economics". *Review of*
Radical Political Economics 49(3).

Smith, D. 2002. "Accumulation and the Clash of Cultures: Marx's Ethnology
in Context". *Rethinking Marxism* 14(2).

Smith, T. 2012. "Is Socialism Relevant in the 'Networked Information Age'?
A Critical Assessment of The Wealth of Networks". A. Anton and R.
Schmitt eds. *Taking Socialism Seriously*, Lexington Books.

Srnicek, N. and Williams, A. 2016. *Inventing the Future: Postcapitalism and*
a World Without Work. Verso.

Stalin, J. 1954a. "Concerning Questions of Agrarian Policy in the U.S.S.R.".
Speech Delivered at a Conference of Marxist Students of Agrarian
Questions (1929.12.27.). *Works* 12.

Stalin, J. 1954b. "The Tasks of Business Executives". Speech Delivered at the
First All-Union Conference of Leading Personnel of Socialist Industry
(1931.2.4.). *Works* 13.

Stalin, J. 1978. "Report on the Work of the Central Committee to the
Eighteenth Congress of the C.P.S.U.(B.)"(1939.3.10.). *Works* 14.

Strumilin, S. 1959. "On the Determination of Value and its Application
under Socialism". *Problems of Economics* 2(8).

Swain, G. 2006. *Trotsky*. Pearson Education Ltd.

Swyngedouw, E. 2006. "Metabolic Urbanization: The Making of Cyborg Cities". N. Heynen et al eds. *In the Nature of Cities: Urban Political Ecology and the Politics of Urban Metabolism*. Routledge.

Swyngedouw, E. 2012. "Geography". B. Fine and A. Saad-Filho eds. *The Elgar Companion to Marxist Economics*. Edward Elgar.

Swyngedouw, E. and Kaika, M. 2014. "Urban Political Ecology. Great Promises, Deadlock… and New Beginnings?" *Documents d'Anàlisi Geogràfica* 60(3).

The World Bank. *World Development Indicators*. https://databank. worldbank.org

Treml, V. 1967. "Input-output analysis and Soviet planning". J. Hardt ed. *Mathematics and computers in Soviet economic planning*. Yale University Press.

Tretyakova, A. and Birman, I. 1976. "Input-output analysis in the USSR". *Soviet Studies* 28(2).

Trotsky, L. 1973. "The Soviet Economy in Danger"(1932.10.22.). *Writings of Leon Trotsky [1932]*. Pathfinder Press.

Trotsky, L. 1975. "Speech to the Thirteenth Party Congress"(1924.5.26.). *The Challenge of the Left Opposition (1923-25)*. Pathfinder Press.

Trotsky, L. 1977. "Factions and the Fourth International". *Writing of Leon Trotsky [1935-36]*. Pathfinder Press.

Van Ree, E. 2010. "Lenin's Conception of Socialism in One Country, 1915-17". *Revolutionary Russia* 23(2).

Van Ree, E. 2013. "Marxism as Permanent Revolution". *History of Political Thought* 34(3).

Vogel, L. 1983. *Marxism and the Oppression of Women: Towards a Unitary Theory*. Pluto Press.

Vogel, L. 2000. "Domestic Labor Revisited". *Science and Society* 64(2).

Vogel, L. 2008. "Domestic Labour Debate". *Historical Materialism* 16(2).

von Werlhof, C. 2007. "No Critique of Capitalism Without a Critique of Patriarchy! Why the Left Is No Alternative". *Capitalism Nature Socialism* 18(1).

Wallis, V. 2008. "Capitalist and Socialist Responses to the Ecological Crisis". *Monthly Review* 60(6).

Webber, J. 2019. "Resurrection of the Dead, Exaltation of the New Struggles: Marxism, Class Conflict, and Social Movement". *Historical Materialism* 27(1).

Weeks, J. 2011. "Un-/Re-Productive Maternal Labor: Marxist Feminism and Chapter Fifteen of Marx's Capital". *Rethinking Marxism* 23(1).

Weiner, D. 1988. *Models of Nature*. Indiana University Press.

Westra, R. 2014. *Exit from Globalization*. Routledge.

Wikipedia. 2015. "Urban planning in communist countries". https://en.wikipedia.org/wiki/Urban planning in communist countries

Wolf, F. 2007. "The Missed Rendevous of Critical Marxism and Ecological Feminism". *Capitalism Nature Socialism* 18(2).

Wright, E. O. 2015. "How to be an Anticapitalist Today". *Jacobin*, https://www.jacobinmag.com/2015/12/erik-olin-wright-real-utopias-anticapitalism-democracy/

Wright, E. O. 2018. "The Continuing Relevance of the Marxist Tradition for Transcending Capitalism". *tripleC* 16(2).

WWF, 2014. *Living Planet Report 2014*. wwf.panda.org

Zaleski, E. 1980. *Stalinist Planning for Economic Growth in the Soviet Union, 1933-52*. University of North Carolina Press.

Zizek, S. 2002. *Revolution at the Gate: Selected Writings of Lenin from 1917*. Verso.

찾아보기